Style
Guide
for
Modern
Condos

スタイルで選ぶ

マンション・インテリアの教科書

町田ひろ子インテリアコーディネーター
アカデミー 校長
町田ひろ子 監修

ナツメ社

ハイセンスで価値のある
マンション・インテリアの提案

あなたは、自分の住んでいるマンションのインテリアにどれくらい満足していますか？

近年、私たちのデザイン志向は、ファッションからライフスタイル全体へと広がり、住居もお気に入りのスタイルを、と思うひとが増えています。インテリアを自分のセンスでうまくコーディネートしたり、画一的なマンションの空間をリノベーションして、オリジナルなものに変える本格的なインテリア計画もよく見られるようになりました。

インテリア・デザインはセンスのよいひとだけの特別なものでなく、だれもが日常の一部分として、心地よく暮らせるスタイルを探るための手段となったのです。

この本では、インテリア・デザインの基礎知識のほか、さまざまなインテリア・コーディネートの実例やアイデアを紹介しています。分譲だけではなく、賃貸マンションでも対応できるアイデアがたくさんあります。

どんなコーディネートがよいのかわからないと悩んでしまうひとには、ライフスタイルを探ることで相性のよいインテリア・スタイルを見つける方法も紹介しています。自分自身でデザインやコーディネートを行う場合はもちろん、インテリア・デザイナーなどのプロに依頼する際にも、知識として知っておくとスムーズで間違いのない依頼ができます。

さらに、本書では、地震や災害に備えたインテリア「美防災《びぼうさい》」を提案しています。美防災は、見た目の美しさを保ちながら、災害時の危険や不安を最小限に抑えることを考えたインテリアです。心地よいおしゃれな空間に「安全」が加われば、インテリアや住居の付加価値はいっそう高まります。

自分のセンスにあった住みやすいスタイルをつくり、好きなものに囲まれた安心なマンションのインテリアはあなたの心を豊かにしてくれることでしょう。

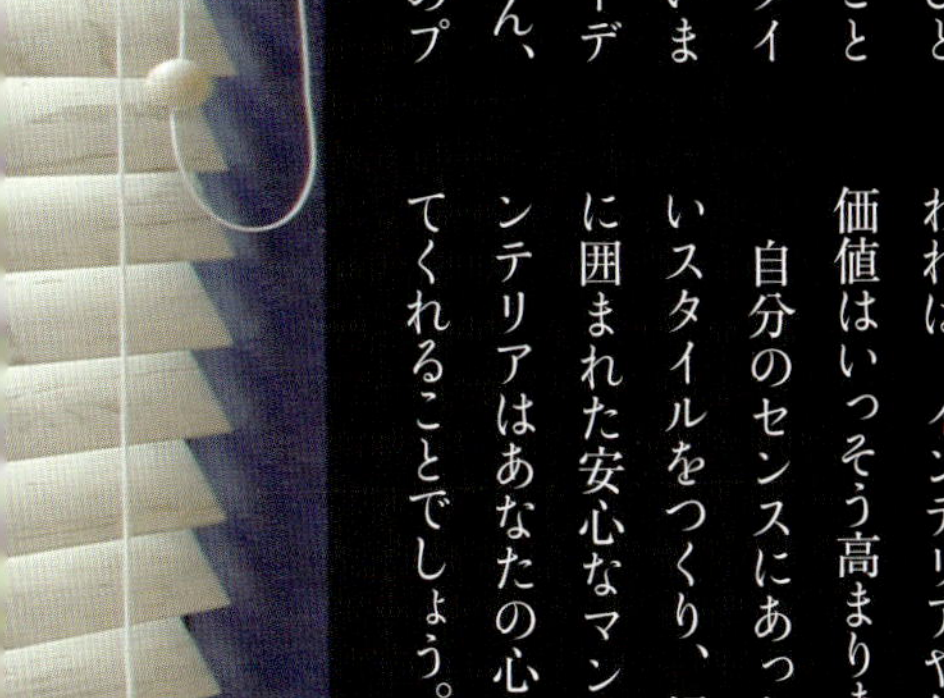

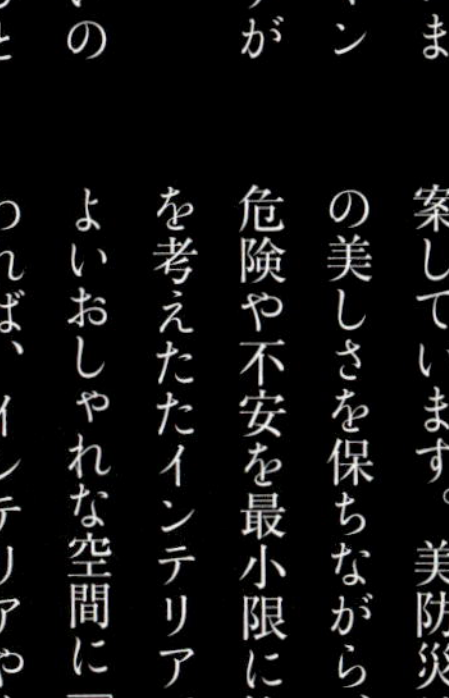

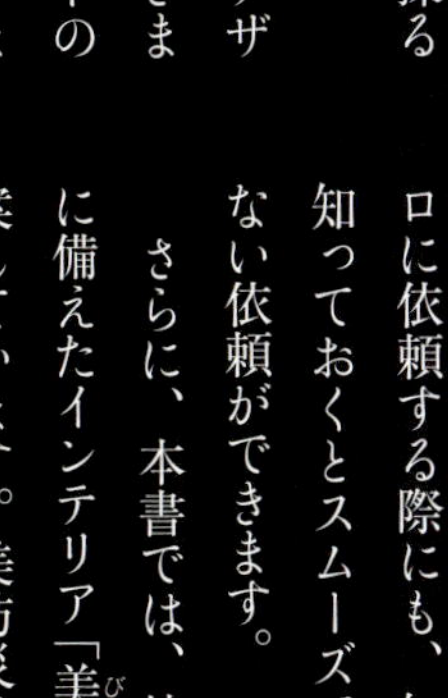

スタイルで選ぶ

マンション・インテリアの教科書

Contents

Part. 1 インテリア・デザインのスタイル

Interior Design Styles

インテリア・ケーススタディ スタイルのある暮らしかた

Part. 2 マンション・インテリアの考え方

Concept of Cond Interiors

Interior Color Selection

Part. 3

インテリアの色選び

Part. 4

家具の選び方とレイアウト

How to Choose Furniture and Layout

Window Treatment

Part.
5

窓を飾るウィンドウトリートメント

Part.
6

あかりをコントロールする照明計画

Lighting Plan

Display

Part.
7

心地よい空間のためのディスプレイ

Part.
8

インテリアに必要な素材集

Material Collection

Part.1

Interior Design Styles

インテリア・デザインのスタイル

インテリア・デザインってどういうもの？
インテリアの基本スタイルを知ることで、自分の好みなども見えてきます。
インテリア・デザインで暮らしを
豊かにしているひとたちの実例も参考にしましょう。

インテリアの基本スタイルはクラシックと7つのモダン

10人いれば10通りのインテリアがあるように、インテリア・デザインには「こうでなければいけない」という答えはありません。ただ、デザインの基本となるスタイルを知っておくと、それを基準に自分なりのインテリアを楽しむおもしろさが生まれます。

インテリア・デザインのスタイルは大きく、クラシック・スタイル（➡P42）とモダン・スタイルに分けられます。クラシックが様式を重視し、装飾的で古典的なスタイルなのに対し、モダンはシンプルで合理的、機能的なものを重視するスタイルです。

モダン・スタイルのはじまりは、20世紀初頭に起こったモダニズムと呼ばれる芸術運動です。ヨーロッパの伝統的な「クラシックなもの」に対抗した動きで、ル・コルビュジエやフランク・L・ライトなど多くの巨匠デザイナーや建築家が誕生し、世界中に広まりました。それがアメリカ、北欧、日本など

7つのモダン・スタイル

1 モダニズム
Modernism

モダニズムは、モダン・スタイルの基本といえます。70年代のポップなデザイン、80年代に人気の高まったイタリアやフランスのデザイン、無駄を省きシンプルさを極めたミニマリズムまで、20世紀初頭から現代までのさまざまモダン・デザインの総称です。

（vanilla）

2 ミッドセンチュリー
Mid-Century

モダン・デザインのなかでも、1940～60年代に主流だったデザインをミッドセンチュリーと呼んでいます。一般にはアメリカや日本でつくられた大衆的でポップなデザインのものを指し、丸みがあり明快なデザインが特徴です。レトロな雰囲気を感じるところも人気です。

各国でそれぞれのモダン・スタイルに発展していったのです。

パート1の前半では、クラシック・スタイルと7つの代表的なモダン・スタイルを取り上げ、そのスタイルをつくるにはどのようなアイテムが必要か、どのような点に注意してコーディネートしたらよいかなどを解説しています。

冒頭にも書いたようにインテリア・デザインには正解がありません。現代では、ひとつのスタイルだけで完結させたインテリアは少なく、複数のスタイルをミックスさせたものが一般的といえます。ミックスのさじ加減で、いくらでも自分らしいインテリアがつくれるのです。

パート1の後半（➡P48～）では、上手にミックススタイルを取り入れているお宅の実例が登場します。ぜひ、インテリアづくりの参考にしてください。

3 北欧

Scandinavian

北欧スタイルの特徴は、装飾を省いたシンプルなデザインとナチュラル志向です。色づかいも、グレーがかったやさしい色やモノトーンなどのシンプルなものが多く、日本人好みのスタイルといえそうです。

シャビー・シック

Shabby Chic

ヨーロッパのクラシックな雰囲気をベースにし、アンティーク風に加工した家具や使用感のある家具を組み合わせて、古びた雰囲気を演出するスタイルです。重厚な本格クラシックとは異なり、現代的に装飾されたモダン・スタイルのひとつです。

（サラグレース）

4

5 ナチュラル

Natural

ウッドをおもに用い、素朴さやナチュラルさを生かした、天然のものを好むスタイルです。ヴィンテージ感のあるアイテムを用いることもあります。

6 エスニック

Ethnic

一般的にはタイ、バリ、ベトナムなどアジア系のインテリアが主流ですが、アフリカや中近東などもエスニック・デザインとして人気があります。オリエンタルな雰囲気が楽しめます。

7 和モダン

Japanese Modern

和のデザインを現代風にアレンジしたものです。シンプルなものからゴージャスに仕上げたものまであり、北欧、ナチュラルなどのスタイルとミックスされることもあります。

（KADeL）

Modernism

モダニズム・スタイルの代表的なアイテム

モダン・デザインは、シンプルでキレがあり、機能的なものが多いのが特徴のひとつ。ハードな素材とメリハリのある色使いのものも多く見られます。余計なものをはぶく「引き算」の演出で、レトロからトレンドまで生かせるスタンダード志向のデザインといえます。

巨匠の名作家具

モダニズムの初期は、ル・コルビュジエやフランク・ロイド・ライトなどの建築家が家具もデザインしていました。1950年代にはアメリカからイームズらが、70～80年代にはイタリアやフランスから有名デザイナーが登場。そうした巨匠の家具はモダニズム・スタイルの象徴で、一点だけでも存在感のある個性が魅力です。

F・L・ライトの「TALIESIN® 3」。木製で温かみがある照明。（YAMAGIWA）

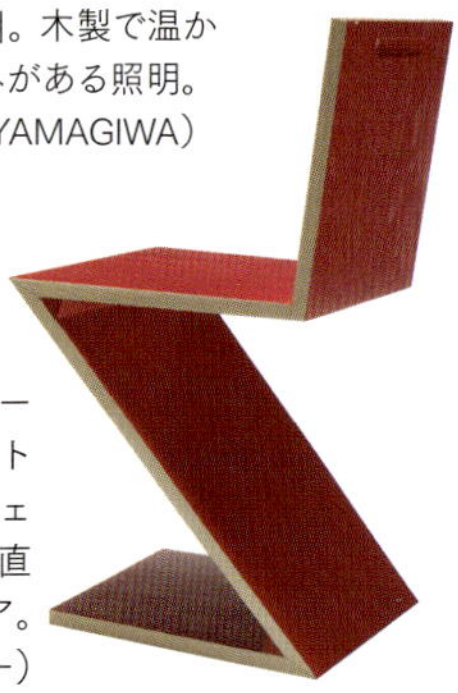

オランダの建築家、ヘーリット・トーマス・リートフェルトの「ジグザグチェア」は、エッジの効いた直線がモダンな木製チェア。（カッシーナ・イクスシー）

木製のやわらかなフォルムが美しいF・L・ライトの「バレル・アームチェア」。（カッシーナ・イクスシー）

ミース・ファン・デル・ローエの「バルセロナ チェア」。単純なフォルムながら飽きのこない風格を感じさせるモダニズムの定番。（インターオフィス）

ニューヨーク近代美術館にも所蔵されるル・コルビュジエやの「LC2ソファ」。（カッシーナ・イクスシー）

ル・コルビュジエの代表的な家具として根強い人気のある「LC4」。（カッシーナ・イクスシー）

モダニズムは、古典であるクラシックに対抗して生まれたもので、１９２０年代から現代まで続いているデザイン・スタイルの総称です。特徴は、機能性や合理性を追求しながら、無駄がなくシンプルであること。色は基本的に抑えめなものが多いですが、好みによってはカラフルな色合いも楽しめます。金属やガラスなどハードで光沢のある素材がよく使われますが、１９６０年代以降はプラスチック製の名品が数多く誕生しました。

現代的なモダニズムは多種多様で、最小限主義のミニマリズム、工業製品をインテリアに用いたインダストリアル・スタイルなどラフでカジュアルなものもモダニズムに含まれてきています。形や色もかっちりしたものばかりでなく、ユーモアや温かみのあるものも増えています。装飾的で、要素をつけ加えるクラシックに対し、モダニズムは装飾を抑えるのがポイントです。

ガラスの家具

ガラスの透明感はモダニズムの魅力を引き立る定番です。技術の進歩によって加工や着色が容易になり、品質や機能はさらなる進化をとげています。

彫刻家でもあったイサム・ノグチの代表作「Coffee Table」。アート作品のような味わいがある。（ヴィトラ）

ル・コルビュジエと同時代の女性デザイナー、アイリーン・グレイの代表作「E-1027」。いまも定番として人気のサイドテーブル。（カッシーナ・イクスシー）

イタリア人デザイナー、ロドルフォ・ドルドーニの「ボボリ」。ガラス天板にクロムメッキの板をひねったベースのテーブル。（カッシーナ・イクスシー）

スチール

ガラスと並んでよく用いられる素材です。シャープで耐久性があり、さまざまな部位に使われます。直線ばかりでなく曲線も魅力的です。

カスティリオーニ兄弟の「アルコ」は、大理石のベースからステンレスアームが美しく円弧を描く名品ランプ。（日本フロス）

ドイツの建築家、エゴン・アイアーマンの代表作「アイアーマンテーブル」は、無駄な装飾のないミニマム・デザインが普遍的な名作。（メトロクス）

「イームズワイヤーチェア」は、スチールのメッシュを最小限の分量で使っており、見た目よりもずっと軽くて透明感がある。（ハーマンミラー）

世界初のスチールパイプの椅子として知られる「ワシリー・チェア」は、モダニズムの父と呼ばれるマルセル・ブロイヤー作。（インターオフィス）

ジョージ・ネルソンの「ネルソンスワッグレッググループデスク」は、先にいくにつれ細くなりつつ優雅な曲線を描く脚部が特徴。カラフルなデスクトップもモダン。（ハーマンミラー）

プライウッドの木目が美しい「イームズラウンジチェア」は、オットマンと合わせて使いたい。(ハーマンミラー)

プライウッド(積《せき》層《そう》合《ごう》板《はん》)

プライウッドは木材を1～3㎜程度に薄くスライスして重ね、圧縮して貼り合わせたもの。木製ながら曲げや成形加工が容易で、デザイン性の高い家具に使われます。

フランスのモダニズムデザインのパイオニアのひとり、ジャン・プルーヴェの「スタンダード チェア」。(ヴィトラ)

モダン・スタイリングのコツ

空間の余白をつくり、盛り込みすぎずシンプルに仕上げる

モダニズムのインテリアは、現代的なものも含めるといろいろなタイプがあり、スタイルも多様です。ポイントとしては、要素を盛り込みすぎずに抑制すること。空間的にも十分な余白をとったしつらえが大切です。

素材や形、テイストなど、どこかで共通点のあるアイテムでまとめるとスマートになります。デザインされた年代で選ぶのもよいでしょう。名作家具なら、シンプルな空間に1点あるだけでも映えます。多様性よりも統一感を、量よりも質やバランスを意識したいものです。

アメリカのタイムズ誌から「20世紀最高のデザイン」と評された「イームズプライウッドラウンジチェア」。(ハーマンミラー)

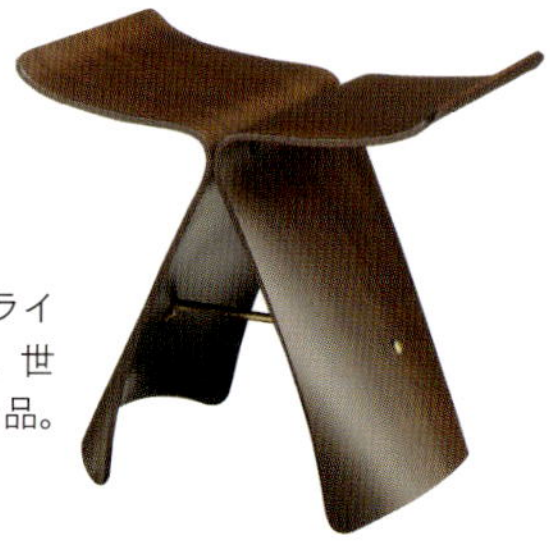

柳《やなぎ》宗《そう》理《り》の「バタフライスツール」は2枚のプライウッドを組み合わせたシンプルなデザイン。世界中で高く評価される日本を代表する名品。(天童木工)

プラスチック

現代モダニズムを象徴する素材です。軽くて耐久性があり、加工しやすいのが特徴。色のバリエーションもつけやすい素材です。

ヴァーナー・パントンの「パントン チェア」は、世界で初めて脚部から背もたれまでの全体をプラスチックの一体成型でつくったもの。(ヴィトラ)

フィリップ・スタルクの「プリンスアハ」は、上下どちら向きでも使えるスツール。(カッシーナ・イクスシー)

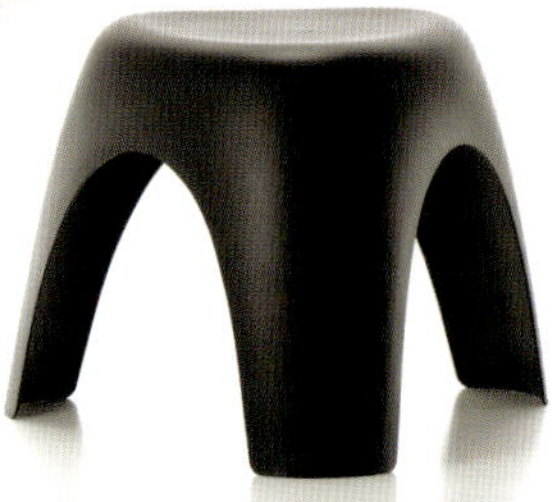

柳宗理の「エレファント スツール」。デザインされた当時はFRP(ガラス繊維強化プラスチック)で生産されていたが、現在はポリプロピレンで復刻。(ヴィトラ)

ここにある！

モダニズムのアイテムを見つけられるショップ&ショールーム

カッシーナ・イクスシー青山本店

http://www.cassina-ixc.jp
東京都港区南青山2-12-14 ユニマット青山ビル
tel 03-5474-9001／open 11:00-19:00（水曜定休）

イタリアモダン家具の老舗カッシーナを中心に、巨匠の名作家具の復刻品から現代のプロダクトまで幅広く取り扱う。名古屋、大阪、福岡にもショップがある。

アルフレックス東京

http://www.arflex.co.jp
東京都渋谷区広尾1-1-40　恵比寿プライムスクェア1F
tel 03-3486-8899／open 11:00-19:00（水曜定休）

アルフレックス社の製品をメインに、イタリアのモダンブランドを揃える。東京店ではインテリアを体感できるモデルルームなどを用意。名古屋、大阪にも直営店がある。

ACTUS 新宿店

http://www.actus-interior.com
東京都新宿区新宿2-19-1 BYGSビル1・2F
tel 03-3350-6011／open 11:00-20:00（不定休）

輸入家具やオリジナル家具、生活雑貨を豊富に揃える大型ショップ。青山、豊洲、神奈川、千葉、埼玉など関東圏のほか、関西・福岡・仙台など全国に28店舗の直営店がある。

E&Y ショールーム

http://www.eandy.com
東京都目黒区駒場1-32-17 UNSビル
tel 03-3481-5518／open 11:00-19:00（水曜・土曜定休）

世界の一線で活躍するデザイナー、建築家、アーティストのプロダクトを企画開発する家具ブランドのショールーム。ショールームが入る建物自体も建築作品の空間となっている。

hhstyle 青山ショールーム

http://www.hhstyle.com
東京都港区北青山2-7-15 NTT青山ビル1F
tel 03-5772-1112／open 12:00-19:30
（年中無休／年末年始を除く）

最新のモダン家具やミッドセンチュリーの名作家具など幅広いプロダクトを扱うショールーム。ハーマンミラー、ヴィトラ、USMハラー、マルニ木工など各国のブランドが揃う。

H.L.D.

http://www.hld1955.com
福岡県福岡市中央区渡辺通4-6-20 星野ビル1F
tel 092-718-0808／open 11:30-19:30（不定休）

ヨーロッパの人気ブランドを中心に北欧、アメリカのロングセラーの名作家具を販売。130坪を越える九州でも有数のモダン家具ショップ。オンラインショップもある。

ミッドセンチュリー・スタイルの代表的なアイテム

Mid-Century

ミッドセンチュリーは、モダニズム（→P14）を明るく開放的にしたスタイル。使いやすさや合理性だけでなく、手づくり感があり、色も多彩で、やわらかく、カジュアル。曲線が多く使われています。ポップアートのような親しみやすさとレトロな雰囲気が人気です。

イームズの家具

ミッドセンチュリー・スタイルの象徴ともいえるイームズ。とくにシェルチェアは日本でも90年代から人気家具の定番です。個性的ながら快適で飽きのこないデザイン。イームズを数点置くだけで、ミッドセンチュリーの雰囲気が一気に盛り上がります。

イームズの代表作の「シェルチェア」は、快適さと多様性を追求し、素材、カラーともバリーエーションが豊富。シェルサイドチェア（左）とシェルアームチェア（右）。（ハーマンミラー）

モジュールの考えで設計されている「デスクユニット」。色はミッドセンチュリーらしい明るい赤、白、青、黄色を使用。（ハーマンミラー）

イームズの「ソファ コンパクト」は、すっきりと無駄のないシンプルさ。いつ見ても古びないデザインで座面はゆったり。空港のラウンジチェアを連想させる。（ハーマンミラー）

書斎チェアとして人気のある不朽の名作「アルミナムグループチェア」。バフ仕上げのアルミとレザーを使ったリクライニング・シートが快適。（ハーマンミラー）

20世紀の中頃という意味で「ミッド」がついたミッドセンチュリーは、ヨーロッパで生まれたモダニズムが1950年～60年代にアメリカを中心に世界各国に広まって大衆化し、よりポップになったスタイルといえます。その影響は日本や北欧にもおよび、たくさんの有名デザイナーが誕生します。

このスタイルの家具の素材では、大量生産できるプラスチックや加工しやすいプライウッド（積《せき》層合板《そうごうはん》）が活躍しますが、モダニズムの定番であるガラス、スチールもさらに改良されて、より軽くおしゃれに使われます。色はカラフルでやわらかく、アート性もあり、人の手の温かさを感じます。

ミッドセンチュリーを代表するデザイナーはイームズ夫妻のほかにジョージ・ネルソン、エーロ・サーリネン、イサム・ノグチ。日本では、柳宗理《やなぎそうり》、剣持勇《けんもちいさむ》、渡辺力《わたなべりき》、長大作《ちょうだいさく》らの家具が知られ、いまでもロングセラーとして愛されているアイテムが数多くあります。

個性的なプロダクト

ミッドセンチュリーのプロダクトは、形や色が元気でノスタルジックな雰囲気です。ひとつだけ飾っても強い印象を与える個性派ぞろいで、小物から食器、カトラリーまでいろいろあります。

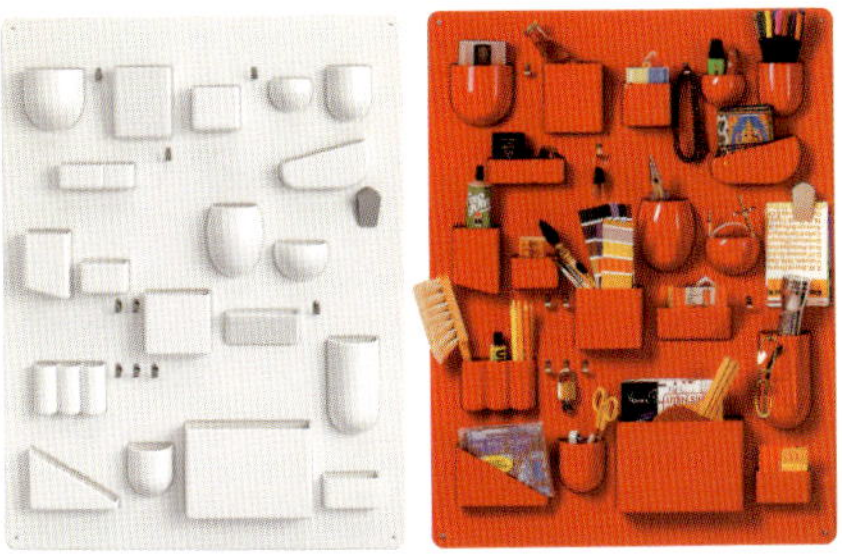

ドイツ生まれのデザイナー、ドロシー・ベッカーの「ウーテン シロ」は、壁掛け式の小物収納。アート作品のような色とデザイン。（ヴィトラ）

ジョージ・ネルソンの「ネルソンクロック」シリーズ。「ボール クロック」（左）と「サンバースト クロック」（右）。（ヴィトラ）

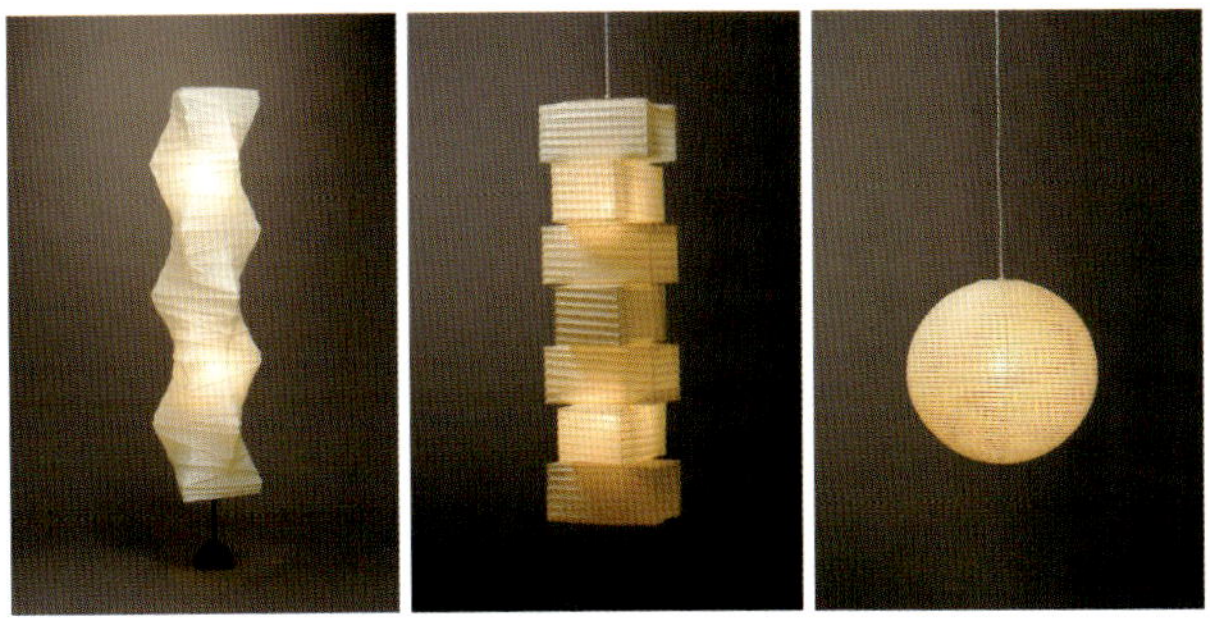

光の彫刻とも呼ばれるイサムノグチ「AKARI」シリーズ。和紙に包まれた優しい光は日本風でありながらも、モダンな空間によくなじむデザイン。（オゼキ）

1950年代のイタリアで活躍したジョエ・コロンボの代表作。書斎でもキッチンでもリビングでも使える高機能なワゴン型収納。（メトロクス）

ポップで未来的なフォルムが愛らしいヴァーナー・パントンの照明「フラワーポット」。（メトロクス）

1940年代にアメリカで誕生したグラスウエア「ファイヤーキング」。80年代にミルクガラスの生産終了後、2011年よりFire-King Japan 社が当時の製法をベースに生産開始。ヴィンテージものも人気が高い。（Fire-King Japan）

ミッドセンチュリーらしいウェーブやグラデーション柄のラグは、この時代の家具とも相性がいい。（vanilla）

木の家具

ミッドセンチュリーの時代には、プライウッド（積層合板）の加工技術が進歩したこととあいまって、木のデザインが活躍します。カジュアルで温かみのあるロングセラーがたくさん生まれました。

旅客機のインテリアなどで知られる剣持勇の「KMチェア」。MOMAの永久収蔵品にも認定されている。（ワイ・エム・ケー長岡）

1960年代のデザインを原点とした「カリモク60」の家具は、ミッドセンチュリー・スタイルそのものながら普遍性のあるデザインが人気。（カリモク）

ミッドセンチュリー・スタイリングのコツ

ほかのスタイルと融合させて、上品なミッドセンチュリー目指す

カフェブームやイームズのチェア人気で注目をあびましたが、いまではインテリアの定番スタイルとして安定した人気があります。この時代のデザインは、いまのモダンスタイルの基礎になっているといえるでしょう。

このスタイルで上品な雰囲気のインテリアをつくるコツは、ミッドセンチュリーのアイテムだけで統一しないことです。個性の強いデザインが多いため、現代の感覚だとインテリアが重くなってしまいがちです。

たとえば、北欧スタイル（→P22）は、ミッドセンチュリーと同時代に誕生した家具や照明がいまも人気ですが、アメリカ的なミッドセンチュリーよりもシンプルな軽やかさがあります。そういったものと融合させるとよいでしょう。選ぶアイテムによっては、レトロな和モダン（→P38）や、木製家具の多いナチュラル・スタイル（→P30）とも共通点があります。

ミッドセンチュリーには、ほかのモダン・スタイルと合わせやすいという強みがありますので、それを生かしてコーディネートを考えてみましょう。

曲線

シャープでキレのあるモダニズムのデザインのなかで、ミッドセンチュリー・スタイルは丸みのあるデザインが多いのも特徴的です。カプセルを模したような宇宙的なデザインも人気があります。

フィンランドのデザイナー、エーロ・アルニーオの「ボールチェア」。宇宙的ミッドセンチュリーの代表作。（E-comfort）

体を包み込むような丸みを帯びたアルネ・ヤコブセンのチェア。エッグ（左）とスワン（右）。（フリッツ・ハンセン）

ジョージ・ネルソンの「マシュマロソファ」は、18個のクッションをつなげたユニークなデザイン。（ハーマンミラー）

イームズと同時代のエーロ・サーリネンのチェア。チューリップチェア（左）とウームチェア（下）。（インターオフィス）

ここにある！

ミッドセンチュリーのアイテムを見つけられるショップ&ショールーム

ハーマンミラーストア

http://store.hermanmiller.co.jp
東京都千代田区丸の内2-1-1
tel 03-3201-1820／open 11:30-20:00（不定休）

ミッドセンチュリーを代表する有名家具の数々を世に送っている家具メーカー。ストアではデザインイベントなども開いている。オンラインショップもある。

パームスプリングス

http://www.palm-springs.jp
愛知県名古屋市中区大須1-4-7
tel 052-222-7111／open 12:00-19:00（木曜定休）

ミッドセンチュリーや1940年~70年代のアメリカを中心とするヴィンテージ家具を現地で買い付けし、クリーニング、リペアして販売。オンラインでも購入可。

vanilla utsunomiya

https://vanilla-kagu.com/
栃木県宇都宮市松原2-7-18
tel 028-680-4727／open 13:00-19:00（火曜・水曜定休）

オリジナルのプロダクツのほか、イームズなどミッドセンチュリーの有名デザイン家具を得意とするセレクトショップ。郡山店およびオンラインショップもある。

DEALERSHIP

http://www.dealer-ship.com
東京都杉並区高円寺南3-45-18-2F
tel 03-3314-7460／open 12:00-20:00（不定休）

1940年～80年代のアメリカン・グラスウェアの専門店。ファイヤーキングの商品を中心にヴィンテージトイや雑貨なども扱う。オンライン・ショップもある。

ミッド・センチュリーモダン

http://www.mid-centurymodern.com
東京都港区港南4-2-26
tel 03-6451-4531／open 11:00-20:00（不定休）

ミッドセンチュリー最盛期の有名デザイナーのヴィンテージ家具や小物を販売。とくにイームズのシェルチェアは豊富な品揃え。オンライン・ショップもある。

E-comfort 東京ショールーム

https://www.e-comfort.info
東京都千代田区内神田3-2-8 いちご内神田ビル1F
tel 03-3525-8347／open 10:30-19:00（火曜定休）

オリジナルのモダン家具や、北欧家具などデザイン性の高いものをストック。デザイナーズ家具のジェネリック製品も多数揃っている。郡山と仙台にもショールームがある。

北欧スタイルの代表的なアイテム

Scandinavian

北欧で開花したモダニズム・デザインの特徴は、無駄を省いたシンプルさと自然志向。抑えめな色調を基本としつつ、色彩豊かなファブリックも。木をおもな素材とする家具や洗練されたデザインの照明で、日本でも根強い人気があります。

洗練された照明

照明を厳選するだけで室内の雰囲気は変わるもの。照明は北欧デザインに欠かせないアイテムです。

ポール・ヘニングセンの「PH 5」は北欧スタイルをつくるエレメントとして不動の人気。（ルイスポールセン）

ポール・ヘニングセンの「PH スノーボール」。シェードの両面が光沢とマットに塗り分けられ、美しい陰影が生まれる。（ルイスポールセン）

ハンドメイドの乳白ガラスが柔らかい光を広げる「トルボー 155/200 グラスペンダント」。（ルイスポールセン）

名作照明のほまれ高いポール・ヘニングセンの「PH アーティチョーク」。（ルイスポールセン）

シェードに薄いパイン材を使ったヤコブソンの木の照明。使い込むうちに色が変化してくるのも味わいがある。（YAMAGIWA）

ポール・クリスチャンセンのペンダント照明。（free design）

装飾をできるだけ省いた究極のフォルム、天然木や自然素材を尊重するやさしさ、温かさがある一方で、家具や照明などに見るようなクリーンでキレのある北欧スタイルはインテリアのなかでも高い人気を保っています。モダニズムやミッドセンチュリーと同時期に、自然に恵まれた北欧から洗練されたデザインが生まれたのは、木の家に住む人々が長い冬を家で過ごす工夫をしたり、シンプルでよいものを長く使い続ける伝統があったことと関係が深いでしょう。

デンマークのハンス・J・ウェグナー、アルネ・ヤコブセン、フィンランドのアルヴァ・アアルト、世界的な大衆向け家具ブランドのＩＫＥＡを産んだスウェーデンのエリック・グンナル・アスプルンドやブルーノ・マットソンなど、北欧生まれの有名デザイナーは数え切れません。日本人の趣向にも合い、またそのシンプルさから、ほかのスタイルとも相性がよいので、基調とするのにも便利です。

木の名作家具

森林の国の家具は、木のよさを生かしながらも、無垢材あり合板成形ありと多様です。究極のフォルムに練り上げられた家具は、シンプルさのなかに個性を放っています。実用性もあり、使うほどによさがわかります。

北欧家具のシンボル的な傑作ともいわれるハンス J. ウェグナー「ザ・チェア」のジェネリック製品。(E-comfort)

中国の意匠にインスパイアされた「CH24 / Yチェア」は、ハンス J. ウェグナーの代表作。(カール・ハンセン&サン)

ハンス J. ウェグナーの「ダイニングテーブル CH006」は天板が拡張するタイプ。1982年のデザインだが、ロングセラーとしてファンも多い。(カール・ハンセン&サン)

座面と背面が一体化したアルネ・ヤコブセンの「アリンコチェア」は、3本脚と座るひとの2本足で安定感を出すというコンセプト。(フリッツ・ハンセン)

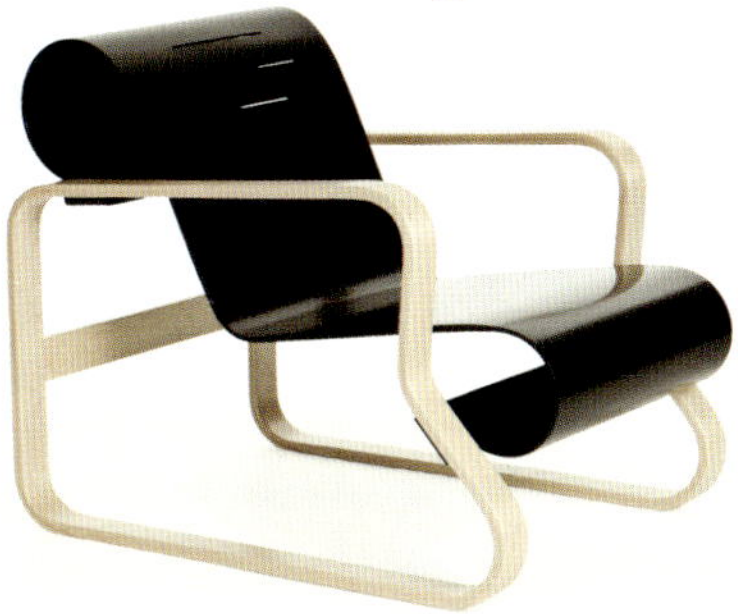

フィンランドが生んだ世界的な建築家でデザイナーのアルヴァ・アアルト。「41アームチェアパイミオ」は、サナトリウムのために設計され、呼吸が楽になるような角度で、弾力ある座面も快適。(センプレホーム)

ファブリック

北欧スタイルはシンプルなイメージですが、ファブリックは明るい色や大胆で元気な柄がたくさんあります。空間のアクセントにしたり、全体をカラフルにしつらえたり、楽しみ方もいろいろです。

マリメッコ

大胆なデザインのものが多いマリメッコ。日本でも人気のフィンランドを代表するテキスタイル・ブランド。(cortina)

リサ・ラーソン

日本でも人気のスウェーデンのアーティストで、動物のパターンで知られている。(cortina)

ボラス・コットン

ヨーロッパ中で使われているファブリックの老舗。人気の幾何学模様や明るい植物柄で知られている。(cortina)

アルテック

アートとテクノロジーの融合からアルテックと名付けられたインテリアブランドのファブリック。シンプルなシエナと呼ばれる四角パターンが定番。(cortina)

カウニステ

2008年に生まれた比較的に新しいブランド。シルクスクリーンの技法を生かした軽快な絵柄のファブリックや小物が人気。(cortina)

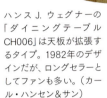

北欧スタイリングのコツ

基本はシンプルにして、小物で色を楽しむのがおすすめ

北欧スタイルでは、美しいデザインのアイテムを生かすためにも、部屋全体をシンプルにし、ものを少なめにするとよいでしょう。白い空間を背景にすれば木の家具などが映えるので、壁は白か、ミントのような淡い色にするのがおすすめです。

色がさびしく感じるなら、ファブリックや小物で色のあるものを選ぶとよいでしょう。テキスタイルが豊富な北欧は、マルチカラーを楽しむことも可能です。ファブリックをパネルにして、アートのように壁に飾るのも北欧ディスプレイの定番。ただし、ゴチャゴチャとした印象を与えないよう、コーディネーションに工夫が必要です。

日用雑貨にもデザインが秀逸なものが多いので、リビングや寝室だけでなく、キッチンやダイニングも北欧テイストで統一するとよいでしょう。

生活雑貨

キッチンウエアなどの生活雑貨でもデザイン性の高いものが多い北欧。新しいデザイナーのプロダクツが誕生する一方、長く愛されているロングセラー製品やヴィンテージにも人気があります。

アラビア社の「パラティッシ」は同社の人気シリーズ。(free design)

北欧ヴィンテージとして人気のあるグスタフスベリ社のリプロダクツ製品。(free design)

マリメッコはファブリックだけでなくテーブルウエアもファンが多い。(free design)

フィンランドのデザイナー、ティモ・サルパネヴァの鍋は、イッタラの代表作。(free design)

フィンランドの湖からインスピレーションを受けたというイッタラ・アラビア社の「アルヴァ・アアルト ベース」。(free design)

ダンスク社のホーロー鍋は、デンマーク王室やループル美術館に所蔵されている。(Comfota)

1922年創業の工房グラナス社のダーラナホースは、スウェーデンの代表的な民芸品。(Comfota)

ラプアン カンクリのキッチンクロス。(ラプアン カンクリ)

テキスタイルブランド、ラプアン カンクリの湯たんぽカバー。ウール100%(ラプアン カンクリ)

ここにある！

北欧スタイルのアイテムを見つけられるショップ&ショールーム

BoConcept青山本店

https://www.boconcept.com
東京都港区南青山2-31-8
tel 03-5770-6565／open 平日11:00-19:00 土日祝11:00-20:00

デンマークから来たインテリアショップ。モダンデザイン全般をカバー。部屋のサイズに合わせたカスタマイズにも対応。オンラインで張地や素材を変えてデザインができる。

フリッツ・ハンセン 青山本店

https://fritzhansen.com
東京都港区北青山3-10-11 B1F•1F
tel 03-3400-3107／open 11:00-19:00

数々の歴史的な名作北欧家具を生み出してきたフリッツ・ハンセンの日本唯一の直営店。スタンダードなラインから最新作までを展示販売する。

暮らしのかたち

https://www.ozone.co.jp/kurashinokatachi/
東京都新宿区西新宿3-7-1 新宿パークタワー内
リビングデザインセンターOZONE 5F
tel 03-5322-6565／open 10:30-19:00（水曜定休／祝日除く）

北欧の名作家具やヴィンテージ家具、小物を長年紹介してきた「ノルディックフォルム」が、日本の家具と融合した新しいショールームとしてリニューアル。家具の修理対応も可能。

HOUSE OF TOBIAS JACOBSEN

http://www.republicstore-keizo.com/hotj
大阪府池田市城南3-6-16
tel 072-752-5577／open 11:00-19:00（火曜定休）

アルネ・ヤコブセンがデザインする家具、照明、生活雑貨などを扱うヤコブセンの専門店。スタイリングの相談ができる。

CARL HANSEN & SØN Flagship Store

https://www.carlhansen.jp
東京都渋谷区神宮前2-5-10 青山アートワークス1F•2F
tel 03-5413-5421／open 平日11:00-20:00　土日祝11:00-19:00

創業100年を超える老舗の家具メーカー。ウェグナーのYチェアに代表されるデンマーク家具の名作から新作までを展示販売。公式オンラインショップもある。

SEMPRE HOME

https://www.sempre.jp
東京都目黒区大橋 2-16-26 1F•2F•3F
tel 03-6407-9081／open 11:30-19:30

東京・池尻大橋の本店では、モダン家具、雑貨など一万点の商品を扱う。オンラインショップもあり、横浜、池袋に実店舗がある。

シャビーシック・スタイルの代表的なアイテム

コテージや屋敷を思わせる部屋に、温もりを感じるクラシックな家具や建具や雑貨。様式美のエレガンスを漂わすディティールや古びた素材のエレメントとふんわりと包み込むようなドレープ。ロマンティックでガーリーな要素もあわせもったスタイルです。

シャビーとは「みすぼらしい、使い古された」という意味がありますが、それを上品で洗練された「シック」にすることで誕生したのがシャビーシックです。

シャビーシックは、クラシックでヨーロピアン調をベースにしたエレガントさが特徴です。また、プロヴァンス・スタイルに通じる温もりと自然志向も感じられるスタイルでもあります。とくにフランス風のフレンチ・シャビーシックは日本でも人気です。

カラースキームは白がベースで、家具やエレメントは白か淡くやわらかい色、味のある色が主役となり、クラシカルな装飾や建具、木をメインにした内装材が使われます。

家具は、猫脚や天蓋のような古典的ディティールのあるロマンティックでクラシックなものが好まれます。ディスプレイ・アイテムもユーズド感のあるものが置かれ、ヴィンテージやアンティークの雑貨がミックスされた、ストーリーを感じさせる空間です。

基調は白

木の床や家具などは、あえてラフな仕上げにして使用感を出す。（スタイルロココ）

このスタイルの基調は白ですが、きれいすぎずに使い込んだ感じの仕上がりにするのがポイントです。白い壁はアンティークを引き立てますが、ユーズド感を出すためにわざと表面をこすったり、つや消し感のあるチョーク・ペイントを塗るなどDIY的な工夫を加えるとよいでしょう。

ロマンティックな家具

脚が猫脚になっていたり、ベッドなら丈の高いポールが両端についた装飾的なヘッドボードがあったりとクラシックな家具が好まれます。「姫系」と呼ばれるフェミニンな家具もあります。

ランプや必要なものを置く収納としてキャビネットは便利。モールディングがあるものは、クラシックでエレガント。（kinö）

ファブリックとドレープ

ファブリックは白やパステルカラーなど薄い色が基本です。レースやフリル、刺繍なども好まれます。布をふんわりさせてドレープを好むのもシャビーシックの特徴です。

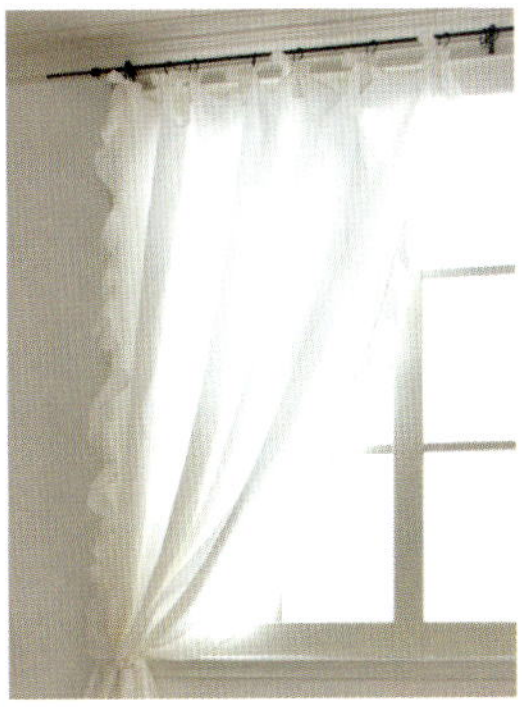

たっぷりサイズのカーテンは美しいドレープをつくってくれる。（サラグレース）

使うたびに肌に馴染むリネン。フリルつきのベッドカバーはフレンチシックなアイテム。（サラグレース）

普通のベッドではあまり使わないファブリック、ベッドの天蓋もシャビーシックなら、ごく自然な付属品として楽しむことができる。（kinö）

フランスの伝統的なプリント生地、トワル・ド・ジュイが貼られた収納ボックス。（スタイルロココ）

神殿の柱のように溝が彫られた脚、丸いデザインの背もたれなど女性らしいデザインの椅子。（kinö）

脚やエッジに優雅な波形が施された家具。ベッドのヘッドボードのポールもクラシカルなデザインでロマンティック。（kinö）

優雅な猫脚のコンソール・ドレッサーはロマンティック家具の定番。クラシックな家具には植物のモチーフも多い。（kinö）

シャビーシック・スタイリングの コツ

ユーズド感がありながら ゴージャスで上品に

フェミニンなスタイルで、家具や雑貨はソフトでエレガントな曲線や丸みのあるものを選びましょう。カーテン、ドレープ、ソファやクッション、ベッドまわりのファブリックは、ふっくらとしたものにしてボリュームを出します。

色では白が基本ですが、真っ白ではなく、少しグレーに近い白を使うとニュアンスが深まります。有彩色を使うならグレーの入った濁色系の薄めの色かパステル・カラーがよいでしょう。ユーズド感のあるアイテムを使いますが、全体にゴージャスさと気品が出せれば成功です。

シャビー雑貨

通常のクラシックと違うのは、少しさびれた感があるところです。錆びたり、塗料が剥げかかったりと古びた感じが理想。鉄やブリキ、ホーロー系の雑貨は経年感があり、雰囲気づくりに最適です。

ラフに束ねたドライフラワーもディスプレイ小物のひとつになる。(Alena Ozerova/123RF)

貴族の館にあるようなミラー。凝ったフレームのモールディングや装飾が魅力的。(Antiques *Midi)

建具を変えるだけで部屋の印象はがらりと変わる。実際にドアとして設置しても、装飾パネルとして立てかけてもOK。(Antiques *Midi)

ドアをモチーフにしたディスプレイ・アイテム。壁に立てかけて室内のアクセントに。(kinö)

アンティーク風のフォトフレーム。(スタイルロココ)

アンティーク風のエレガントで優雅な洋食器。(スタイルロココ)

白だけでなく、日本では見られない色に塗装されていたり、使い込んだあとがあったりするのが味。(Antiques *Midi)

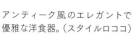

ここにある！

シャビーシック・スタイルのアイテムを見つけられるショップ&ショールーム

スタイルロココ

http://style-rococo.jp
愛知県春日井市六軒屋町6-7
tel 0568-83-0388／open 10:00-18:00（土曜・日曜・祝日定休）

家具、食器、装飾品、雑貨などフレンチスタイルのシャビーシック・アイテムが揃う。ネットショップもある。

サラグレース青山本店

http://www.zakka-sara.com
東京都港区南青山 6-13-25 南青山TMビル 1F
tel 03-6419-7012／open 11:00-19:00（不定休）

フレンチスタイルをベースとして、ヨーロッパブランドを中心に家具、インテリア雑貨を揃える。本店のほかに、東京・自由が丘店と神戸大丸店がある。ネットショップもあり。

ボンコテ

http://www.bon-cote.jp
静岡県静岡市清水区三保621-4
tel 054-335-0707／open 9:00-17:00（不定休）

フランス直輸入のアンティークのドア、ガラス建具、フェンス、門扉などを扱う予約制ショップ。予約問い合わせは月～金曜9:00~17:00。ネットショップもある。

kinö

http://kino-interior.com
東京都渋谷区渋谷2-3-11　ラ・ネージュ青山1F
tel 03-5485-8670／open 11:00-19:00（水曜定休）

オリジナルの家具やテキスタイルのほか、ヨーロッパを中心としたヴィンテージ家具やクラシック調の家具を扱う。ネットショップもある。

Antiques *Midi

http://www.antiques-midi.com
大阪府箕面市船場東1丁目9-6 3F
tel 072-728-4777／open 12:00-19:00（木曜定休）

イギリス・フランスからの直輸入アンティーク家具やインテリア雑貨をセレクトして扱う。ネットショップもある。

シェリートライフル 青山店

http://www.sherrytrifle.com
東京都港区南青山2-27-19 abcd青山ビル1F
tel 03-6804-1155／open 11:00-20:00（不定休）

クラシカルなフレンチテイストのオリジナル商品やヨーロッパからの輸入品を扱う。なかでも、シャンデリアの品揃えが豊富で、女性らしいインテリアアイテムが揃う。

ナチュラル・スタイルの代表的なアイテム

ナチュラル・スタイルは、木や植物由来の素材、コットンやリネンなどを多用し、クラフト的な家具やもの、またアンティークなど人の温もりを感じるものを選ぶ自然志向です。色なら、白や穏やかなグレーなどで、ゆったりと暮らすスローライフの居心地のよさを目指します。

ウッド

インテリアの基本となるのが木です。フローリングの床はもちろん木の家具は欠かせませんし、天井に木を貼ることもあります。また、小物や雑貨も籐や樹皮の製品など木に由来するものがよく選ばれます。

ウッドも色合いによって印象が変わるが、比較的白っぽい樹種でまとめると明るくさわやかな空間になる。（朝日ウッドテック）

木を使ったものが多い北欧家具はナチュラル・スタイルとの相性がよい。北欧のデザイナー、ブルーノ・マットソンのチェアとテーブルのセットは、やわらかい雰囲気でリラックスできる。（天童木工）

モダン・スタイルのなかでも自然志向のインテリアがナチュラル・スタイルです。モダンの先端デザインがもつハードさやシャープさ、機能性ではなく、やわらかさや温かみ、手づくり感が特徴です。

ヨーロッパ調なら、プロバンスなどの南欧風、ヨーロピアン・カントリーなどがナチュラル・スタイルといえるでしょう。アメリカ調なら、カントリー、アーリー・アメリカン、ポートランド・スタイル、シェーカー・スタイルなどのテイストがあります。この本ではそれらをまとめてナチュラル・スタイルとしています。

ナチュラルといってもさまざまなテイストがありますが、共通するのはスローライフです。北欧スタイル（➡P22）に近い雰囲気があり、基本はシンプルです。色は白か淡色かヴィンテージカラーが多く、家具は自然素材やユーズド、アンティーク、手づくりなどが好まれます。グリーンとも相性がよく、癒し系インテリアといえます。

白とアースカラー

ナチュラル・スタイルでは、白が室内のベースになる色です。とくに壁は清潔感のある白が多く、レンガの壁面を白く塗るのも人気があります。白以外には自然界からとった色であるアースカラーがおすすめで、ブラウンやベージュ、グリーンは幅広く使えて便利です。できれば無地、柄ならストライプやチェックのようなシンプルなものがよいでしょう。

白い壁から張り出している柱に白のタイルを施す。同じ白でも微妙な色の違い、テクスチャーで表情が変わる。(mayuko邸)

ウッド家具とアースカラーのカーテン。スツールや照明など鉄さび色の小物も効いている。(サンゲツ)

白いタイルにキッチンツールを吊り下げる。ドライフラワーや木の道具をプラスしてナチュラル感がアップ。(前田邸)

リネンとコットン

天然素材のファブリック、とくにリネンとコットンは風合いがよく、ナチュラル・スタイルの必需品です。カーテン、クロス、カーペット、ラグ、クッション、ベッドまわりの布としてよく用いられます。通気性、吸湿性、耐久性など生地の特性を生かすところに使いましょう。

空間がシンプルすぎる場合は、ファブリックに色や柄を取り入れると明るくなる。
(anikasalsera/123RF)

洗いたてのリネンをカゴへ収納。カゴもナチュラル・スタイルの定番アイテム。
(Alena Ozerova/123RF)

ナチュラル・スタイリングのコツ

天然素材や植物を取り入れ、やさしい雰囲気に仕上げる

基本的にはシンプルに、やわらかな印象を与えるように仕上げることが大事です。あまりものは多くせず、色づかいもトーンを制限して、ゆったりとリラックスできる空間を目指すようにするとよいでしょう。

白い空間をベースに天然素材の小物と木の家具を置き、観葉植物やスワッグなどで本物の植物を取り入れるとナチュラルさが出ます。かごや木箱を置いて、あえて見せる収納で活用するのもおすすめです。

ナチュラルは、北欧（→P22）、シャビーシック（→P26）、エスニック（→P34）などとミックスさせやすいスタイルです。ラフな雰囲気で、まったり感のあるカフェのインテリアなども参考になるでしょう。

ユーズドとアンティーク

ユーズド感のあるものやアンティークは、人の手の温もりがあり、経年変化も味として楽しめます。ナチュラル・スタイルでは、新しいものばかりでかっちりとしすぎないように、スパイスとしてミックスさせましょう。アイテムの選び方によっては、男性ぽいインテリアにもなります。

ユーズドテイストの家具は、アースカラーのウインドートリートメントとも相性がいい。（サンゲツ）

ソファやベッドサイドで使いたいユーズドのサイドチェスト。修繕しながら長く使われて生まれた風合いがユーズドの魅力。（malto）

空き瓶の回収箱としてオランダで使用されていた木箱。使い方もさまざま。（malto）

銅製のダストボックス。ユニークなデザインとヴィンテージ調の風合いがインテリアのアクセントになる。（malto）

ここにある！

ナチュラル・スタイルのアイテムを見つけられるショップ&ショールーム

NOCE 浅草蔵前店

http://www.noce.co.jp

東京都台東区蔵前4-30-7　タイガービル1F
tel 03-5825-1688／open 11:00-20:00

ブルックリンスタイル、ヴィンテージ系にも強い北欧家具と雑貨のショップ。オリジナル商品も揃えている。浅草蔵前店のほか全国に15店舗。オンラインショップもある。

ポタフルール 奈良あやめ池shop

https://www.potafleurs.jp

奈良県奈良市西大寺赤田町2-1-12
tel 0742-81-7651／open 平日10:00-18:00（要予約）

ナチュラルスタイルに合う家具、雑貨、照明などをおしゃれで可愛いアイテムを揃える。オンラインショップもある。

MOMO NATURAL 自由が丘店

https://www.momo-natural.co.jp

東京都目黒区自由が丘2-17-10 ハレマオ 自由が丘ビル 2F
tel 03-3725-5120／open 11:00-20:00（不定休）

シンプル&ナチュラルをコンセプトにする家具ブランド。スタンダードなデザインを目指す。自由が丘店のほか全国に9店舗。オンラインショップもある。

インテリアショップ マルト

http://www.salhouse.com

東京都杉並区高円寺南2-20-17
tel 03-3318-7711／open 11:00-20:00（年末年始のみ休業）

ユーズドの家具、照明、雑貨などを扱うショップ。アンティークの取っ手や金具などDIYで使えるアイテムも豊富。オンラインショップもある。

NATURE FURNISH

http://f-nabeshima.com

東京都武蔵野市吉祥寺本町4-14-2
tel 0422-27-5051／open 月・木11:30-17:00
金・日、祝日11:00-19:00（火曜・水曜定休）

素材やデザインにこだわったオーダーメイド家具、オリジナル家具を扱うインテリアショップ。

Blackboard つくば店

https://www.karf.co.jp/blackboard

茨城県つくば市手代木 291-3
tel 029-896-8819／open 11:00-19:00（水曜・年末年始定休）

目黒のインテリアショップ「カーフ」のセカンド・ブランド。ヴィンテージやインダストリアル・アイテムをメインに揃え、雑貨の扱いも豊富。カフェを併設。

エスニック・スタイルの代表的なアイテム

自然に恵まれ異国情緒あふれるアジアの国々や、豊かな色彩や幾何学模様などで知られる中近東やアフリカまで含めるエスニック。リゾート風の雰囲気や癒し感で私たちを魅了します。やり方しだいでゴージャスにもカジュアルにもできます。

植物編み

家具や雑貨などの材料に使われるラタン、水草の一種のウォーターヒヤシンス、シダの仲間であるアタなどは、アジア特有の植物です。このような素材の家具はエスニック・スタイルならでは。ハンドクラフトなので手仕事の温かみが魅力です。

脚をラタンで編んだテーブルランプ。（CORIGGE MARKET）

ウォーターヒヤシンスを使ったソファとテーブル。黒やパープルは高級感がありモダンな雰囲気。（YOTHAKA）

カゴはエスニック・スタイルに欠かせないアイテム。（CORIGGE MARKET）

ラタンは夏のイメージがあるが、自然素材のため冬は温もりを感じる。（CORIGGE MARKET）

南の島をイメージしたインテリア。色と仕上げで、日本のすだれがエスニック・スタイルにうまくミックスされている。（青山スタイル）

エスニック・スタイルには、さまざまなテイストがあります。人気があるのは、バリ島など南の島の高級コテージのようなシックなインテリアですが、民芸調のアフリカンやエキゾチックな中近東風、中国や朝鮮の王朝時代風などでは、雰囲気がまったく異なります。

一般的なモダン・スタイルは、間引いたり抑制したりすることでスマートさを出しますが、エスニックの場合はより自由を楽しむ面白みがあります。手づくりや混沌としたデザインも魅力に変え、温かみのある雰囲気がつくれます。また、色彩計画や装飾しだいで、カジュアルにもゴージャスにもしつらえることができます。

このスタイルは、ほかのスタイルとミックスさせたり、部分的に取り入れるのも効果的です。東南アジアやアフリカ調はナチュラル系のスタイルとは相性がよいですし、中近東や中国・朝鮮の王朝風はクラシック・スタイルと合わせるとゴージャス感が生まれます。

エスニック家具

エスニックな家具もそれぞれのスタイルに応じた多様なデザインがあります。中国を西欧のフィルターで捉え直したシノワズリ調、朝鮮やアジア大陸系のもの、タイやバリなど東南アジアのリゾート風のものなど、好みのテイストで選びましょう。

李朝家具は朝鮮李王朝時代のもの。李朝家具をモダンにアレンジした家具シリーズ。（吉蔵）

マホガニーと並ぶ高級材のチーク。手作りの素朴さと優雅なデザインがミックスしたブックシェルフ。（CORIGGE MARKET）

バリ島で定番のカルティニチェア。ひとつあるだけでエスニック感を出してくれる。素材はマホガニー。（KAJA）

エスニック・スタイリングのコツ

カジュアルかゴージャスか、テーマを決めて色彩計画を立てる

エスニック・スタイルは、アジア、中近東、アフリカなど取り入れることのできるテイストの範囲が広いため、自由度が高いのが特徴です。エキゾチックなものをいろいろと盛り込みたくなりますが、上品に仕上げるためには、やはり多くの要素を入れ込みすぎないようにすることです。

たとえば、コンセプトが「バリのリゾート」ならバリ風メインでまとめるのがスマート。こげ茶や黒などの重い色の床や家具にシックな色調の小物を置き、大振りのグリーンをアクセントにすると高級な雰囲気がつくれます。逆に、淡い色の木製品にカラフルな小物で仕上げるとカジュアルなエスニックができあがります。カジュアルとゴージャスを混合するとバランスが崩れやすくなりますので注意しましょう。

ほかのインテリアスタイルとミックスさせる場合には、ファブリックなどにエスニック調のパターン（模様）を取り入れるとよいでしょう。小物などはエスニック色が強くなりすぎないように、エスニック風、民芸風のものをさりげなく配置するほうがおしゃれにまとめやすくなります。

グリーン

自然豊かなアジアの気分を演出してくれるアイテムとして植物は大切なエレメントです。一般には、葉の大きなものが気分を盛り上げてくれます。丈の高いもの、壁面を覆うツタ系のもの、吊り下げるエアプランツなど、さまざまな表情で楽しめます。

ダークなエスニック家具には、鮮やかな緑色が映える。ポリエチレンで編まれたソファはウォータープルーフ生地のクッションと合わせて屋外でも使える。（YOTHAKA）

アジアン雑貨

エスニックやアジアの雑貨のよさは、手づくりであること。タッチのラフさ、表現のおおらかさ、ものによっては細工の技巧や繊細さも見られます。ファブリックも地域によって色柄がさまざま。壁面の装飾や間仕切りにもファブリックを使うとエスニックらしさが出てきます。

植物を編んだカゴを壁面アートに。ファブリックも落ち着いた色を選び、モダンなで上品なエスニック・スタイルにまとまっている。（青山スタイル）

竹を編んだつぼのような形のカゴ。衣類やリネン類を収納したり、ドライフラワーを入れてディスプレイしたり、使い方はいろいろ。（CORIGGE MARKET）

中近東風の装飾が施されたミラー。ゴールドはエスニック・スタイルと相性がいい。（青山スタイル）

ライムストーン（石灰石）で彫られたオブジェはアジアンリゾートらしいアイテム。キャンドルと一緒に飾って幻想的な雰囲気を演出。（KAJA）

海外で購入した民芸品を収納棚の上にディスプレイし、モダン・インテリアにエスニック要素をプラス。（W邸）

エスニックらしい雰囲気があるファブリックは、無地のシンプルなソファにも映えるアイテム。（ミーリーコレクション）

手づくりの温かみがあるペルシャ絨毯。1枚あるだけで部屋が明るく華やかになる。（ミーリーコレクション）

ここにある！

エスニック・スタイルのアイテムを見つけられるショップ&ショールーム

ミーリーコレクション

http://www.miricollection.com
東京都港区白金台5-3-7 くりはらビル101
tel 03-3440-9391／open 10:30-19:00（火曜定休）

羊毛を刈るところから始まり、糸を紡いで染め、絨毯の模様をデザインし織るまでの工程をすべて自社工房で行うペルシャ絨毯の専門店。熊本市にもショールームがある。

KAJA調布店 スタジオ＆ファクトリー

https://www.kaja.co.jp
東京都調布市深大寺元町2-5-2
tel 042-440-8260／open 10:00-19:00（不定休）

アジアの伝統技術にヨーロッパのセンスを掛け合わせたオリジナルデザインを扱う。吉祥寺本店、湘南平塚店のほかオンラインショップもある。

吉蔵ショールーム

https://www.kichizo.co.jp
静岡県静岡市葵区住吉町2-31
tel 054-252-5243／open 10:00-18:00（不定休）

日本の伝統工芸品である指物家具や朝鮮王朝時代の李朝家具などの製造販売を行う。東洋のエキゾチックな空間をしつらえることができる。ショールームへは事前予約がおすすめ。

a.flat 目黒通り本店

https://aflat.asia
東京都目黒区中根1-14-15
tel 03-5731-5563／open 11:00-19:00（水曜定休）

「その暮らしに、アジアの風を」をキャッチフレーズにする家具、雑貨の店。家具はすべてオリジナルデザイン。新宿店、大阪梅田店のほかオンラインショップもある。

YOTHAKA TOKYO STUDIO

https://www.yothaka.jp
東京都港区海岸3-15-5 レジディア芝浦KAIGAN 1201
tel 03-6453-7402／open 11:00-18:00（水曜定休）

世界のリゾートホテルでも使われているタイの家具メーカー、ヨタカのショールーム。来店見学は予約者が優先。オンラインショップもある。

CORIGGE MARKET

http://corigge-market.com
大阪府寝屋川市宇谷町10-47
tel 072-822-6668／open 9:00-19:00（年末年始以外は無休）

バリをメインとするアジア家具のほか、バスケット、ラグ、照明などのインテリアアイテムなどが豊富。家具はオーダーメイドも可能。オンラインショップもある。

和モダン・スタイルの代表的なアイテム

Japanese Modern

格子や畳、木の素材のエレメントや家具など伝統的な日本の様式やデザインを現代的にアレンジしたり、和洋を融合するスタイルです。シンプルで温かみもある自然志向のスタイルなので、ほかのモダン・スタイルとも合わせやすいでしょう。

和に合う家具

日本の伝統を継ぐ和モダンの家具は木製。無垢《むく》もあれば、プライウッドもあり、デザインも伝統的な時代家具から、欧米モダニズムと区別できない斬新なものまでさまざまです。シンプルなものほど、合わせたり応用したりしやすく、ヴィンテージやアンティークを使うのもおしゃれです。

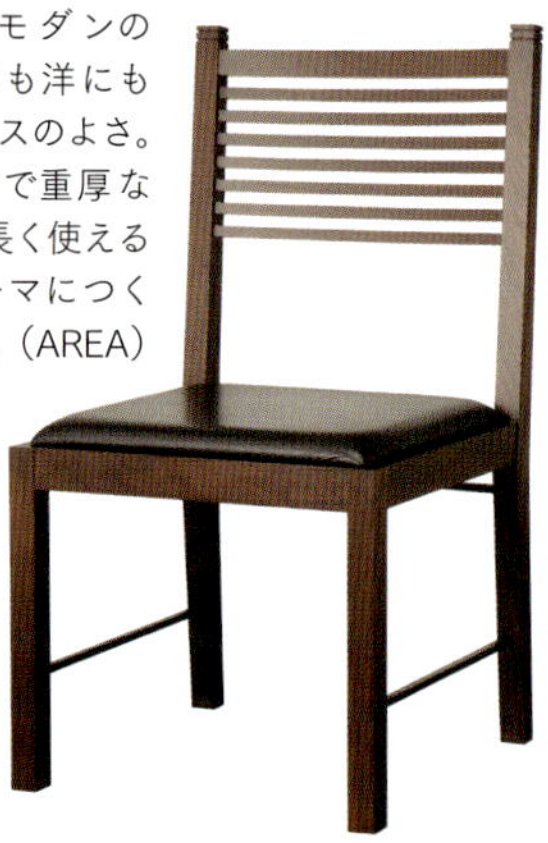

日本の職人の技術を生かした和モダンの家具は和にも洋にも通じるセンスのよさ。クラシックで重厚なデザイン。長く使えることをテーマにつくられている。(AREA)

ジャコビアンというイギリス伝統の様式を現代に生かしたものだが、和モダンにも通じる個性的なデザインが面白い。(AREA)

時代家具やアンティーク和家具を取り入れると雰囲気が格段にアップ。(匠の郷)

すりガラスの入った水屋箪笥(食器棚)はアンティークの古民具。大正や昭和の家具も使い方次第でスマートに。(ラフジュ工房)

和モダンでは台にマットレスや布団を置くだけでもベッドになるが、シンプルなロー・ベッドは使いやすく、リラックス感がある。(a.flat)

日本に西洋のものが入ってきた際、洋風に対して伝統的な日本のデザインを和風と呼ぶようになりました。さらに和風は、洋風を意識したモダン方向へと進化し、和モダンが生まれます。欧米のモダン・スタイルは日本の影響も受けており、和風とモダン・デザインはとても近しい存在です。ミッドセンチュリー(⬇P18)では日本のデザイナーも活躍し、その流れは和モダンにも受け継がれています。ナチュラル・スタイル(⬇P30)やエスニック・スタイル(⬇P34)とも相性よく融合します。

直線的でシンプルな組みわせの構図やグリッド(格子)のパターン、畳や障子、余白のある演出などが和の基本。おもな素材は自然素材の木や和紙ですが、これを人工素材でデザインし直したものもあります。シャープなラインもあれば、不定形のやわらかいものも。色は白やアースカラー、「和の伝統色」が合いますが、黒や赤など明快な色も好まれます。

和紙

和モダンの重要な要素である和紙は、おもに障子や襖《ふすま》などの建具で使われます。ほかに、クロス、照明のシェード、パーティション、ロールブラインドなどにも和紙製品があります。

障子は伝統的な格子もいいが、縦ラインやさまざまな模様を使ったものなど新しいデザインもある。重要な建具なので好みに合わせて慎重に選びたい。（KITOTE）

竹の骨組みに和紙を貼り付けたスタンド照明。グラフィカルな絵付けでポップな和モダンを楽しめる。（オゼキ）

床座の生活

和モダンのインテリアでもベッドや椅子を使う人は多いでしょうが、畳に座る生活を楽しめるのは和ならではのスタイルです。畳の部屋はもちろんですが、全体的に背の低い家具を選ぶと、日本的なインテリアになります。

少し高さのある座椅子「低座イス」は、座面が床に密着しているものよりも立ち上がりが楽。モダンなデザインで、フローリングにも違和感なく使える。（天童木工）

和モダン・スタイリングのコツ
コツ

直線的なエレメントと素材選びで和を表現する

和のインテリアは畳や障子などに代表されるように、直線的なエレメントが数多くあります。和モダンでも、空間全体を水平線と垂直線が交差するシンプルな構図にまとめるとそれらしい雰囲気が生まれます。格子パターンの整然としたデザインは和モダンらしさをアップさせてくれるので、間仕切りや収納の扉などに取り入れるとおしゃれです。

できるだけ自然素材のものを選び、和紙や塗りなどのテクスチャーが伝わるとよいでしょう。壁や天井は白がベースで、建具の色は落ち着いたアースカラー、茶系、伝統色である藍色やねずみ色など渋めの色を選びます。必要なら明るめの色で差し色を入れるとアクセントになります。和の空間では余白も重要なので、ものは収納し、できるだけ目につかないようにしましょう。

色を抑えスッキリとしたインテリアのなかに、着物や帯などの彩色豊かな布をファブリック・パネルにしたり、浮世絵を飾ったり、少し冒険した和に挑戦するのもおすすめです。外国人がつくる和の雰囲気を意識すると、新鮮な日本のよさが生きる和モダンができあがります。

格子

伝統的な模様である格子は、「欄間《らんま》」としてパーティションや間仕切り、室内のアクセント的な造作《ぞうさく》にも使われることもよくあります。目の細かいものほど上品な印象です。格子で構成されたモダンなアイテムも和の空間にマッチします。

ガラスをはめた格子戸はレトロ感のある雰囲気がおしゃれ。(AREA)

システム収納もダークな色合いを選ぶと、落ち着いた和モダン・インテリアに合わせやすい。上部の格子部分はプッシュオープンの収納になっている。(AREA)

ここにある！

和モダン・スタイルのアイテムを見つけられるショップ&ショールーム

HIDA 東京ミッドタウン店

https://hida-shop.jp
東京都港区赤坂9-7-3 E-0301 東京ミッドタウン ガレリア3F
tel 03-5413-7637／open 11:00-21:00（年末年始休）

（NACASA&PARTNERS INC.）

飛騨の匠の技術を受け継ぐ老舗家具メーカー、飛騨産業の直営店。国内外で活躍するデザイナーたちとのコラボ家具などを扱う。このほか、ショールームは全国に6カ所あり。

AREA Tokyo

http://www.area-japan.co.jp
東京都港区北青山 2-10-28 1F
tel 03-3479-5553／open 11:00-20:00（年末年始休）

オーダー家具と建具で提案するAREAの東京旗艦店。大阪の旗艦店AREA Osakaのほか百貨店のインショップとしても展開。和の空間にも合わせやすい重厚なモダン家具を探せる。

天童木工 東京ショールーム

http://www.tendo-mokko.co.jp
東京都港区浜松町1-19-2
tel 0120-24-0401／open 10:00-17:00（祝日定休、夏期・冬期休業あり）

木の特性を生かして加工するプライウッド技術を確立させ、強く美しい家具づくりに定評のある老舗の家具ブランド。デザイナー、建築家らの名作も生んでいる。

ブナコショールームBLESS

http://www.bunaco.jp
青森県弘前市土手町100-1　もりやビル２F
tel 0172-39-2040／open 10:30-19:00（不定休）

青森県のブナの木を有効活用するために開発された木工製品ブランド「BUNACO」のショールーム。照明、インテリアアイテム、テーブルウエアなどが揃う。

アンティーク家具 ラフジュ工房

https://www.rafuju.jp
茨城県常陸太田市箕町248-1
tel 0294-33-5748／open 13:00-17:00
（水曜・金曜・第1・3土曜日のみ）

アンティークの修復工房と倉庫、展示場などが一体となったショップ。レトロ感のある和家具のほか、北欧、ミッドセンチュリーなど洋家具も揃う。オンラインショップもあり。

和家具 匠の郷

http://www.wakagu.co.jp
神奈川県厚木市南町27-9
tel 046-228-7716／open 10:00-18:00（水曜定休）

時代箪笥、階段箪笥などの民芸家具のほか、和風ソファ、和風ダイニングセットなど和家具、和雑貨を専門とするショップ。オンラインショップもある。

モダンよりも装飾性に富む クラシック・インテリア

クラシック・スタイルは、17世紀から19世紀のヨーロッパのアート、建築、工芸をベースにしたスタイルです。本格的なクラシック・スタイルは、華美で貴族趣味的なフランスのクラシックがモデルとされる場合が多いですが、日本では、フランスよりもやや控え目で合理的なイギリス調のスタイルも人気があります。

クラシック・スタイルの特徴は、ジオメトリック（幾何学）を意識して、シンメトリー（左右対称）のデザインや配置にすることです。家具は上質な素材に彫りや装飾が施され、猫脚などのある重厚なつくりのものが選ばれます。

壁、天井などは淡いパステル系で、オリーブ、ベージュ、クリーム、薄いグリーン、茶、ゴールドなどのカラースキームが好まれます。フランス調は白やパステルカラーでまとめることが多く、イギリス調は茶やモスグリーンなどダークな雰囲気が感じられます。

クロスやファブリックには、樫

古典様式を大胆に単純化したモダン・クラシックのチェア。間に挟んだテーブルの上の金属のオブジェも古典的なものを感じさせる形。

超高層階の部屋を「ホテルのスイートルーム」というコンセプトでコーディネーション。都市風景の眺望と縦ブラインドはモダン・クラシックな設えと調和している。茶系のカラースキームで風格と落ち着きを演出。

コンテンポラリーなウニのようなオブジェはバロック風にも見える。ターコイズの水盤は模様が古代ペルシャのものを連想させてクラシックの雰囲気づくりにひと役買っている。

四角いスタンド照明とサイドボード。スタイルとしてはアール・デコだが、脚部のデザインは古代ギリシャのキーパタンにも通じてクラシック。

クラシックテイストの家具だが、ソファやチェアは張り地をレザーにしたコンテンポラリー。「モダンのなかに伝統と格式」というテーマにそった高級感がある。

や月桂樹の葉など植物をモチーフとしたものや、ギリシャ・ローマ風の装飾などがよく使われます。カーテンのドレープ、大理石などの石材やスタッコ（化粧漆喰《しっくい》）もクラシックらしい高級感があります。

現在では本格的なクラシック・スタイルよりも、現代風にアレンジされたモダン・クラシックが主流です。様式やディティールにクラシック・テイストのある家具などを取り入れ、クラシックのカラースキームに黒、グレー、シルバー、ワインレッドなどをプラスするとモダンらしさが出てきます。

重厚な趣のあるクラシックなインテリアは、窓もたっぷりの布を使ったカーテンで覆われ、どちらかというと閉ざされた空間にものが詰まった印象があり、内向きな感じになりがちです。モダン・クラシックでは、装飾は控えめにし、室内のものも少なめにするとよいでしょう。開口部は大きくとって室内に自然光を取り込むと、モダン的な軽快さが生まれます。

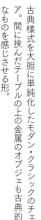

クラシック・スタイルの代表的なアイテム

西洋建築の伝統を受け継ぐ、クラシック・スタイルは格調高いヨーロッパのデザインの歴史を物語ります。その古典的な様式美をストレートに使うと重厚すぎるので、実際は、エレガンスをスパイスにして「モダン・クラシック」という少しシンプルなスタイルに置き換えて、クールにまとめるとよいでしょう。

装飾的なエレメント

正統的でもモダンでも、背景となる室内は統一感のあるものにしましょう。オーソドックスなスタイリングなら、壁は木の化粧パネルや腰板で覆い、モールディングで装飾します。モダンなら、シンプルであっても上質のものを使い、建具やディティールにクラシック・テイストを取り入れましょう。

モールディングはクラシック・エレメントの定番。白とグレーのカラースキームがモダンな印象を与える。(mayuko邸)

寝室に貼った腰壁。ベッドのヘッドボードも装飾が施されクラシカルな雰囲気を感じる。(mayuko邸)

ドアノブもアンティーク風のものを選んで上品な印象に。(mayuko邸)

ヨーロッパの長いデザインの歴史のなかで18世紀のロココ時代以降の様式美を基本にするのがクラシック・スタイル。ヨーロッパの古典的様式そのものの家具や室内装飾を守り続け、流行とは無縁の重厚で高級志向の世界です。そのクラシックの王道をいまのライフスタイルに合わせてスマートに取り入れるのが、モダンとクラシックの融合「モダン・クラシック」。適度にトレンドも取り入れ、クラシックを気軽に楽しめます。

壁や天井はベージュなど目立たないニュートラルな色で、床はフローリングか滑らかな石材、その上にはカーペット。家具やファブリックは、モダン・スタイルで使うモノトーン、茶系、くすんだブルーやグリーン、ワインなどの落ち着いた色がマッチします。デザインは、クラシックを感じさせつつ、シンプルなものがベター。エスニックやシャビーシックなどとは相性がよいので、アクセントに取り入れるのも効果的です。

落ち着いたカラースキーム

基本的にはダークな茶系がクラシックの王道で、家具や調度もそれに合わせます。モダン風なら、室内を淡いパステル系の色、ベージュ、クリーム、薄いグリーンなどにして、家具をダークにするとよいでしょう。女性的な雰囲気ならシャビーシックのように白でまとめるのもおすすめです。

ゆったりとした贅沢な空間のリビング。ベージュのやわらかい色のなかにダークブラウンの家具を置くことで、クラシックの落ち着き感が生まれた。(青山スタイル)

ファブリックもベージュ系を中心に光沢感のある質感が、やさしく上品な雰囲気。(青山スタイル)

カーペット、壁紙、ソファを茶のグラデーションでまとめた寝室。天井に向かうにしたがい色を薄くしたため、落ち着いた空間ながら軽やかさが出ている。(青山スタイル)

クラシック家具

オーク、マホガニー、ローズウッドなどの木を使い、猫脚のような装飾や細工の彫り込みが基本です。モダン・クラシックの場合は、クラシックの要素やテイストをディティールなどで少し感じさせるのがよいでしょう。

細かい部分にまで彫りが施された家具はクラシックならではの高級感がある。(青山スタイル)

クラシック・スタイリングのコツ

アイテムは上質なものを選び、モダンな雰囲気を出すことも意識する

クラシックといっても正統派のクラシック・スタイルだけでまとめることは少なく、実際にはモダン・クラシックになる場合が多いでしょう。

モダン・クラシックのポイントは、トラッドなものを取り入れつつ、華美になりすぎないエレガントなインテリアを目指すことです。モダン・スタイルを高級なものにバージョンアップした感じに近いので、家具や素材、建材は上質のものを選びましょう。クラシックでは、金属など冷たい素材を多用するのは避けるほうが無難です。カーペットは演出効果もあるのでぜひ使いたいアイテムです。手織りや高級なものがよいでしょう。

照明はシャンデリアがクラシックの定番ですが、シンプルなデザインを選ぶとモダンのクールさがうまくミックスされるでしょう。壁掛け式やスタンド、ウォール・ウォッシャーなどの間接照明も上品です。

インテリア・アクセサリーはクラシック・テイストのデザインを抑えめに単純化したシンプルなものがよいですが、点数を少なめに。モダンなフラワーベースを置いたり、壁に大きな絵や写真を飾ったりする演出は効果的です。

高級床材

床は石材やタイルを使えば、クラシックならではの優雅なしつらえになります。大理石のような光沢のある高級石材を敷くことで、ラグジュアリー度もアップ。フローリングにするなら無《む》垢《く》材で、単純なパターンよりはヘリンボーンなど柄や細工物が格調高く見えます。

エントランスからリビングまで石貼りの床に。ベージュを基調にソファやカーテンを青でまとめて、男性的なモダン・クラシックに仕上げた。(青山スタイル)

アート作品

ヨーロッパ、中東、アジアなどの工芸品、彫像、絵画で歴史を感じさせるものやアンティークが定番。各室に、人の視線を集めるフォーカルポイントとなるアートがあると映えます。

照明を仕込んだニッチ棚を作品の居場所に。マンションの梁《はり》を利用して造作できる。(Petro Kuprynenko/123RF)

寝室にアートを飾ることも多い。写真やポスターなども壁などの色を生かして雰囲気にあっていればOK。(Petro Kuprynenko/123RF)

ここにある！

クラシック・スタイルのアイテムを見つけられるショップ&ショールーム

APIS 六本木ショールーム

http://apisworld.com/home

東京都港区六本木4-1-6
tel 03-5575-7811／open 10:30-18:00（木曜定休）

イタリア高級家具の輸入販売店。希望の商品をメーカーから直接取り寄せるシステムで、材質や生地を選べるセミオーダーを低価格で提供している。オンラインショップもある。

ユーロ・カーサ 東京日本橋ショールーム

http://www.euro-casa.co.jp

東京都中央区日本橋茅場町1-2-18-1F
tel 03-6661-7311／open 11:00-19:00（水曜定休）

イタリア、スペインのラグジュアリー感あふれる高級ブランド家具を直輸入で販売。伝統的なクラシックのほか、モダンテイストの家具も揃える。大阪にもショールームがある。

サァラ麻布

http://www.sala-azabu.co.jp

東京都港区西麻布3-5-1
tel 03-3405-9701／open 10:00-18:00（水曜定休）

世界各地の高級家具を輸入販売する専門店。ショールームでは、リビング、ダイニング、寝室など空間ごとのトータルコーディネートを展開させ、厳選した一流の家具を提案してくれる。

西村貿易 京都本社ショールーム

http://www.maitland-smith.jp

京都市伏見区桃山町根来18
tel 075-621-1981／open 9:00-18:00（日曜・祝日定休）

米国メートランドスミス社をメインに欧米の一流ブランドの家具を揃えたショールーム。調度品なども豊富に扱う。京都ショールームは予約制。東京にもショールームがある。

ダニエル元町本店

http://www.daniel.co.jp/

横浜市中区元町3-126
tel 045-661-1171／open 10:30-19:00（月曜定休）

創業70年の老舗家具メーカーで、特注やオーダーメイドや修理が可能。海外有名ブランド家具の輸入販売も行う。ほかにも神奈川県内、都内にショールーム、ショップがある。

アートハウス21 筑紫野本店

http://www.arthouse21.co.jp

福岡県筑紫野市湯町1-17-8
tel 092-928-3388／open 10:00-20:00（火曜定休）

国内最大級のヨーロッパ直輸入家具の専門店。英・仏・伊などさまざまなテイストを揃え、住宅リノベーションなども相談できる。本店のほか福岡市内、東京・表参道にもショップがある。

インテリア・ケーススタディ
スタイルのある暮らしかた

リビングは天井も床と同様の板張りにしている。木でやさしく囲まれている感じ。

Case Study 1

北欧&ナチュラル スタイル

家具の収まりを想定して クールな北欧風にフル改装

千葉県千葉市

前田邸

ヨーロッパの新興住宅地のような整然とした居住区にあるマンション。前田邸は、北欧らしさが感じられるナチュラルでシンプル&モダンのスタイルでまとめられています。

ご夫妻の仕事はともに住宅の設計関係。奥様の彬子さんはフリーの建築士、インテリアコーディネーターとして活動されています。

自宅の改装では、家具などどこにどういうものを置くかを前もって想定し、希望通りのデザインを実現されました。空間をいったんスケルトン（骨組みの状態）に戻して住戸全体の床を上げ、天井はあえて低めに落とし、板張りにしています。柱の両脇にできる空間の凸凹をなくしたり、腰の高さに棚

Living リビング

リビング全景。右手の部屋はまだ小さいお子さんたちの遊びスペースとして使っている。

キッチン Kitchen

タイル貼りのキッチンシンクからリビングを見る。開放感はひとしお。

白とステンレスでまとめられたキッチンの奥にパントリーが見える。

パントリー内部は棚を設けて合理的に整理されている。

を設けるなどムダな空間を生かしきる工夫が随所に見られ、実用的で動線もスムーズな住まいです。

照明は北欧を代表するルイスポールセンの製品をメインに選択。LDKでは、二人のお気に入りだった大きめのテーブルを中心にして、木製の温かみがある家具が選ばれています。

明るめのウッド家具のナチュラルな色に、ミントグリーンと白の壁色がマッチして抑制されたトーンになっています。こうした淡い色を背景にすることで、生活用品の色や飾られる植物も映える効果がありますし、ナチュラル志向のやさしい雰囲気が伝わってきます。

玄関正面の飾りテーブル。照明はルイスポールセンで、季節の飾り付けなどを置く。

玄関 Entrance

スッキリとシンプルな玄関。靴はすべて左側の扉付きのシューズケースに収納。たたき部分には季節の花を飾り、ゲストを迎える。

玄関から右手を見る。突き当たりは寝室。手前右はサニタリースペース。

玄関から左手のリビングを見る。奥のキッズスペースに貼られた壁紙の色が、インテリアのアクセントになっている。

Bedroom 寝室

照明はペンダント。壁面の腰位置に元からあった出っぱりを生かしてディスプレイ棚をつくった。

サニタリー入口の収納棚。リネン関係のものが整然と収納されている。

洗面台の下はきっちりと整えられている。 大きなミラーが見やすく明るい。

サニタリー Sanitary

トイレ。便座の背後のくぼみスペースは作りつけの収納にして有効に活用している。

浴室前にはタオルウォーマーを設置している。暖房器具としても便利。

キッズルーム Kid's Room

ミントグリーンの壁面のコーナーには、グリーンと気球をモチーフにしたモビールをディスプレイ。

Case Study 2

クラシック&エスニックスタイル

オリエタンタルだが無国籍テーマ性のあるリノベーション

東京都

W邸

黒い家具を配するなど、オリエンタルをベースにしたモダンなインテリア。
アート作品を多く飾っているのも特色。

香港出身のご主人と、上海に住んでいたことのある日本人の奥様という国際的なカップルのお住まいは、インターナショナルでオリエンタルです。二人の共通の好みはチャイニーズ・テイスト。しかし、いかにも中国的なインテリアではなく、さまざま要素をミックスしたモダン・テイストが感じられます。

お気に入りの映画監督、ウォン・カーウァイが得意とする60年代香港のノスタルジックなイメージにも影響された世界観がうかがわれます。ダイニング・テーブルをはじめ家具は黒を基調としたオリエンタル風ですが、中国でも日本でもなく多国籍に見える不思議さがあります。壁紙もお二人のこだわりで部屋ごとに効果的な柄を厳選しています。

アートディレクターでもあるご主人は、改装の際にダイヤモンド形をメインのモチーフにすると考えたそう。それを随所にあしらっているのも面白く、個性的です。また同様に、あちこちに置かれた

壁面の上下の棚は収納で、木調とソファのブルーがコントラストになっている。

Hallway 通路

玄関からリビングまでの通路にある壁のくぼみに置かれた中国風のチェスト。照明が当てられ存在を強調している。

リビングの外はデッキのテラス。その向こうに都内とは思えない林があり、素晴らしい借景となっている。

30㎝ほどもありそうな大ぶりのタッセルは、東洋風にも西欧風にも見える。

右手の子ども部屋には枠付きの窓を設けて、外光を取り込む工夫が。その奥が寝室。

現代アート作品は、展覧会の企画などに携わる奥様の目利きで選んだもの。インテリアのアクセントとしてうまく取り入れられています。W邸は都内とは思えない緑の多い地域にあり、それを借景として室内にうまく取り込んでいるのも洗練された住まい方の工夫のひとつです。

Bedroom

寝室

落ち着きのある紫の壁紙とカーテンのある、シンプルな寝室。

Kid's Room

キッズルーム

全体にやわらかみのある色でまとめたキッズルーム。

サニタリー

Sanitary

トイレの洗面台はレトロなデザイン。色彩の対照を考えてものを配置している。

デザインモチーフ

Design Motif

キッズルームの壁に開けられた窓の枠にもダイヤの半分の形である三角形の模様がほどこされている。

ダイヤ形の時計は、インターネットで見つけたお気に入りの一品。

バスルームへのドアには、大きなダイヤのパターンがモールディングされている。

ご主人の提案で生まれたダイヤ形のモチーフ。まずは玄関を入るとガラスドアに用いられている。

Art
アート

ダイニング・テーブルを囲むように、アート作品が飾られている。グリーンや花もアクセントに。

コーナーの飾りテーブルに置かれた本や雑貨。その上の壁面には小さな絵が掛かる。

ウォーターサーバーもインテリアにあわせて黒をチョイス。そのかたわらには絵を置いてアクセントに。

子ども部屋にはお子さんの絵をアート風に。ディズニープリンセスのジャスミンにハマっているので、そのイメージでベールをかけている。

壁紙
Wallpaper

洗面所の壁紙にはシノワズリの人物をモチーフにしたレトロ調のものをチョイス。

子ども部屋は、壁二面で違う壁紙を使っているのがポイント。

リビングの壁には、バスケタリーを思わせる編み地風の柄で地味めの色の壁紙を。

寝室はオーソドックスなチャイナドレスの生地を連想させるシックな柄。

Case Study 3

非日常感を演出する モダン・クラシックなしつらい

モダニズム&クラシックスタイル

東京都

E邸

クラシックのテイストを残しながら、ハイエンドなセンスでまとめ上げられたモダン・クラシックなインテリア。オフィススペースを備えた賃貸物件の住まいです。

来客の多いリビングは、ゲストを迎えることを重視したつくりにし、ダイニングとの境には大きなワインセラーを設置。2つの部屋はクロスを張り替え、パーティや仕事の社交を意識して融合し、アームチェアもダイニングチェアもクラシック調のものがデザインされています。ダイニングの家具やミラーもクラシック。ペンダントとスタンドの照明はモダンですが、放射状の装飾がバロック調にも見えます。

寝室もミニマルでシンプルながら、ギリシャの列柱を思わせる白

40畳以上のリビングは、ゲストをもてなすソファをゆったりと置き、壁側はテレビボードを壁面いっぱいに誂えている。

いテーブルと古典調の深いアームチェアが印象的です。家具を少なくして生活感を抑え、壁や天井などのカラースキームは、クラシック・カラーのベージュ系で統一。家具の落ち着いた色がアクセントになっています。

ソファの背面に置かれたコンソールテーブルと、放射状の針のデザインがモダンなスタンド照明。

ダイニング *Dining*

上質な家具と金属や箔を使ったアイテムが高級感あふれるダイニング。

ダイニングの手前はリビング。存在感のあるワインセラーは、美防《びぼう》災《さい》仕様のビルトイン設計(→P128)。300本弱のワインを収納できる。

玄関 *Entrance*

壁にアートを飾り、明るくゲストを迎える玄関ホール。正面は外階段が隠れるように全面ガラスにシートを貼った。

寝室 *Bedroom*

カーペットを敷き詰め、オーダーのテレビボード、特注ベッドなどの家具を低めにして落ち着いた空間に仕上げた寝室。

Case Study 4

高級旅館を思わせるミニマルな和風モダン

和モダン&モダニズム スタイル

兵庫県神戸市

K邸

定年されたご夫婦のためのゆったりしたお住まいは、築30年の物件のリノベーション。既存の間取りを活かして、不便だった動線を改善しています。また、間仕切りも減らして開放感のあるモダンなインテリアに生まれ変わりました。

コンセプトは「古都京都」。老舗の旅館を思わせる居心地のよい空間は、床面の段差をなくし、バリアフリーに変化させています。

部屋は主寝室、客間、和室を残し、ダイニングと居間の間を木の縦型ルーバーで柔らかく仕切っている和モダンです。色は黒、グレー、ベージュ、茶系のグラデーショントーンで落ち着いた印象。室内は水平線と垂直線の構成にまとめ、境界の建具の小口面がメリハリを出

白い壁に黒と茶系とグレーというモノクロ風の色彩。曲線のほとんどない室内に和モダンとミニマリズムが融合する。

協力／KADeL

しています。家具は、近代建築家デザインのモダンなソファやテーブルですが、ミニマルなデザインで統一されています。照明は、リビングを間接にし、ダイニングは遊び心のあるシャンデリアを使っています。

リビングから和室を見る。家具は低めで、床面もフラットにしているため、和室と洋間が違和感なく隣りあう。

和室は茶室などに使える仕様。多目的なリラックス・スペースとしてこたつを使うこともできて便利。

ダイニング

Dining

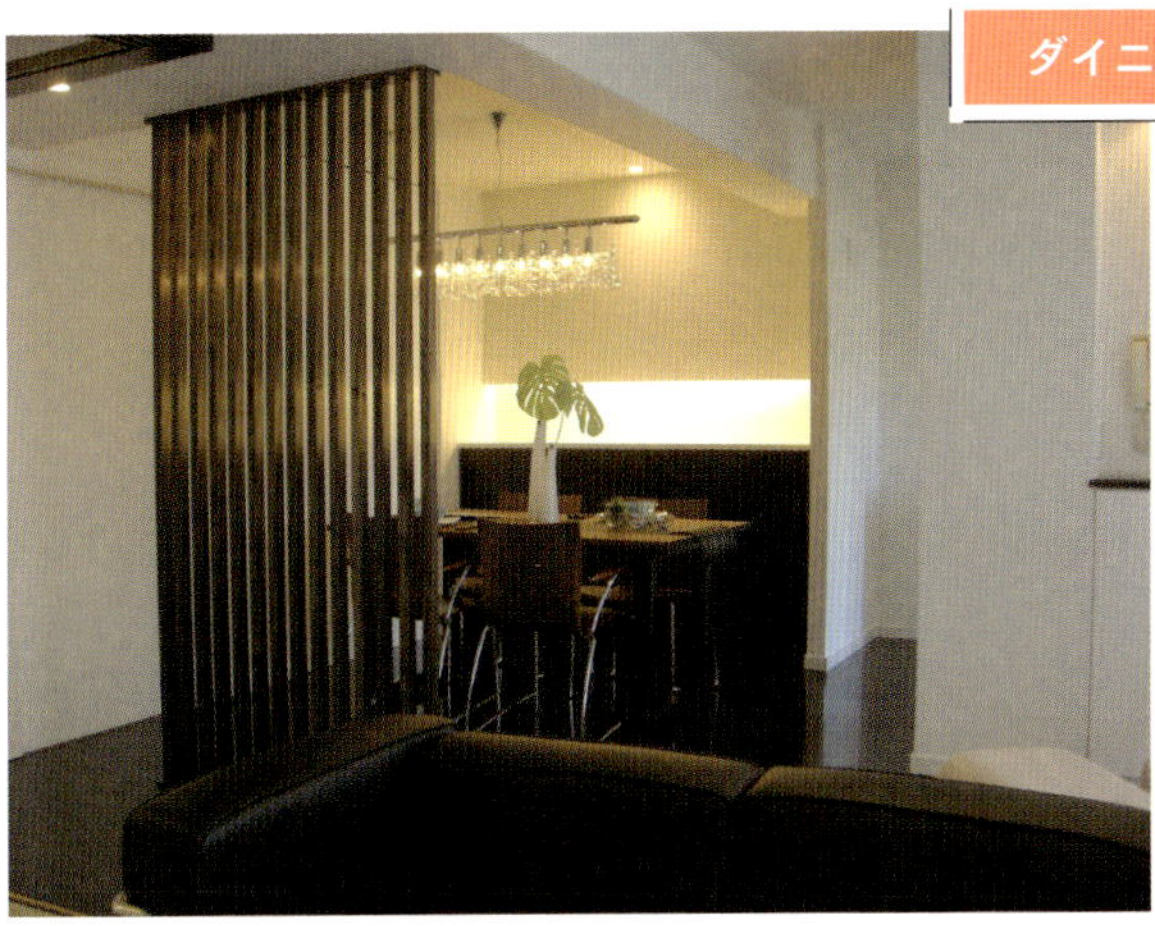

ダイニング壁面のニッチに間接照明を仕込んでいるので、光がやわらかい。縦ルーバー越しの光がリビングに漏れるのも演出。

ダイニングセットは木を使ったモダニズム。テーブルには和風のクロスを。上の照明はランダムなデザインでくつろぎを感じさせる。

Case Study 5

クラシック&北欧スタイル

モールディング装飾で全体を統一。戸建て住宅のような雰囲気に

千葉県

mayuko邸

玄関を入ってすぐのエリア。造り付けの収納棚があり、現在はおもにお子さんたちの空間として活用している。

ライフスタイルとインテリアのカリスマ・ブロガーとして知られているｍａｙｕｋｏさんのお宅は温かみのあるシンプル・モダン。室内の色はグレーを中心としてモノクロームでまとめ、北欧調を基本にしながらも、むしろアメリカやヨーロッパの戸建て邸宅を思わせる、アットホームで落ち着いた雰囲気のインテリアです。

双子のお子さんとの生活を重視されたリノベーションで、ものを片付けやすくし、将来のさらなる改装もにらんで可変性のあるレイアウトになっています。

注目したいのは、クラシックなインテリアに用いられる、モールディングを施したパネルやドア、引き出し、腰板《こしいた》をほぼ全室に用いていること。モールディングという様式的なエレメントが全体を引き締め、統一した美しさと気品を室内全体に醸し出します。

もうひとつ、洋式のブラインド・パネルで窓を覆っているのも注目のポイントです。「マンションの窓はど

玄関

Entrance

玄関からリビングのドアまでの廊下は長め。玄関左手の白い垂直ルーバーのようなものはヒーター。

玄関のベンチは靴を履くときのためのものだが、子どもたちのディスプレイのコーナーにもなる。

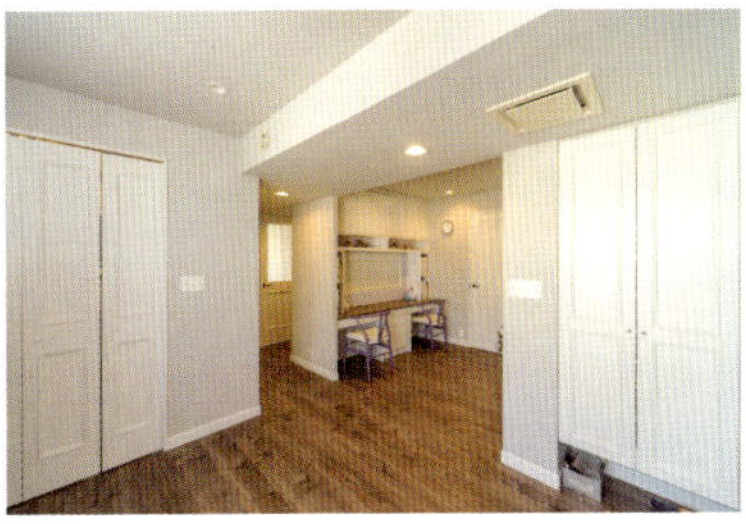

玄関脇のキッズルームから子どもたちのデスクスペースを見る。収納の扉にはモールディングが施されている。

キッズルーム

Kid's Room

勉強机の前のブラインドをあげれば、家族の気配が感じられる。

うしても既成のサッシになってしまいます。それはどうしても見せたくなかった」というmayukoさん。開閉式のパネルで通気もでき、リゾートホテルのような心地よさ。マンションであることを忘れさせる高感度の演出テクニックです。

リビング Living

シンプルなリビング。左手にワインセラーがあり、全体はグレーをメインにモノトーンで統一されている。手前の木製家具はDIYで作成。テーブルにもベンチにもなる。

リビングからダイニングを見る。色は白とグレーのモノクロームで統一している。

キッチン・カウンター下の収納扉にもモールディングがみられる。右の柱には白いレンガが張られて温かみを出している。

Kitchen キッチン

シンクはフランス製で、蛇口がレトロなデザインのものを選んでいる。

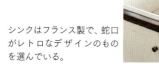

寝室 Bedroom

ご夫婦とお子さん二人のベッドが入る寝室。
将来は夫婦だけの寝室になる。

マンションの共用通路に接する窓は、サッシを隠すための鎧戸で覆われている。

右側の扉はクローゼット。モールディングされた扉と腰壁に囲まれる室内。

寝室の天井にはダウンライトと大きな北欧デザインのペンダント照明がひとつ。

トイレ Toilet

トイレはグレーで統一。壁紙もシンプルなパターンのものを貼っている。

ドアの取っ手はヴィンテージ風の温もりの感じられるものをチョイス。トイレには「空いてます」の表示付き。

Case Study 6

大胆なロフト風スペースと天井むき出しのインダストリアルが個性的

シャビー&ミッドセンチュリースタイル

東京都江戸川区

M邸

あえて躯体《くたい》のコンクリートの下地をむき出しにした天井や梁《はり》。木は無垢材《むくざい》を基本として、床には羽《は》目板《めいた》を使い、リビングの壁にはレンガのタイル。黒い幅木《はばき》（床と壁が接するところの細い部材）は、アクセントとして空間全体を引き締めています。さらに、スチール・パイプの手すりもこだわりのディティールのひとつです。こういったインテリアは、ブルックリン・スタイルと呼ばれ、近年人気のスタイルです。

　ヴィンテージ感あふれるものやインダストリアルなものでまとめられたインテリアで、見た目に綺麗すぎないことを意図したテクニックが使われます。普通ならクロス張りにする白い壁も、漆喰《しっくい》仕上げにし経年変化での傷や汚れを味わいとして楽しみます。ハードな印象でありながら、温かみが感じらるインテリアです。

　さらにM邸では、リビングに大胆な階段状のロフト風スペースを設けているのが目を引きます。ロフト部分はおもにご主人の書斎の

リビング窓側からダイニングとキッチンを見る。

取材協力／RoomClip（Room No.1189205／ユーザー名 erisim）

ように使われており、底上げした部分は季節ものの家電やアウトドア用品など、大きくて使う回数の少ないものを入れ、収納スペースとして活用しています。

床から数段上にロフト風のホーム・オフィスのスペースを設けている。

Living リビング

ダイニング＆リビング。無垢の床、レンガの壁、コンクリートむき出しの天井、スチールのパイプなどがブルックリン・スタイルをうまく表している。

キッチン

Kitchen

家具、木張りのカウンター、ペンダント照明、奥に見えるダークな窓付きの木製ドアなどが落ち着いた都会風。

ダクトを覆うことなく、あえて見せることでインダストリアルなイメージを強調している。

Loft

ロフト

ロフトの下は大きめの収納で、暖房機器やアウトドア用品などをしまっている。

ホーム・オフィスでは持ち帰った仕事をすることもある。お気に入りのイームズのチェアが3脚。

テクスチャー *Texture*

インダストリアルなペンダント照明。ケーブルも躯《く》体《たい》のコンクリートに這わせ武骨に見せる。

天井には既存のコンクリートの型枠の木材をあえて残している。ケーブルはスチールパイプでまとめている。

テレビ台の下に置いた小物入れの箱は、ユーズド感のあるものを選んでいる。

お気に入りのスイッチ・ボックスは、家庭ではあまり用いない工業用のトグル式。切り替える際にパチンと音がする。

廊下へ出るドアの窓にはレトロっぽいくもりガラスが使われている。

さまざまなデザインがミックスするインテリアだが、ヴィンテージものが比較的多い。

ミッドセンチュリー&北欧スタイル

手作り感とレトロのミックス。家具選びにこだわった個性的内装

千葉県

井口邸

井口邸ではいろいろなスタイルのアイテムやグッズがミックスされながら調和し、魅力的なコーディネーションになっています。マンション自体は築20年以上のものですが、入居時には新築同様にリニューアルされていました。それを奥様のアイディアとセンスでユニークにデコレーションしています。

ベースはやや北欧調に近いシンプルなテイスト。ヴィンテージやレトロ、インダストリアル系のアイテムが多く使われていますが、本物と現代物やレプリカをうまく混ぜているのがポイントです。本来はインテリア用でない道具などをオブジェとして活かす工夫も見られます。キッチン・カウンター下のレンガのように見えるものは、雑貨店で買った擬似素材を自分たちで張ったもの。自分たちのセンスと手法で独自のスタイルにまとめたインテリアの好例です。

家具が好きだったご夫妻には、お気に入りのロッキングチェアがあり、それを生かす空間が欲しくて

取材協力／RoomClip（Room No.1406557／ユーザー名 usamaru）

ダイニング・キッチン

Dining & Kitchen

リビングからダイニングを見る。カウンターの腰には自分たちで安価な擬似素材を張ったが、なかなかの見栄え。

キッチンの内側。収納棚は木の温かみのあるものを選んでいる。

ダイニングの椅子は、統一せずに全部異なるものを選んでいる。

奥様の趣向で探し集めたものがアートのようにひとつの世界観でまとまっている。

フォーカルポイント

Focal Point

ロッキングチェアは一室を占めているが、それがインテリアのフォーカルポイントとして特別な存在になっている。

引越しを考えたそう。現在は、ロッキングチェアのための一室があるほどで、インテリアのフォーカルポイントとなっています。

リビング

Living

リビングの片側はシンプルにまとめ、ヒーターの炎の演出が効果的。

Study 書斎

ご主人の書斎は、壁面に飾ったフレームの数々がアートフルな雰囲気を醸し出す。

サニタリー Sanitary

ゆったりとした洗面室は、あまり装飾をせずにシンプルに。

トイレの手洗いの上に個性的なミラーを掛けている。

Bedroom 寝室

ミニマムな寝室。ベッドサイドのスツールのようなものは工作器具を転用している。

サイン Sign

海外でよく見られるメッセージ・サインも楽しく使われている。書斎には、ご夫妻のイニシャルが飾られている。

部屋のドアには、部屋の名前のサインを。はじめてのゲストにも一目瞭然。

Part.2

Concept of Cond Interiors

マンション・インテリアの考え方

同じ住まいでも、マンションと戸建てとでは、
インテリアの制約やコツが異なります。
マンションならではのインテリアのつくり方を確認しておきましょう。
インテリア・デザインのアイデアなども紹介しています。

目指すものは2つ！

インテリア・デザインで変わる毎日の暮らし

インテリアとは室内装飾のこと。日々の暮らしのなかで、私たちはなにかしらのインテリアを目にしています。では、すぐれたインテリアとはどんなものでしょうか。インテリアを考えるときに念頭に置いておくべきことを確認しましょう。

最初に目指すのは自分らしいスタイルの空間

映画や雑誌で素敵だなと思うインテリアには、スタイルが統一された美しさがあります。実際には、バラバラに購入したもの、古いもの新しいもの、よく見るとテイストが異なるものもあるでしょう。しかし、すべてをトータルすると、住んでいるひとの個性とあいまったおしゃれさを感じます。

これは、目指しているインテリアスタイルが明確であるからです。スタイルにそぐわないものがなければ、インテリアがまとまってきます。逆にスタイルが定まっていないと、部屋がちぐはぐな印象になり美しさを感じません。

趣味や好きなものがはっきりしているひとは、インテリアのスタイルも決めやすいはず。そうでないひとは、生活スタイルや潜在的に惹かれるものを分析し、目指すスタイルを探しましょう（⬇P90）。まずは、自分らしいインテリアを決めるのが大切です。

次に考えることは心地よく感じる空間

スタイルが決まると、どんなものを選ぶべきかが見えてきます。ただし、やみくもにものを揃えるだけではインテリア・デザインとはいえません。インテリアの主役はものではなく、そこに住む「ひと」。ひとがいなければ、その空間はただの箱でしかないのです。

インテリア・デザインとは、「食べる」「寝る」「会話する」「くつろぐ」など、ひとの行為やシーンをデザインすることであり、ひとを中心に置いて考えるもの。「北欧デザインのダイニングテーブルを置きたい」だけでなく、「そのテーブルで誰がなにをするのか」を想像し、構想を拡げていくのがポイントといえます。

そのため生活に必要な空間の取り方や、心地よい色使い、生活しやすい照明など、インテリア・デザインのルールを知っていれば、自分らしいスタイルで、なおかつ居心地のよい空間がつくれます。インテリア・デザインで暮らしを豊かにしましょう。

心地よい空間をつくるために

1 自分たちのライフスタイルを知る

ライフスタイルは毎日の生活で当たり前に繰り返されているため、意外に自覚していないもの。リビングのプランを考えるなら、「日中そこで誰がなにをしているのか」「来客の際はどのように使われるのか」など日常のシーンを見直し、使われ方の優先順位をつけることが重要です。

2 自分たちが住む空間を知る

空間の縦・横・高さには制限があります。とくにマンションは共用部分へ広げることができないため、専有部分の空間を使い切る発想が求められます。また、窓から入る日差しの角度・時間や窓から見える風景も決まっており、変更することはできません。マンションインテリアはこのような限られた条件下で工夫を楽しみ、ときには逆手に取って条件を活かすところに醍醐味があります。

まずは
ここを
確認！

インテリア計画のスタート

ひとにはそれぞれ好みのスタイルがあります。ただし、マンションは既成の住空間ですので、理想のスタイルを追い求めるだけでは容量オーバーになりがち。空間の大きさとインテリア要素とのバランスを見極め、インテリア計画を進めていきましょう。

インテリアスタイルを決め、空間・家具を採寸する

自分が目指すインテリアスタイルが決まったら、まずは空間の広さを把握しましょう。部屋そのものの外周は図面からもわかりますが、実際に使えるスペースは壁の厚みなどにより図面とは多少異なります。どこに梁《はり》や柱があり、どの程度のスペースがあるのか確実に把握するには、やはり自分で計測することが大切です。引っ越しや家具購入の前にしっかり採寸しましょう。

マンションは戸建てに比べて窓が少ないぶん、壁の面積が広く家具の配置を考えやすいのがメリットです。ただし、梁の高さを1㎝でも測り間違えると家具が置けなくなることもありますので注意しましょう。

次に手持ちの家具で今後も使いたいものの幅・奥行・高さの寸法を測り、リスト化します。引き出しの取っ手部分や脚の装飾部分などもサイズに影響することがあるので注意が必要です。同時にこれから買いたい家具もリスト化し、わかる範囲で寸法を記入しておきましょう。この家具リストをもとに、室内のレイアウトを考えると失敗が少なくすみます。

家具を住まいに搬入できるかどうかもポイント。階段、エレベーター、ドアを通れるか、無理であればいくつかに分解できるのか、事前に把握しておくと安心です。

インテリア・デザインの基本

空間全体のスタイルを統一

インテリア・デザインは空間全体を統一させることが重要。たとえば、オープン空間のLDKでリビングはシャビーシックなのに、キッチンがモダニズムだと違和感が生まれてしまいます。家具や小物を選ぶ際も、インテリアスタイルに合うことを確認しましょう。

妥協しない、ブレない

インテリアは一気に仕上げるのではなく、少しずつ似合うものを探してつくり上げていくもの。途中でブレないこと、妥協しないことが大切です。判断を迷うものは新しいインテリアで暮らしはじめてから、じっくり再考しましょう。

計画を考えるときのコツ

1 各部屋のサイズを把握する（➡P76）

■新築分譲マンションの場合

まだ完成していない建物であれば、不動産会社から図面を取り寄せ、計算します。同じ広さ・間取りのモデルルームがあれば、そこで実際に採寸させてもらってもいいでしょう。

■中古分譲マンションの場合

すでに建物がありますから、実際に採寸ができます。間取りも含めてリフォームするなら、施工後の図面をリフォーム会社からもらい、計算します。

■賃貸マンションの場合

内覧時に採寸し、間取り図に書き込んでいきます。図面がなければ方眼紙などに自分で描いたものを用意しましょう。

2 家具のサイズを把握する（➡P77）

■手持ちの家具の場合

新しいインテリアでも使いたい家具の、幅・奥行・高さを測ります。

■新しく購入する家具の場合

カタログやパンフレットから家具のサイズを把握します。

種類	数	サイズ（cm）／幅（W）×奥行（D）×高さ（H）	色	素材	使いたい部屋	備考
ソファ	1	255×90×70	グレー	合成皮革	リビング	高さは背もたれ部分
リビングテーブル	1	90×50×33	黒	合板	リビング	
テレビ	1	98×10×56	黒		リビング	壁かけできるか確認
シェルフ	2	120×45×140	黒	合板	リビング	

3 家具配置図をつくる

部屋の間取り図にあわせて、図面上に家具を配置してみましょう。間取り図は方眼紙などに自分で描くこともできますが、役立つアプリやウェブサービスもあります。実際に家具を置いたイメージを思い浮かべ、動線を意識して配置します（→P130）。

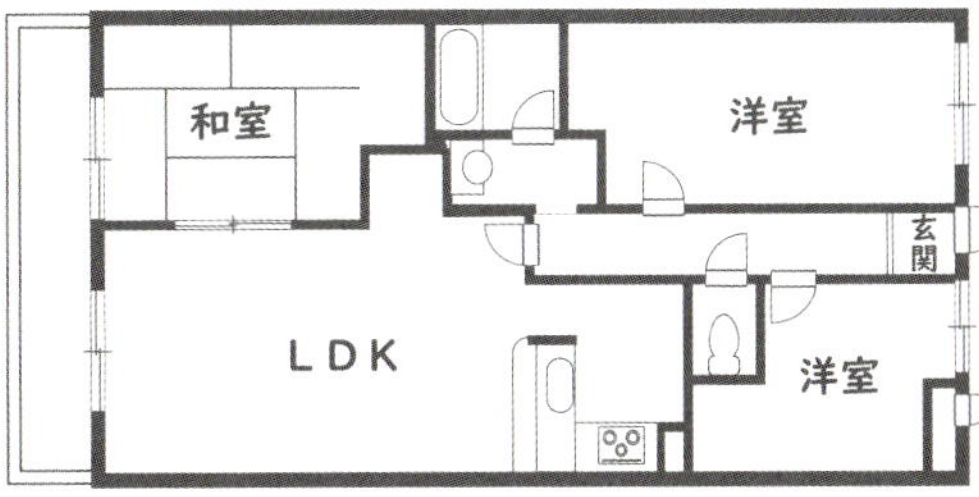

間取り図

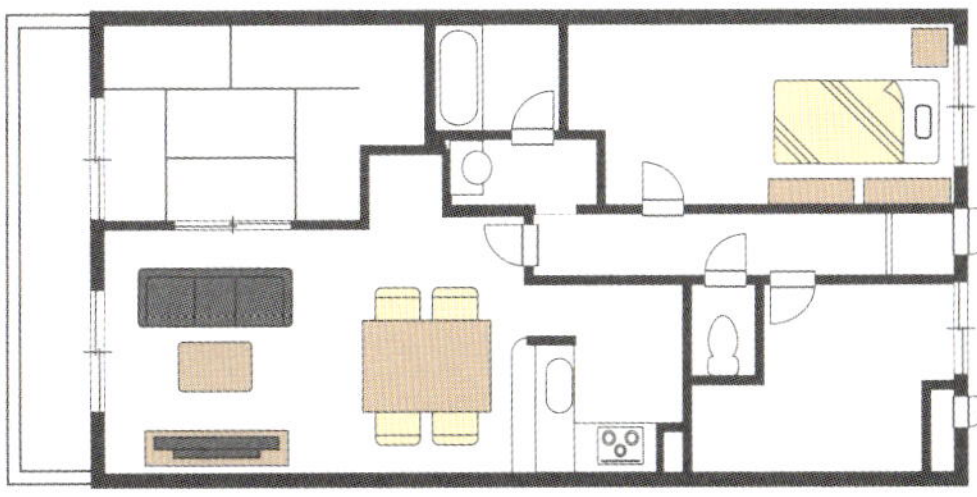

家具配置図

図面に家具を書き込むなどし、簡単な家具配置図をつくると、どこになにを置けるのか分かりやすくなる。

マンションの空間を測る

部屋の大きさは十分でも、通路が狭く家具が搬入できないということもあります。

実際に家具を購入する前は、建物の出入り口から居室までの空間サイズも測っておきましょう

リビングダイニングの採寸

室内ドア

家具を搬入できるか、高さと幅をチェック。開き戸と引き戸ではドアの干渉範囲が大きく異なる。ドア近くに家具を置く場合は要チェック。

照明

照明プラグの位置は照明計画を考えるときのポイントになる。ダクトレールを多用するなら、天井廻りのサイズも把握したい。

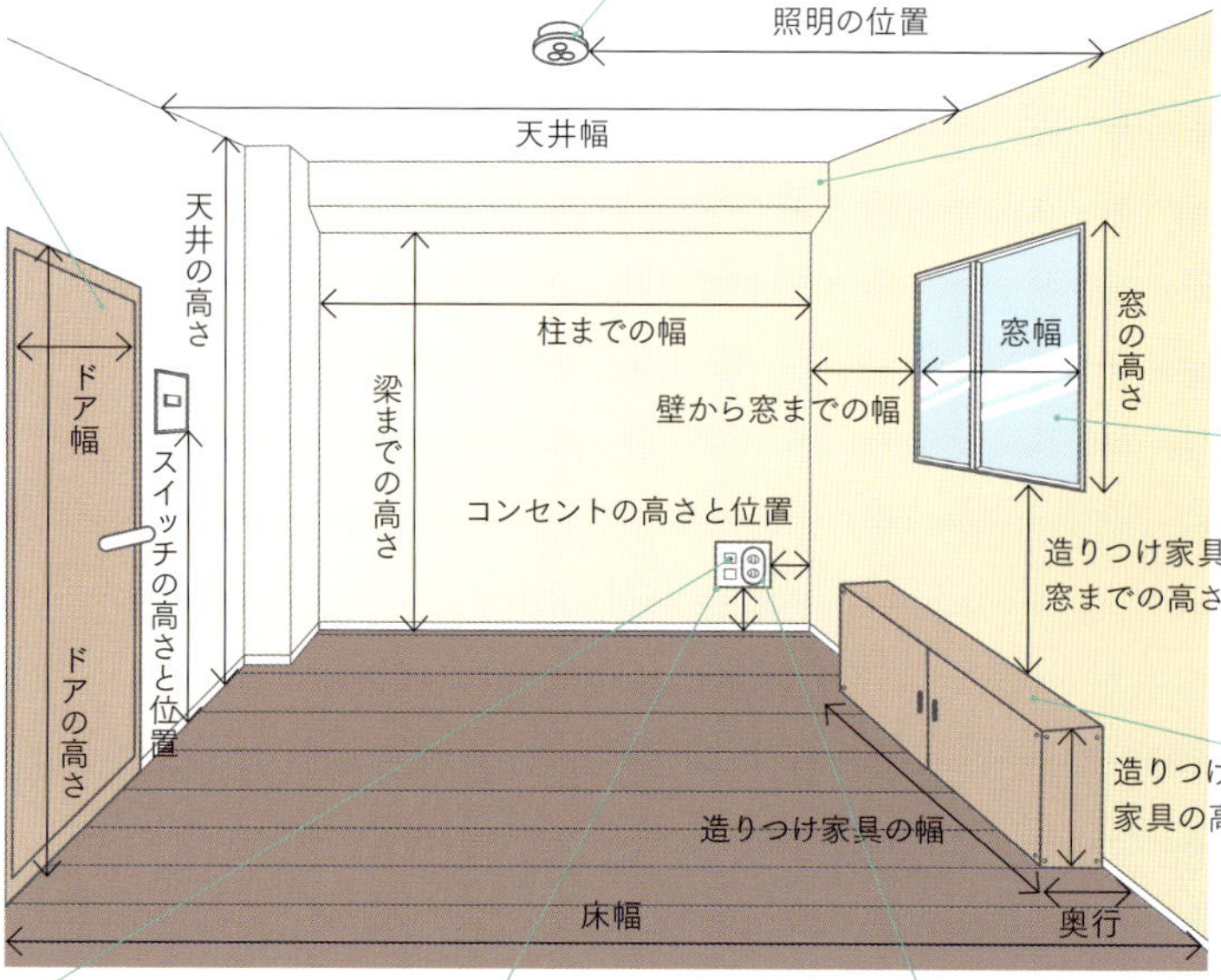

梁《はり》

一般的なマンションの天井高はおよそ2.4m。しかし、梁が大きく出ている箇所があるので、梁下の高さを必ず採寸する。

窓

窓の幅・高さはウィンドウトリートメント選びに必須。

造りつけ家具

高さ・幅・奥行を外寸・内寸とも測っておくと、収納するものや上に置くものを考えやすい。

TV用端子

TVや関連機器、TV台などを周辺に設置することになり、その影響でソファ位置もある程度決まってくる。

モジュラージャック

周辺に通信機器を設置することになるので、位置を確認。通信機器類の置き方も考える。

コンセント

家電製品の種類が増えているため、コンセントは最大限に活かしたい。ただし、家具を配置するときのネックになりやすいので、事前に必ず位置を確認。

失敗しない測り方

(Serhiy Hnylosyr/123RF)

■採寸はメタルメジャーで

測る道具は曲がらず、まっすぐに測れる「メタルメジャー」がおすすめ。5mぐらいの長さでよい。

■2人以上で測る

2人以上で測るとメジャーのズレが防ぎやすくなり、より正確に測れる。

■2か所以上測る

壁の長さ、梁までの高さなど重要な場所は少し場所をずらして2か所以上測ること。壁や床の中央ではなく、端に沿って測るとズレにくい。

家具のサイズを測る

手持ちの家具のサイズを測りましょう。サイズが確認できたら、
75ページの見本のように家具リストを作成しておくと、それ以外で必要な家具なども把握しやすくなります。

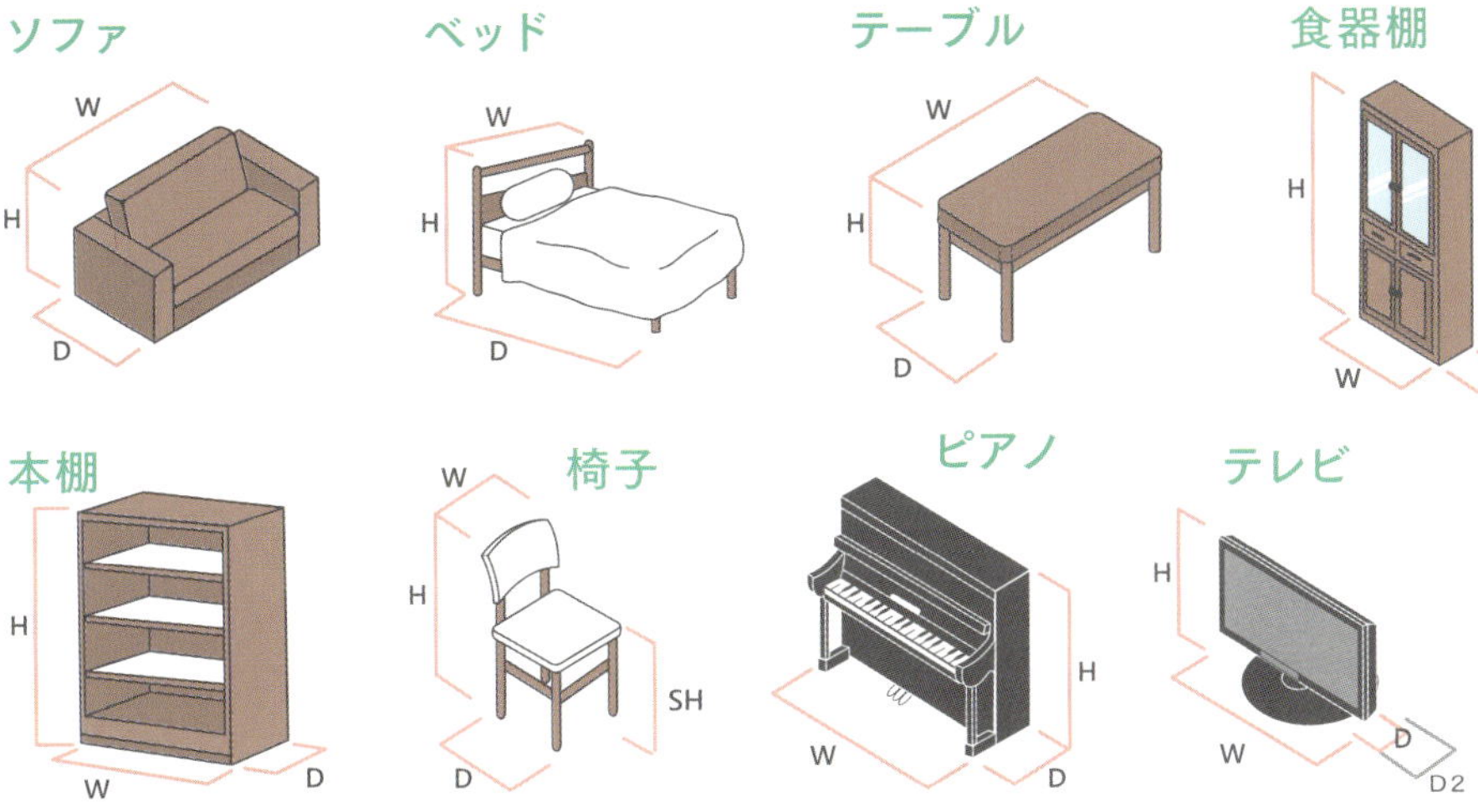

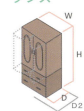

サイズの表示でよく使われるのが、「幅：W(width)」「奥行：D(depth)」「高さ：H(height)」。カタログなどではミリ単位（mm）で表記されることが多い。

家具の設置スペースの考え方

ソファは思った以上にスペースが必要

ソファは意外に奥行があり、部屋に置いてみると予想以上に存在感が大きくなりがちです。さらにリビングテーブルを置くと、ソファとテーブルの間に足を伸ばすスペースを確保しなければなりません（→P120）。また近くに室内ドアがある場合、たとえ1cmでも干渉するとドアが開閉できなくなるため、配置スペースに余裕が必要です。

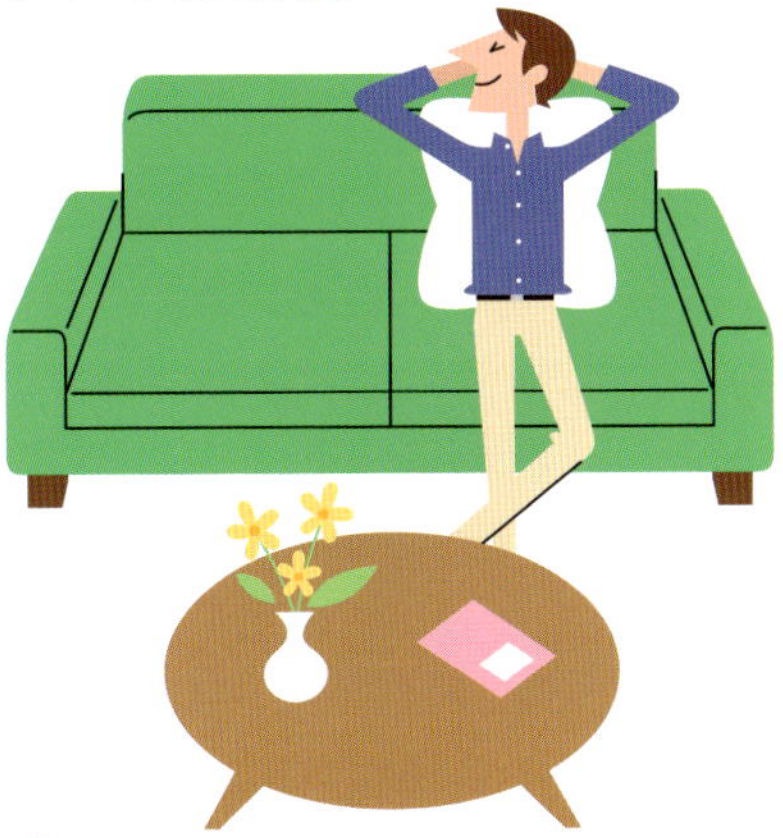

ここを Check!

出っ張り部分に注意して測る

家具や家電製品を計測するとき、気をつけたいのが金具や取っ手、接続端子部分などの出っ張りです。本体は所定の場所に収まるサイズでも、実際に設置してみると金具部分がひっかかったり、扉が全開しなかったりすることが珍しくありません。とくに海外製の家具はサイズが大きいため、注意が必要です。

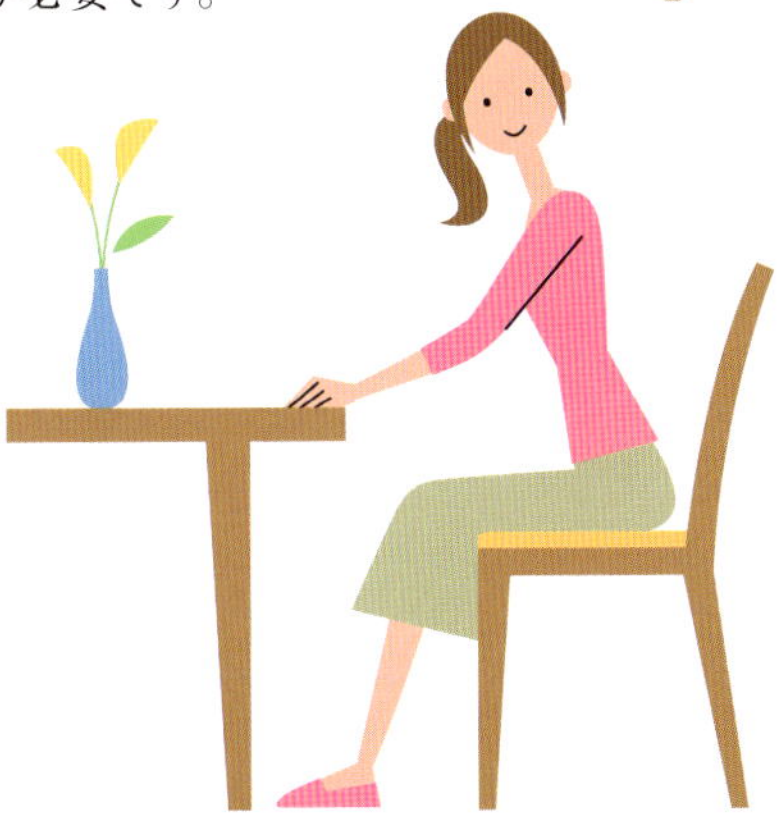

ダイニングテーブルは椅子も忘れずに

ダイニングテーブルは必ず椅子とセットで使われるもの。そのため、設置場所には椅子を引いたり、座ったりするスペースも込みで考えなくてはなりません（→P119）。

自由度の制限を把握する!

賃貸マンションと分譲マンションの違い

マンションは住民全員で建物を共有するため、戸建てほど自由にリフォームすることはできません。また、賃貸と分譲とではリフォームできる部分が大きく異なります。リフォームを計画する前に、なにができてなにができないかを押さえておきましょう。

分譲は専有部分のみ 賃貸は現状復帰が前提

マンションとは大きな建物内の規格化された住戸のこと。分譲では「区分所有法」という法律に基づき、マンション内の空間は「専有部分」と「共用部分」に分けられています。

「専有部分」とは、住人が住む住戸の内部のこと。分譲であれば、住人が専有部分の区分所有権を持ち、リフォームすることができます。床・壁などの内装はもちろん、間取りも変更することができますが、梁《はり》・柱・構造壁など建物の強度に関係する躯体《くたい》部分に手を加えることはできません。また、躯体以外にも建材によってリフォームできない部分があります。

「共用部分」は住人全員で共有する部分で、「専有部分」以外のすべてがこれに当たります。注意しなくてはならないのは、住戸のドアや窓、ベランダ、アルコーブなども共用部分だということ。住人に使用権はあるものの、基本的にリフォームはできません。こうした一つひとつの細かな規定はマンションごとの「管理規約」に定められています。

一方、賃貸マンションは退去時に「現状復帰」が求められるため、リフォーム工事がかなり限定されます。オーナーの許可を得て工事を行った場合は「現状復帰」のための費用を敷金から差し引いてもらいましょう。

賃貸マンションでできること

賃貸マンションでも、オーナーの許可があればリフォームできるマンションがあります。ただし、退去する際、現状復帰させることが大前提です。
まずは施工業者によるリフォーム工事が可能かオーナーや管理会社に確認。無理であれば、DIYによる壁やドアの塗り替えなどが可能か聞いてみましょう。それもNGなら、右のような方法があります。

壁のイメージを変えるには…

- 両面テープで壁クロスを貼る
- 壁全体を覆う布をかける
- カッティングシートを貼る

床のイメージを変えるには…

- 両面テープで床シートを貼る
- 設置型のフローリングカーペットを敷く
- ラグを敷く

照明を変えるには…

- ダクトレールを設置し、複数の照明器具を使い分ける
- 電池式・充電式の照明器具を利用する

ドアの色や柄を変えるには…

- カッティングシートを貼る
- ドアを付け替える

分譲マンションでできること

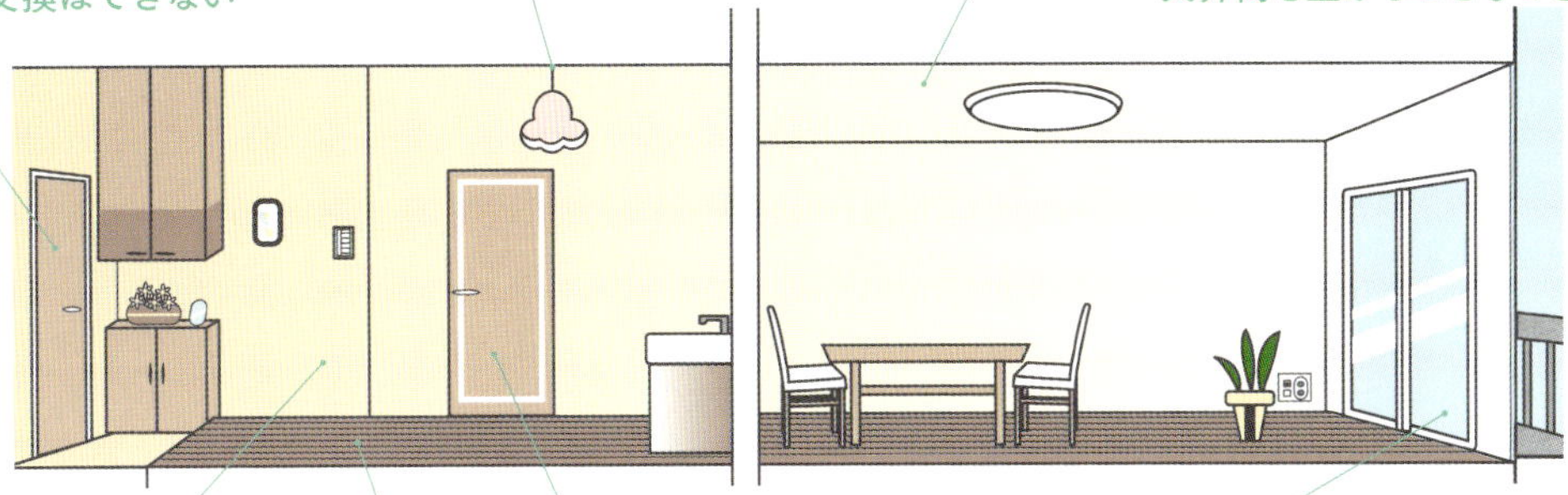

玄関ドア
○ 内側の塗装はできる
× ドアの交換、外側の塗装、鍵の交換はできない

電気配線
○ コンセントや照明プラグを移設・増設できる

天井
○ 内装を変更できる
△ 天井裏にスペースがあれば、天井高を上げることもできる

壁
○ 構造壁でなければ、撤去や移動ができる。壁クロスなどを変更できる
× 構造壁は撤去できない

室内ドア・建具
○ 交換できる

窓サッシ
○ 内窓を設置し、二重サッシにすることはできる
△ サッシの交換はできない。窓ガラスの交換は管理規約による

給排水設備
○ キッチン・洗面台・トイレの設備交換はできる
× キッチン・洗面台・トイレの位置の移動は、配管のつながりや勾配による

床
○ 床クロス・カーペットを変更できる
× フローリング材の変更は管理規約による

パイプスペース
× 上下階とつながっているため、移動できない

分譲マンションリフォームの注意点

1 床を無《む》垢《く》材《ざい》にするには

直貼り工法の場合

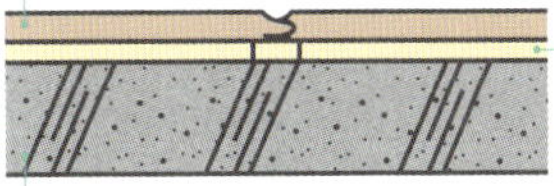

二重床工法の場合

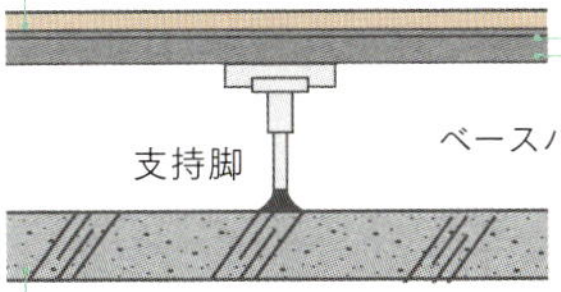

マンションの管理規約では防音性能に規定を設けているケースが少なくない。そのため、無垢材のフローリングなど防音性の低い床材に変更する場合、二重床の工事が求められることも。その分空間が狭くなり、費用が増える可能性がある。

2 水回りを移動させるには

排水管が床下の断面図

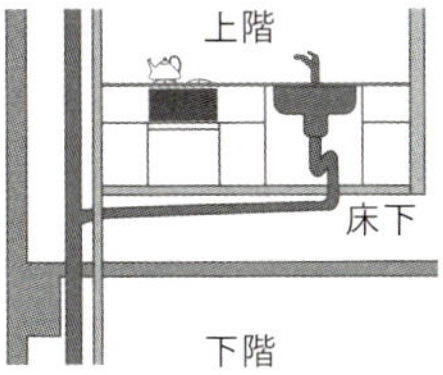

排水管が階下の天井裏の断面図

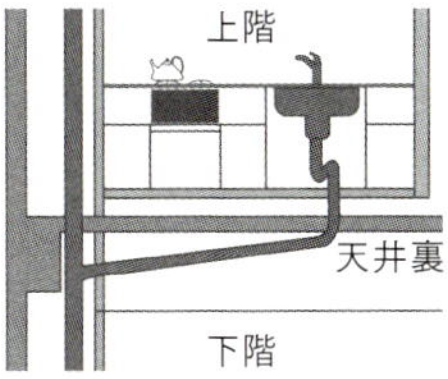

キッチン・洗面室・トイレなど水回りを移動させるには、床下の排水管勾配を確保しなければならない。床下に勾配をつけるだけのスペースがない場合は、室内の床を上げてその下に配管を通す方法もある。古いマンションだと排水管が階下の天井裏を通っているケースもあり、水回りの移設は難しくなる。

賃貸 マンションのリフォームアイディア

家具で間仕切りをつくる

間取りを動かせない賃貸マンションに壁をつくりたいときは、収納シェルフなど厚みが少なく高さのある家具を応用。背面の板がない家具なら視線が背後まで抜け、狭さを感じづらくなる。プライバシーを守りたい場合は背板のある家具や布などで視線を遮るといい。

建具を外して大空間に

空間を広く見せるには、ふすまや室内ドアなどの建具を外すこと。押入れのふすまを外し、内部をきれいに装飾するだけで、和室に奥行き感が生まれる。

クロスや床シートは両面テープで

壁や床のリフォームは面積が広いぶん、部屋のイメージを一新させる効果がある。賃貸ではオーナーの許可がない限り、貼り替えることは難しいが、両面テープを使って自分で上貼りすれば現状復帰も簡単。塗り壁風やアンティーク調のクロス、フローリング風の床シートなど多種多様なものがホームセンターやインターネットで市販されている。

キッチン扉を取り替えてイメージチェンジ

キッチン扉の素材・色・デザインはキッチン空間全体に大きな影響力がある。現状復帰できる範囲で好みの扉に取り替えると、空間が生まれ変わることも。同じように照明器具、ペーパーホルダーなど、取り替え可能なものでスタイルの統一を。

バルコニーを好みのテイストにアレンジ

バルコニーは空間が無機質なぶん、自分なりのアレンジがしやすい場所。ウッドデッキを敷く、板壁を設置する、グリーンコーナーを設けてガーデニングをする、好みのテイストのテーブルセットを置いてティータイムを楽しむなど、ライフスタイルを豊かにしてくれる。

分譲 マンションのリフォームアイディア

天井材を取り払い、広々感アップ

天井材があれば撤去し、コンクリートを剥き出しにすると、天井が高く取れるため開放感が飛躍的に増す。コンクリート面は好みの色にペイント。あえてラフに塗り、インダストリアルな雰囲気を演出することも可能。照明はダクトレールを天井に這わせ、スポットライトやペンダントを多用する。マンションの構造により、できないケースもある。

珪《けい》藻《そう》土《ど》、しっくいなど自然素材の壁に

壁を珪藻土、しっくい、紙・布製のクロスなどの自然素材で仕上げると、光の反射がやわらかくなり、質感が増してあたたかみのある空間になる。施工にコストと手間がかかるが、ナチュラル系のインテリア空間をつくるのに最適。

無《む》垢《く》材《ざい》のフローリングで心地よく

足触りのやさしさ、温かさで人気が高い無垢材のフローリング。スギ、パイン、オークなど、さまざまな樹種のものが市販されており、多彩な貼り方や加工方法がある。管理規約の防音性能をクリアして施工できれば、空間が一気にナチュラル感を増す。

インテリアテイストを統一する玄関タイル

玄関の土間部分を好みのスタイルにリフォームすると、玄関からLDKまでインテリアテイストの統一感が高まる。ナチュラルスタイルやエスニックスタイルなら素焼き風のテラコッタタイル、ラグジュアリー感を出すなら大理石など、床材のバリエーションも多い。

和空間をモダンに変貌させる畳と建具

和室をそのまま残すなら、畳を琉球畳に変えるとモダンな雰囲気に。ふすま紙を高級感のある和紙やスタイリッシュな壁クロスに変えると、個性的な空間になる。北欧家具などにも合うので、ジャパニーズ・スタイルだけでなく、ナチュラル系の空間にも似合う。

マンション選びが肝心！

目指すインテリアを実現するマンション

インテリアをお芝居にたとえるなら、マンションは舞台のようなもの。選んだマンション次第でインテリアで表現できる幅や採光・スペースなどの条件が異なります。理想のインテリアを実現するための、マンション選びの知恵をご紹介します。

中古はリフォーム前提 賃貸はオーナーに交渉を

新築マンションの場合は図面やモデルルームをチェック。選択可能であれば、自分のインテリアスタイルに合う間取りや住宅設備、床・壁材などを選びます。

中古マンションは新築よりも少ない予算で便利な立地・広い面積の物件を購入することが可能です。ただし中古の場合、内装や住宅設備をリフォームすることが大前提。「狭い部屋がたくさんある」「ウォークイン・クローゼットがない」といった古いタイプの間取りであれば、自分たちのライフスタイルに合う間取りにリフォームするといいでしょう。

賃貸マンションは間取りの変更や大規模リフォームができないため、自分に合う物件を粘り強く探しましょう。古いマンションであればオーナーや管理会社に交渉することで、リフォームの自由度が広がる可能性もあります。また、賃貸のメリットは初期費用が少なくすむことと引越しが容易なこと。そのぶん、家具などにコストをかけることができますし、インテリアスタイルを一新したければ住まい自体を変えることもできます。

分譲にせよ賃貸にせよ、長く暮らすうちに家族構成やインテリアの嗜好が変わることも。インテリアに完成はなく、ライフスタイルに応じて変化していくものだと心得ておきましょう。

新築マンション選びのポイント

新築マンションは構造が新しく、法律上の耐震性もクリアされています。住宅設備も最新のタイプが採用されているはずです。また、多くのマンションで標準プランの価格のまま和洋室を選んだり、クロスやドアのデザインを選べるセレクトプランが用意されています。追加料金が必要ですが、スケルトン状態からスタートして水回りの配置まで決められる「オーダーメイドマンション」を提供しているデベロッパーもあります。

プランのセレクト例

- クロスの色・模様
- フローリングの色・模様
- 室内ドアの色
- 和洋室の選択
- システムキッチンの色・高さ
- コンセントの数
- TV端子や
  モジュラージャックの位置

オーダーメイドマンションの例

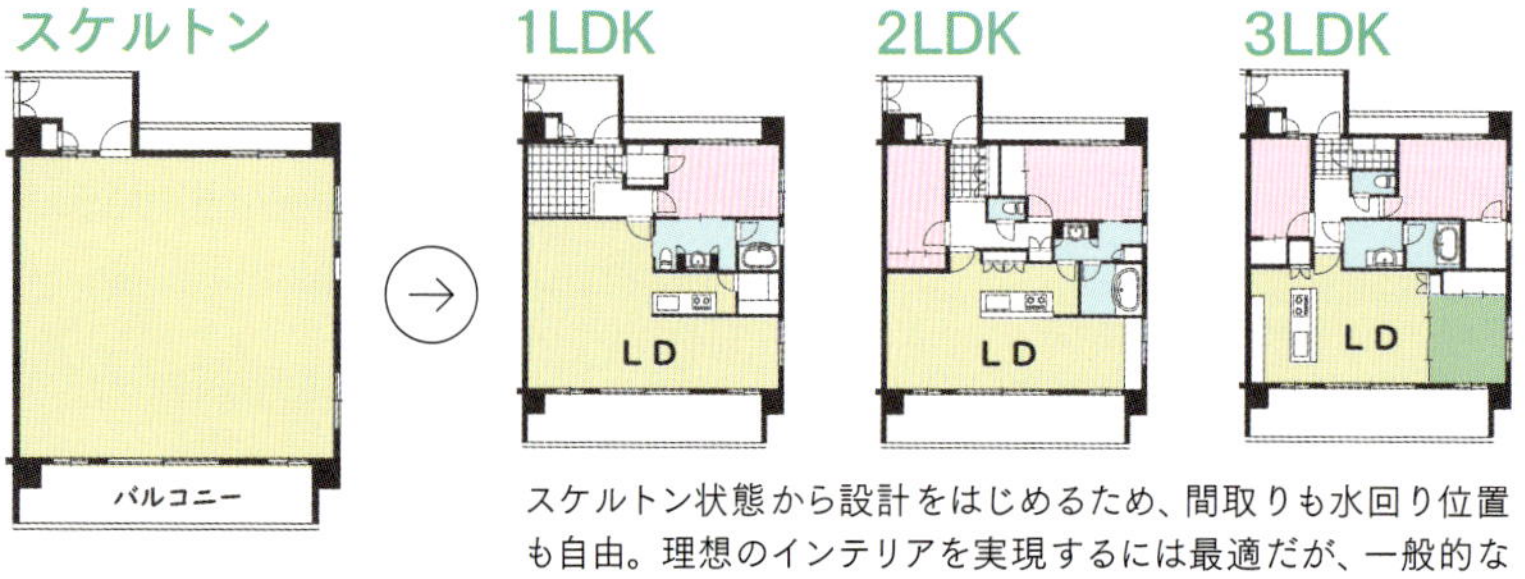

スケルトン状態から設計をはじめるため、間取りも水回り位置も自由。理想のインテリアを実現するには最適だが、一般的な分譲マンションよりコストと時間がかかる。

中古マンション選びのポイント

耐震基準は？

真っ先にチェックしたいのが、建物の耐震基準です。建築基準法が改正され、現在の耐震基準が導入されたのは1981年。それ以前の建物には耐震性が不足している可能性があります。

管理規約は？

どこまでリフォームが可能かは、マンションごとの管理規約に定められています。購入前に管理員や管理会社に確認し、規約を見せてもらいましょう。また、リフォーム時に施工時の詳細図面が必要なケースがありますが、これも管理会社が保管しています。

メンテナンスは？

「中古マンションの価値はメンテナンスで決まる」といわれるほど、メンテナンスの質は重要。「外壁にひび割れがある」「自転車置き場が錆びついている」など、メンテナンスが行き届いていない物件は、専有部分の配管や手すりなども老朽化が進んでいる可能性があります。

建物の構造は？

ラーメン構造

壁式構造

建物の構造によりリフォームできる場合とできない場合があります。「ラーメン構造」は柱と梁《はり》で建物を支えるため、壁をすべて取り払うスケルトン・リフォームが可能。「壁式構造」は壁で建物を支えるため、取り払えない壁もあります。前者は中高層マンションに、後者は低層マンションに多く採用されています。

設備の容量は？

1980年代以前に建築されたマンションの場合、各住戸の最大電気容量は40アンペアが多いといわれており、IHクッキングヒーターやエアコンの増設が難しくなります。また、浴室とキッチンの両方で同時にお湯を使う場合、給湯器の容量は最低でも20号以上必要です。

住人の雰囲気は？

中古の場合、すでに建物があり、実際の環境や住人の様子を確認できるのが大きなメリット。ごみ集積所や駐輪場、エレベーターの使われ方を見ると住人の雰囲気がわかりますし、掲示板からマンションの様子を知ることもできます。管理員や住人から話を聞いてみるのもひとつの方法です。

スケルトン・リフォームとは

「スケルトン・リフォーム」とは、部屋を骨組みだけの状態にし、一から全面リフォームすること。構造材以外の柱や壁も取り払い、老朽化した床下の配管なども交換することができます。間取りも設備もすべて一新されるため、設計の自由度が高くなります。ただし、構造によってはできないケースもあります。

スケルトン・リフォームの事例

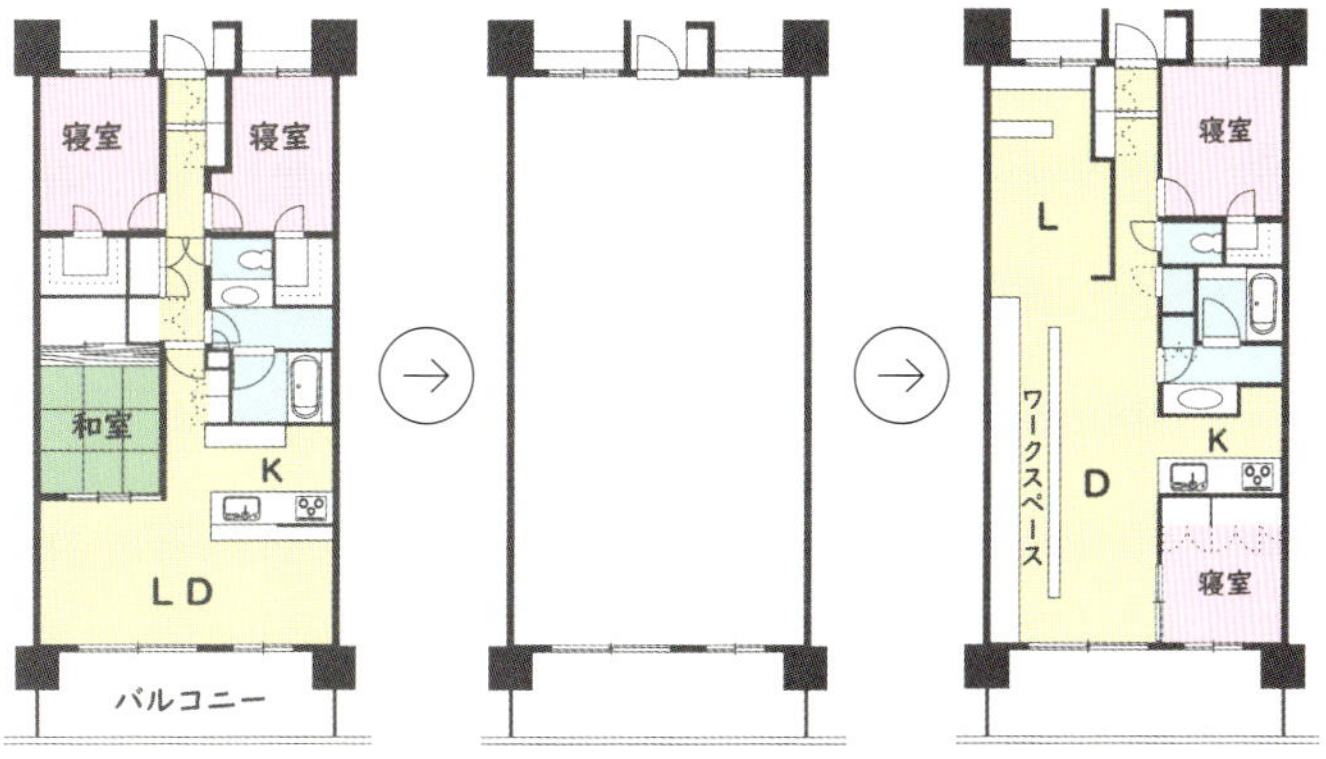

部屋が細かく分かれた以前の間取りでは、玄関脇の部屋が物置状態に。そこでスケルトン・リフォームし、LDKを広く確保。趣味を楽しんだり、ホームオフィスとして活用できるワークスペースを設けた。

マンション選びのチェックリスト

概要

Overview

- ☐ 築年数は？
- ☐ 建築確認申請が1981年6月1日以降か？（以降であれば建築基準法改正後で、耐震基準をクリア）
- ☐ 施工会社は？　マンション建築の実績は豊富か？
- ☐ 管理会社は？　マンション管理の実績は豊富か？
- ☐ 管理組合はきちんと稼働しているか？
- ☐ 管理員は常駐か？　巡回か？
- ☐ 建物の工法はラーメン構造？　それとも壁式構造？（➡P83）
- ☐ 詳細図面を見ることはできるか？（工事の際、専門家が床・天井の工法や配水管の位置を確認できるか？）

専有部分

Exclusively Owned Space

- ☐ 壁・柱・梁・天井に剥がれ、ひび割れ、腐食、カビ、しみはないか？
- ☐ 床材にひび割れ、剥がれ、カビ、きしみ、沈みなどがないか？
- ☐ 玄関土間やベランダにひび割れ・しみなどがないか？
- ☐ 室内に結露はないか？
- ☐ ブレーカー容量は十分か？
- ☐ コンセント数は十分か？
- ☐ 給湯器はそのまま利用できそうか？
- ☐ 火災報知器の設置はすんでいるか？
- ☐ 分電盤の回路分けはあるか？　IHクッキングヒーターやエアコンを追加できるか？

共用部分

Common Area

- ☐ 外壁にひび割れ、剥がれ、しみ、変色はないか？
- ☐ シーリング材にひび割れ、剥がれはないか？
- ☐ 床材にひび割れ、めくれ、傾きはないか？
- ☐ ガラスのひび割れはないか？
- ☐ 落書きなどがされていないか？
- ☐ エレベーターは丁寧に使われているか？
- ☐ 外階段や手すりなどが錆びていないか？
- ☐ 自転車やバイクは所定の場所に停められているか？
- ☐ ごみ集積場周辺はきれいに清掃されているか？
- ☐ 植栽は手入れが行き届いているか？

ここを Check!

構造壁や配管などの知識が必要な判断は専門家に相談

構造壁の見極めや、床下や壁裏の給排水管の配置などは建物の図面を見ることでわかります。ただし、一般のひとが見ても判断がつかないので、リフォーム会社が決まっていれば担当者に図面を確認してもらいましょう。また、住宅の劣化状態や不具合の有無などを診断する「住宅診断士」という専門家もいます。建物調査や内覧会への同行などを依頼し、第三者視点の意見を聞くのもひとつの方法です。

可変性が高い間取り

水回りが片方に集中した間取りはリビングダイニングと居室がダイレクトに結びつき、ワンルーム化など大きな間取り変更が可能です。反対に中央に水回りが集中し、リビングダイニングと居室が分断されている間取りは、水回りを移動できない限りワンルーム化が難しくなります。室内の壁はどれだけ撤去できるか、水回り設備の移動は可能か、フローリングへの変更は可能かなども確認しましょう。

Before

After

（KADeL）

間取りのタイプ

長方形タイプの間取り

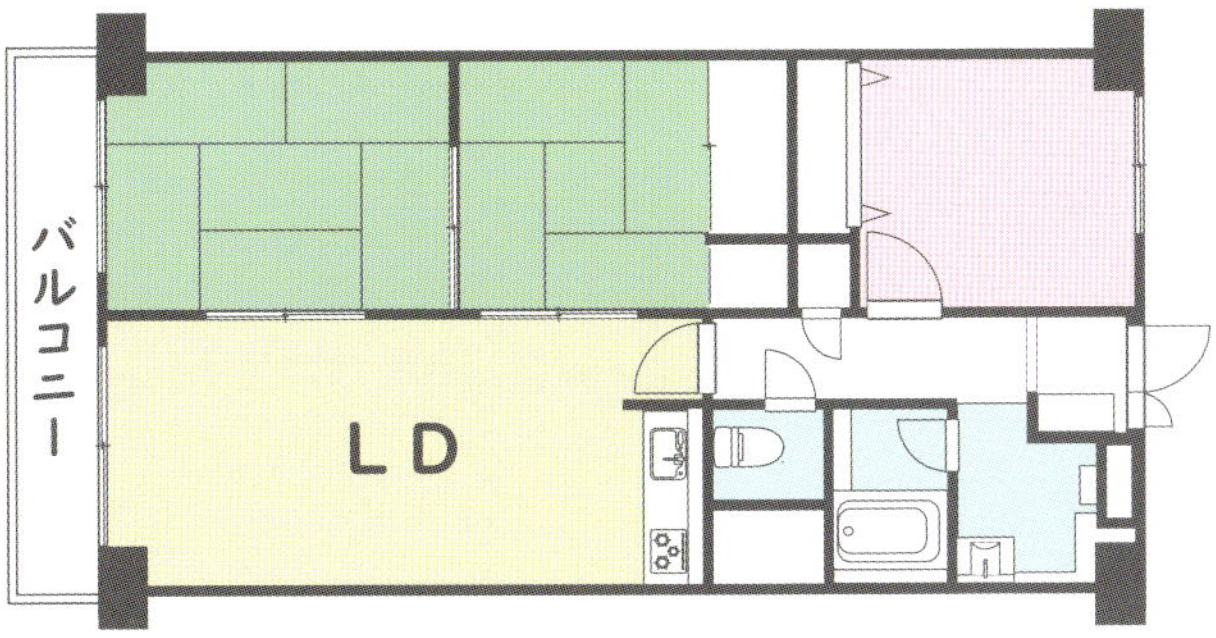

マンションでもっとも多い間取りタイプ。日当たりのいい方角にLDKを配置するため、玄関からLDKまで長めの廊下が必要となる。効率よく部屋を配置できるが、日の当たらない廊下が暗がりになる、共用廊下側や中央の部屋が暗い、風通しが悪いなどのデメリットもある。入居時にバルコニー側の和室をなくし、LDK空間を広くするリフォームが多い。

正方形タイプの間取り

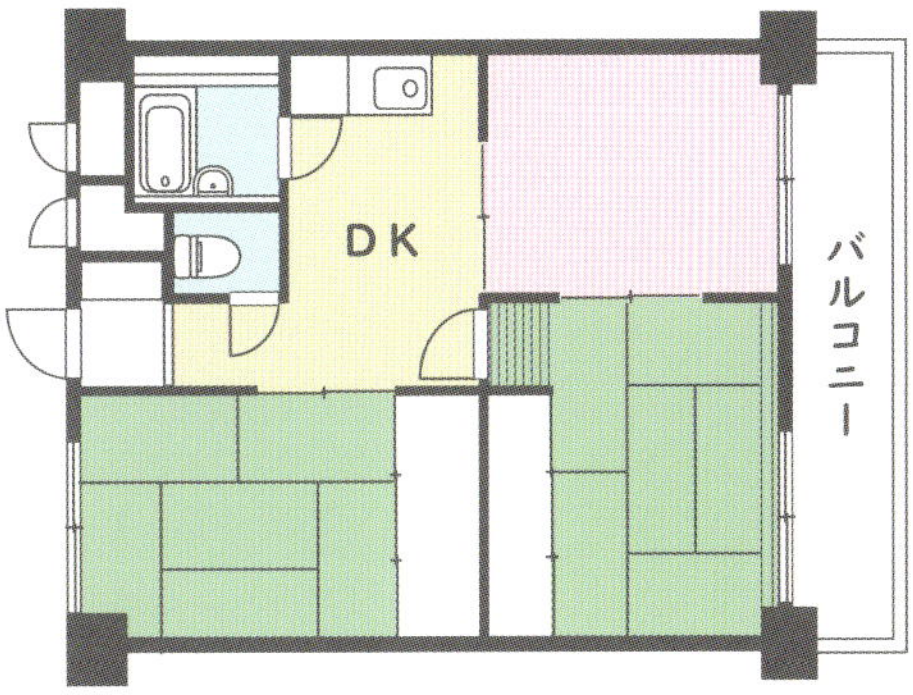

築年数の古いマンションに多い間取り。正方形という形状自体は、最新のタワーマンションなどにも増えている。LDKが暗い、水回りや居室のプライバシーが保てないなどのデメリットがあるが、バルコニーに沿った面が多くなるので、壁を取り払えば日差しをたっぷり採り入れられるメリットがある。リフォーム次第で長方形タイプよりも大きな空間をつくりやすい。

プラスαの住まい！

これからのインテリアは「美《び》防《ぼう》災《さい》」で

地震、火山の噴火、水害など、日本列島は日々災害の危険に晒されています。住まいを選ぶ際も、耐震性をはじめとした防災性能が真っ先にクローズアップされる時代。インテリアでも、災害に備えつつ住み心地を高める「美防災」を検討してみましょう。

高い防災性と美しさを兼ね備えたインテリアを

１９９０年代以降、２０１１年の東日本大震災をはじめ、日本各地で大規模な地震が続いています。そう遠くない将来には南海トラフ地震や首都直下地震の発生が予測されるなど、住まいの防災の必要性がますます高まっています。

とくに災害後の避難所での生活がメディアなどで広く報道され、改めて住まいの大切さを社会へ知らしめる結果となりました。命が助かり、食べ物も手に入ると、ひとが次に求めるのは「住まい」。「住まいなければ暮らしなし」という言葉もあるように、住まいはひとの生活の基本であり、そのひとらしく生きるアイデンティティを支える場でもあります。そして住まいは「買う」ものでなく、時間をかけて「つくり上げていく」ものです。

インテリアもまたつくり上げていくものの代表格。夫婦の暮らしや子どもたちの成長、年々豊かになっていく暮らしに合わせて、美しく整えられていくもの。さらに今後は美しさの上に防災性も兼ね備えた「美防災」という考え方が必要となりそうです。

家庭の防災とは、防災用品を買い揃えるだけで十分ではありません。ライフスタイルや住まいそのものの防災性を高め、それでいて快適で美しい空間で暮らすことが美防災の理想です。

「美防災」とは

インテリアの防災というと、家具と天井の間の突っ張り棒や、食器棚の扉の無骨なドアストッパーなどを考えるひとが多いのではないでしょうか。このような個別の対策も必要ですが、美防災では、毎日の暮らしを見直し、住まいの防災性を高めながら快適で美しいインテリアを実現することを目指します。

危機管理と住環境の豊かさにこだわるスイスをお手本にして、美防災のキーワードは「SWISS(スイス)」と覚えておきましょう。

S afety
安全性
命を守ってくれる優れた耐震性、耐火性のある住まい

W ellness
安全性
健康的で合理的なライフスタイルを過ごせる住まい

I nterior
インテリア
美しいインテリアにこだわった住まい

S mart
賢明・賢い
家電や専用機器でエネルギーを管理し、省エネを実現する高性能の住まい

S ustainable
持続可能
環境にやさしく世代を超えて住み続けられる住まい

美防災を実現する7つのポイント

1 すべての部屋を再検証する

インテリアだけでなく、防災面からすべての部屋をチェックしましょう。

□とくに寝室や子ども部屋の家具やものに危険が潜んでいないか検証する。
□家具の上に置いてあるもの、割れやすいガラス製や陶器製のものに注意する。
□ガラスなど割れて飛散しやすい素材には飛散防止フィルムを貼り、周辺の床をコルクやカーペットにする。

2 収納を見直す(➡P128)

不要なものを処分する「断捨離」は防災面でもメリットが大きい作業です。ものを減らし、収納場所をしっかり確保するようにしましょう。

□収納家具を買い足すのではなく、ビルトイン収納にまとめる。
□収納スペースに入るだけの量しかものを持たない。
□大地震でものが飛び出さないよう、家じゅうの開き扉に耐震ラッチなどを設置する。

3 照明を見直す(➡P156)

破損しやすい照明器具を避け、災害時の停電で照明が使えなくなった場合も想定した照明計画を考えましょう。

□ペンダント照明は固定するか、直付けのシーリングライトなどに替える。
□背の高いスタンドは使わず、ローライトを心がける。
□停電に備えて、ソーラー充電式ランタンやキャンドルを用意する。

4 避難経路を見直す

住まいのなかの避難経路を改めて見直し、万一の場合を想定しておきましょう。

□強い揺れの後に玄関・廊下が通れるかを検証。倒れて経路を塞ぐ家具がないかを確認し、転倒防止用品をつける。
□オープンな間取りは避難経路も短い。

5 室内ドアを見直す

開き戸よりも引き戸のほうが防災面で有利です。

□開き戸は開閉時にスペースが必要なため、ものが散乱した場所では開きづらい。引き戸は横方向の動きだけなので開けやすい。
□床にレールのない吊り引き戸なら、地震の揺れで扉やレールが歪んでも開閉しやすい。
□引き戸は開き戸よりも小さな力で開閉できるため、高齢者や子どもも扱いやすい。

6 防災用品を備える

非常用持ち出し袋は取り出しやすい場所に収納しましょう。家族が3日間過ごせる非常用食料・水などを用意することが推進されています。

7 ライフスタイルを見直す

いつか起こるであろう災害に備え、生活習慣を見直しましょう。

□普段から節電・節水を心がける。
□風呂の残り湯を捨てない習慣をつける。
□クルマに頼らず、自分の足で歩く。
□近隣のひとたちと交流を持つ。

インテリア
実践①

インテリアを決める要素を知る

インテリアを構成する要素を「エレメント」といい、それぞれが大切な役割を担っています。特定のエレメントだけに力を入れるのではなく、全体のバランスを見ながらコーディネートしていくことが、質の高いインテリアスタイルへとつながります。

エレメント選びから組み合わせ効果まで検討

床・壁・天井の内装材や家具、照明、窓まわりの装飾など、インテリアを構成する要素を「エレメント」といいます。置物、アート、グリーンなどの小物もエレメントの一種。インテリア・デザインとはエレメント一つひとつのデザインを考え、エレメントの選択や配置により空間全体を引き立てていくことです。また、インテリアは複数のエレメントの組み合わせで構成されています。色・形・大きさのバランスはもちろん、デザインの統一性や機能性・暮らしやすさ、組み合わせの効果などを考えて計画を立てます。

インテリア・エレメントのいろいろ

天井

ロックウール板、石膏《せっこう》ボードなどの無機質系、ビニール・紙・布などのクロス、無垢《むく》材・合板《ごうはん》などの木質系、珪藻土《けいそうど》・しっくいなどの左官仕上げがある。

床

フローリング、クッションフロア、カーペット、タイルなどの素材がある。

壁

ビニールクロス、紙クロス、布クロス、しっくい、珪藻土、土壁などの素材がある。

ウィンドウトリートメント

カーテン、ブラインド、スクリーン、シェードなど、窓まわりの装飾全般を指す。光や外からの視線を遮る役割を果たす。面積が広いため空間のイメージを大きく左右する。

家具

インテリアスタイルに応じて、さまざまなデザインのものがある。ひとの生活に欠かせないため、機能性も重要。

照明器具

必要な明るさを確保するだけでなく、間接光などで空間に変化を与えることもできる。シャンデリア、スタンドなどは器具そのものが高いデザイン性を持っている。

ラグ・カーペット

面積が広いため、空間のメインカラーとなる。ラグ・カーペットの色や柄で空間のイメージが変わることも。

インテリア・アクセサリー

クッション・絵画・置物などの小物全般を指す。インテリアスタイルを決定づける役割を果たす。

インテリア・グリーン

観葉植物や鉢植えのこと。癒しや落ち着きを感じさせる効果がある。

マンションのインテリアテクニック

空間を広く見せる

色彩効果を利用する（➡P112）

色は空間のイメージに大きな影響力を持っています。明るい白や寒色は空間そのものを広く見せるため、マンションの壁には白が多用されています。壁と天井の色が連続していればさらに効果的。カーテンも壁と同色にすると一体感が生まれ、広く感じます。

低い家具を多用する

背の低い家具は視線が空間の奥まで抜けるため、部屋を広く見せる効果があります。また、背の低いソファに座ると視点も低くなり、天井を高く感じます。床座のライフスタイルであれば、なおさらです。

（大塚家具）

ディスプレイコーナーを演出

部屋の一角に趣味のコレクションや置物を飾る、玄関に季節用品を置くなど、ささやかなコーナーが空間全体に潤いを与えます。ビビッドな色の小物を選んだり、キャンドルや小さなあかりで照らすとフォーカルポイントとなり、部屋に奥行き感も生まれます。

家具を多目的に使う

ネストテーブル（大塚家具）

ベッドにもなるソファ、収納があるダイニングテーブルや椅子は多目的家具の代表格。ネストテーブル、キューブ状で縦にも横にも並べられる収納ボックス、スツール型で重ねられるスタッキング・チェアも限られた空間を有効活用できます。

間仕切りを工夫する

ふすま、ドアなどを外し、ひと続きにすると開放的な空間になり、インテリアのバリエーションが広がります。どうしても隠したい部分は、ロールスクリーンや視線を遮れる家具を置くといいでしょう。

インテリア実践②

自分らしいスタイルを探る

好きなインテリアスタイルを、自分のライフスタイルとどう組み合わせればいいのかを知っておくと、空間づくりがスムーズになります。スタイルに合わせて家具などのアイテムを選び、より洗練された部屋を目指しましょう。

インテリアのスタイルとライフスタイルの融合

自分の目指すインテリアスタイルを知るには、まず雑誌やカタログ、ウェブサイトなどから気になる部屋や家具、雑貨の写真を切り抜きスクラップします。切り抜きが集まってきたら、左ページ下のイメージマップの該当するところに置いてみましょう。好きなものがいちばん多いところがあなたの好みのインテリアスタイルです。

そこに、自分のライフスタイルを重ねて、心地よい時間を過ごせるインテリアを目指しましょう。空間のテイストと住むひとの暮らしが自然に調和すれば、インテリア・デザインの成功といえます。

ライフスタイルチェックリスト

A～Fのリストで、それぞれ当てはまる項目にチェックを入れましょう。いちばんチェック数の多い項目が、あなたのライフスタイルのタイプになります。

A

- □ スポーツで体を動かすことが好き
- □ 休日はキャンプ、釣り、サイクリングなどアウトドアレジャーを楽しむことが多い
- □ 開放感のある空間が好き
- □ 海や山が見える景色が好き
- □ アウトドアグッズを収納する土間やスペースが欲しい
- □ アウトドア以外にはあまりお金をかけない
- □ 室内ではもっぱら裸足で過ごす

⇒「アウトドア派」のライフスタイル

B

- □ 映画、音楽、アートなどの鑑賞が趣味
- □ スポーツは自分でするよりも観戦するほうが好き
- □ 映画館やコンサートによく出かける
- □ ホームシアターが欲しい
- □ お気に入りのアート作品を飾るコーナーが欲しい
- □ AV機器や動画配信にお金をかけるほうだ
- □ CDや書籍をたくさん持っている

⇒「鑑賞派」のライフスタイル

C

- □ 自宅にひとを招いたり招かれたりすることが好き
- □ 料理やお菓子づくりが好き
- □ 友だちは多いほうだ
- □ 気の合う仲間とお酒を飲んでにぎやかに過ごすのが好き
- □ もっと広いLDKが欲しい
- □「社交的だ」とひとによく言われる
- □ 近所づきあいを大切にしている

⇒「ホームパーティ派」のライフスタイル

D

- □ 長年集めているコレクションがある
- □ モノを眺めたり、品評することが好き
- □ 好きなモノをいくら眺めていても飽きない
- □ もっと自宅にコレクションを飾りたい
- □ 収納が足りないといつも思う
- □ 自宅の掃除がかなり面倒だ
- □「自宅にモノが多い」とひとに言われる

⇒「コレクション派」のライフスタイル

E

- □ 絵画、手芸、陶芸、木工など、ものづくりが好き
- □ 自分の作品を自宅に飾りたい
- □ 創作に没頭できるスペースが欲しい
- □ 休日は自宅で創作活動をしていることが多い
- □ 創作仲間がいる
- □ いつか個展を開きたい
- □「手先が器用だ」と誉められる

⇒「クラフト派」のライフスタイル

F

- □ 料理が好き
- □ 食器や調理道具がたくさんある
- □ もっと広い調理スペースが欲しい
- □ よく「料理上手だ」と誉められる
- □ 味だけでなく、食材の質や栄養面も気にかけている
- □ 普段から食べ歩くことが多い
- □ 食べることにはお金を惜しまない

⇒「クッキング派」のライフスタイル

ライフスタイル6つの類型

アウトドア派

スポーツやアウトドア活動など、自宅を出て積極的に自然と関わり、アクティブに暮らしたいひと。アウトドア用品を数多く所有しているため、その収納スペースやメンテナンススペースの確保がつねに念頭にあります。そのため、開放的でモノの搬入をしやすい空間を志向します。ナチュラル系やモダン系のインテリアになじむライフスタイルです。

鑑賞派

アートや映画・音楽の鑑賞を好み、スポーツはもっぱら観戦がメイン。そのため、ホームシアターなど自宅でのAV機器の充実を図りたいと考えています。広めのリビングダイニング、防音・遮光効果のあるウィンドウトリートメントがおすすめ。CD、DVDや書籍などを大量に所有しているので、収納方法にも工夫したいところです。

ホームパーティ派

普段からひとを招いたり招かれたりすることが多く、大人数のホームパーティも定期的に主催します。間取りは大人数が入れるよう、広々とした一体空間のLDKがベスト。大人数の飲み物・食べ物を用意するため、オープンキッチンや作業台のあるキッチンが理想です。家具は機能性を重視し、エクステンションテーブルやスタッキングチェアを選びます。

コレクション派

趣味の品、お気に入りのコレクションなど、モノを集めて楽しむタイプ。コレクションのなかでも、とくにお気に入りのモノを飾る場所や、ときどきひとりで眺めて過ごす時間を大切にします。また、大量のモノを所有しているため、効率的な収納スペース・収納方法が欠かせません。「見せるモノ」「収納するモノ」の判断と棲み分けがポイントです。

クラフト派

Craft

絵画、陶芸、木工、手芸などクリエイティブな作業が好きで、自宅でも作品づくりを楽しむひと。創作のための作業スペースを中心に考え、日中の採光や夜間の照明プランで作業に必要な明るさを確保。道具や作品などを収納する広めのスペースも必要です。作品を飾る場合はインテリアスタイルとマッチするものを選びます。

クッキング派

Cooking

「食べること」が最大のよろこび。おいしいものを食べるために料理の腕を磨き、プロ並みの調理器具を揃えるひとも少なくありません。リビングのスペースを削ってでもキッチンを広く取り、作業台などを設置。調理道具や料理本などを機能的に収納する場所をつくります。キッチンやダイニングで過ごす時間が長いため、DKの快適性に配慮します。

インテリアスタイルのイメージマップ

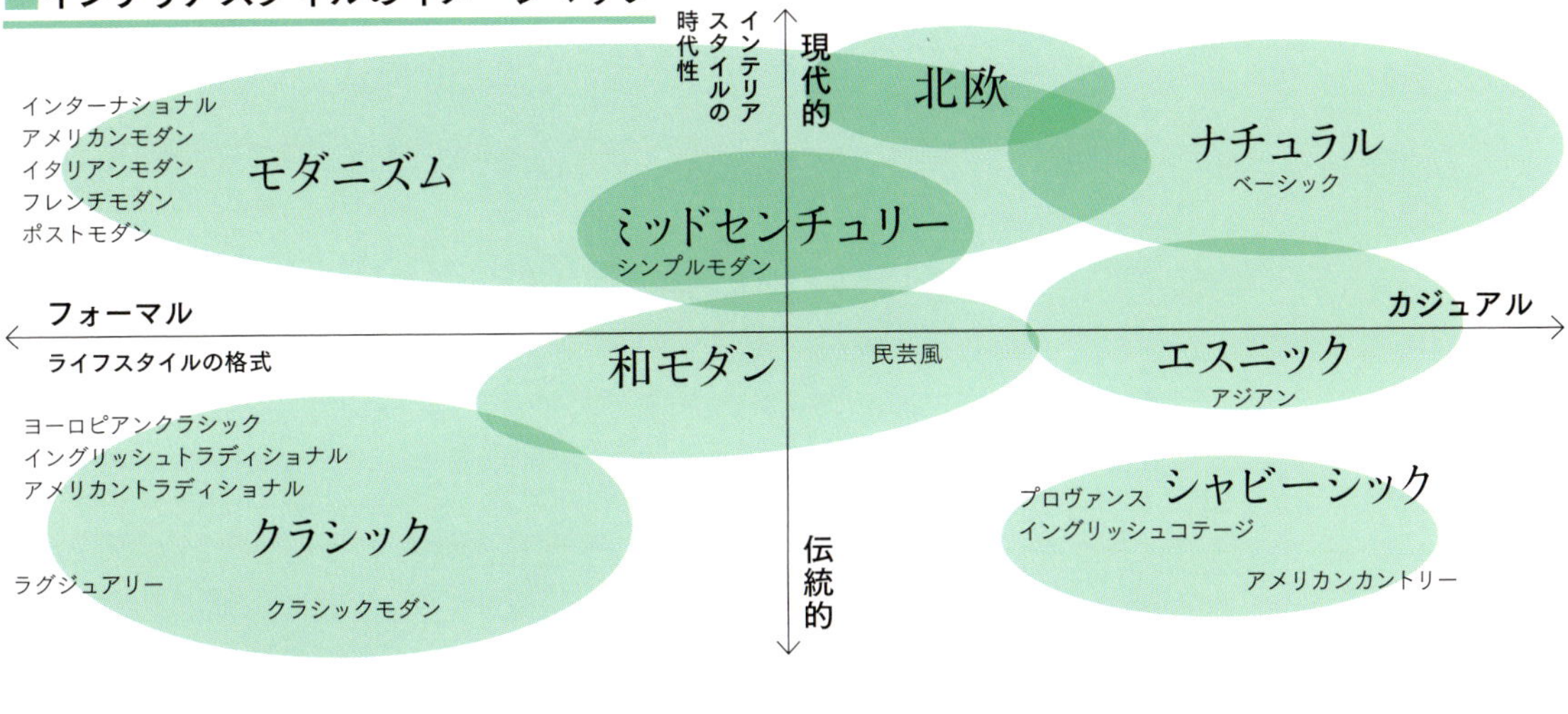

ライフスタイル×インテリアスタイル アイデア集

	アウトドア派	鑑賞派	ホームパーティ派	コレクション派	クラフト派	クッキング派
クラシック	●基本的にアウトドア道具は隠す ●乗馬、クリケットなど昔ながらの道具は飾ってもよい ●釣りのルアー・フライ類をアンティークボックスに飾る	●飾るモノの数を厳選する ●絵画や彫刻など主役となる作品をいちばん目立つ場所に飾る ●現代的な機器類は隠す	●伝統的・古典的なブランドの食器を使う ●キャンドル、燭台などを活用する ●シャンデリアを採用し、華やかさを演出	●伝統的な様式で飾る ●ロココ調などインテリアの方向性に添った飾り棚を選ぶ ●飾る場所と収納場所を分ける	●木、アイアンなど自然の素材感のある作業テーブルを選ぶ ●手元はランタンやクラシカルなスタンドで照らす	●調理道具の数を厳選する ●アイアン、陶磁器、真鍮など伝統的な素材の道具を使う
モダニズム	●自転車、スノーボードなど機械的・現代的なスポーツ道具を見せる収納に	●AV機器類中心に、シャープなインテリアを展開する	●色と素材を決めて、シンプルなデザインの食器や小物を使う ●1室をモノトーン空間にする	●美術館をイメージし、シンプルかつ効果的に飾る ●ブックスタンドにお気に入りの雑誌・書籍・DVDを飾る	●スチールパイプの折りたたみテーブル、クリップ式のスポットライトなど、機能的で移動可能なものを選ぶ ●アームスタンドなどで手元を照らす	●機能美を追求した現代的なデザインの道具を使う ●キッチン空間や家具・家電・食器を白で統一する
ミッドセンチュリー	●時代を感じさせるスポーツ道具を飾ると、インテリアのテーマが際立つ	●1940～60年代をイメージさせるレトロな機器を織り交ぜる	●ひとが集まるリビングの中心には、革張りソファなど高品質な中古家具を置く ●ラウンジチェア＋オットマンを置く	●クラシックカーなど1940～60年代をイメージさせる小物を織り交ぜる		●1940～60年代をイメージさせるレトロな調理家電を織り交ぜる
北欧	●折りたたみ椅子など、アウトドア用の家具や小物を日常づかいする	●北欧ブランドのシンプルな機器類を織り交ぜる	●北欧デザインの食器を使う	●北欧デザインの食器を使う ●北欧メーカーの家電製品を使う	●木の素材のシンプルな作業テーブルを選ぶ	●北欧デザインのシンプルな調理機器類を使う
ナチュラル	●バルコニーにテーブルセットを置いて、戸外で朝食やティータイムを楽しむ	●玄関・廊下にアートコーナーをつくる ●現代的な機械類をなるべく隠す	●木、紙、金属など昔ながらの素材の家具や小物で演出する	●「飾る収納」で空間ごと見せる		●カントリーなデザインの調理道具を選ぶ ●調味料や貯蔵食品をスタイルに合った容器に移し替える
シャビーシック	●ピクニックセット、パラソル、帽子などデザイン性の優れたものであれば、見せる収納に	●壁を利用して飾る ●現代的な機械類を隠す	●ヨーロピアン・アンティークな食器で統一する ●テーブルクロスでアレンジを楽しむ ●キャンドルや燭台を活用する	●アンティークの飾り棚などに飾る	●アンティーク風テーブルと収納棚で統一する ●アンティークなミシンはインテリアの重要な要素	●アイアン、陶磁器、真鍮など伝統的な素材の道具を使う ●キッチンにアンティークタイルをあしらう
エスニック	●地図や民族特有の祭事道具などを飾ると好みの地域をイメージさせやすい ●松明の炎をイメージさせる照明器具をあしらう	●壁や部屋の四隅、入り口近くに工芸品を飾る	●テーマとなる地域のファブリックや食器を使う ●木の葉、竹筒などをアクセントに使うと雰囲気が出る	●籐製家具など地域ごとのエスニック家具を利用して飾る	●床座の作業スペースという選択肢もある	●好みの地域の料理に合う道具を選ぶ
和モダン	●基本的にアウトドア道具は隠す ●蔵をイメージする空間があれば、まとめて収納する	●床の間や坪庭をしつらえる ●伝統的な配置を重視する	●茶道をアレンジした小物や空間をつくる ●伝統的な焼き物の食器を使う	●階段タンスなど、民芸調家具を利用して飾る ●骨董品などを飾ると空間に高級感が生まれる	●座卓、文机、小袖机などを組み合わせて作業スペースをつくる	●和食の道具を揃える ●重箱、漆器、高坏など、特別な食器を使う

Part.3

Interior Color Selection

インテリアの色選び

空間の印象を決める色彩計画は、インテリア・デザインの重要ポイントです。
選ぶ色、その色を使う割合など、
ある程度のルールに従うことで心地よい空間が生まれます。
色の持つイメージや心理的効果などを知ることも、色選びに役立ちます。

インテリアの印象を決める色についての基本知識

色はインテリアの印象を決める重要な要素。色の原理を把握し、その特性を活かして空間をつくり上げることで、部屋から受けるイメージを大きく変えることができます。色の基本をしっかり理解して、演出したいインテリアイメージへと近づけましょう。

色のしくみを知り、三属性を理解する

クラシックかモダンかにかかわらず、同じスタイルのインテリアでも、そこで使われている色により部屋の印象は変わります。深みのある色でまとめていると落ち着いた印象になりますし、鮮明な色の組み合わせは明るく生き生きとした印象になります。色の組み合わせ方は無限ですから、カラーコーディネートによっていろいろなインテリアを表現することができるといえます。

あらゆる色はまず「有彩色」と「無彩色」に分けることができます。無彩色とは黒、グレー、白などの色みのない色のことです。それ以外の色は有彩色といい、どの色も赤（マゼンタ）・青（シアン）・黄（イエロー）の色の3原色を混ぜ合わせてつくられています。

有彩色のバリエーションは色みをあらわす「色相《しきそう》」、鮮やかさをあらわす「彩度」、明るさをあらわす「明度」の違いにより生まれます。

色相は色の3原色に中間の色を加え、12色や24色にまとめた「色《しき》相環《そうかん》」で見ることができます。色相環はカラーコーディネートを考える際の大切な目安となります。彩度は高いほど色が鮮やかになり、低いほど無彩色に近づきます。色相環は彩度がもっとも高い「純色」で構成されています。明度は明るいほど白に近づき、暗いほど黒に近づきます。

色のしくみ

色とは、光に含まれるさまざまな波長の違いを私たちの目が認識して感じるもの。
現実に存在する色は、すべて下の表で分類することができます。

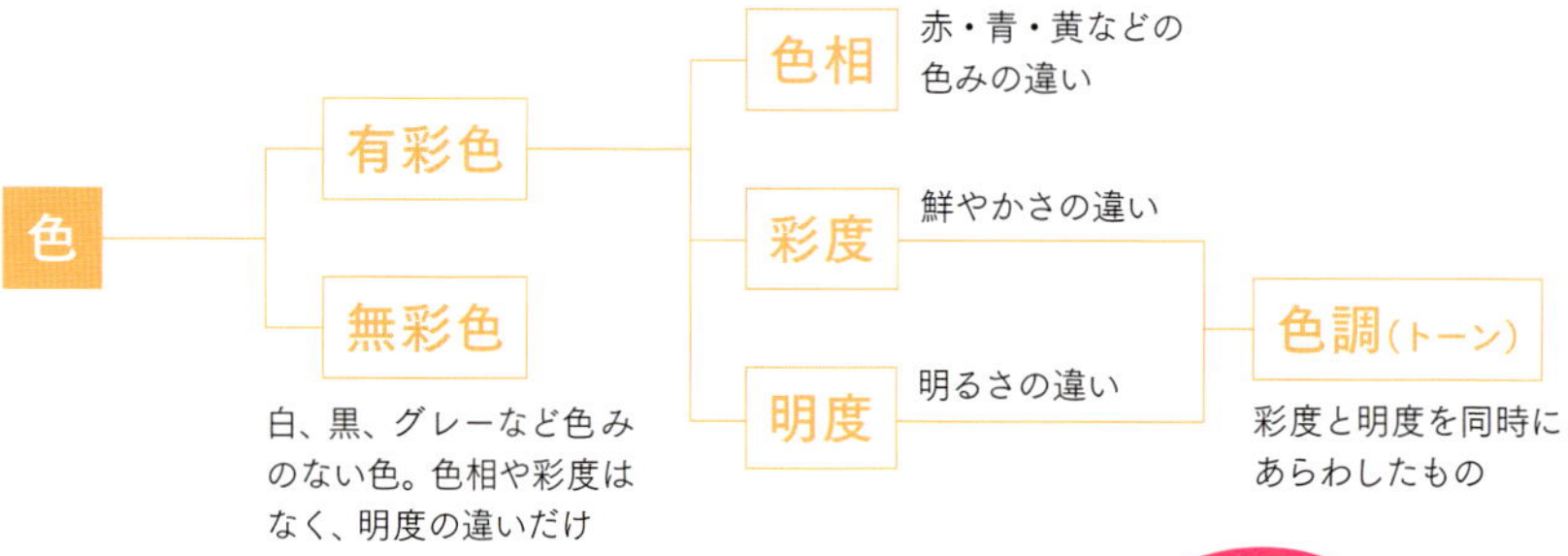

色の3原色

有彩色の基本となるのが、赤・青・黄の3原色です。正確には、赤は少し紫がかった「マゼンタ」、青は水色っぽい「シアン」という色で、黄は「イエロー」と呼びます。この3原色をすべて混ぜ合わせると黒になり、すべての有彩色は、3原色を混ぜ合わせることで成り立ちます。

色の三属性

色の持つ性質は「色相」「彩度」「明度」で表現され、これを色の三属性といいます。

色《しき》相《そう》環《かん》

3原色に中間色を加え、色みの順に並べたものが色相環です。色相環には白・黒・グレーが混じらない、もっともピュアで鮮やかな「純色」が使われます。

彩度と明度の関係

彩度は色の鮮やかさのことです。彩度が高いほど鮮やかな純色に、低いほど無彩色に近づきます。それぞれの色相でもっとも色みが強く、純粋な色を「純色」と呼びます。一方、無彩色には色みがないので、彩度も存在しません。

明度は色の明るさのことです。明度が高いほど白に、低いほど黒に近づき、中間は濃淡の異なるグレーとなります。理論上では光を完全に反射する白、光を完全に吸収する黒もあり得ますが、現実には存在しません。

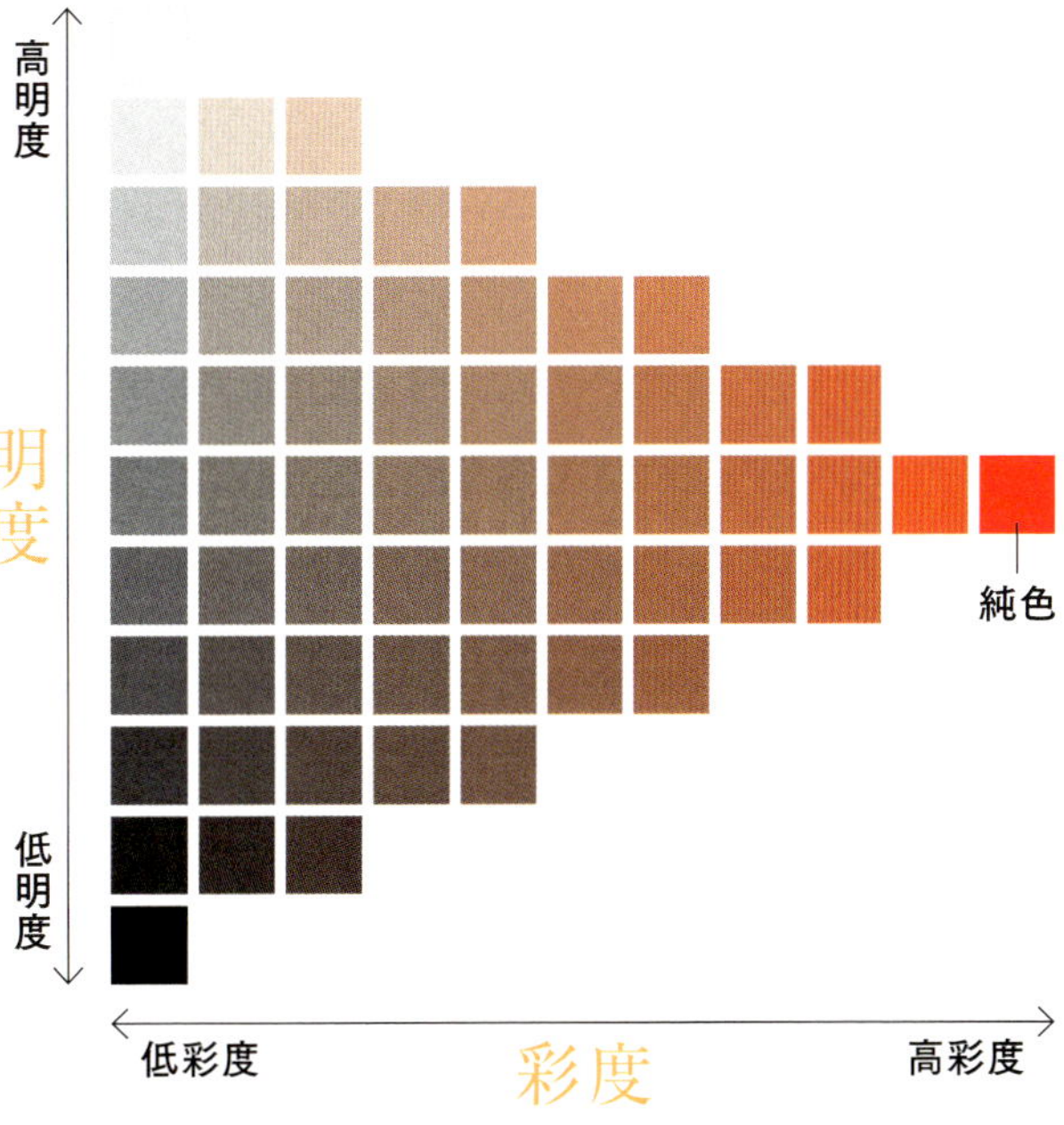

明度対比

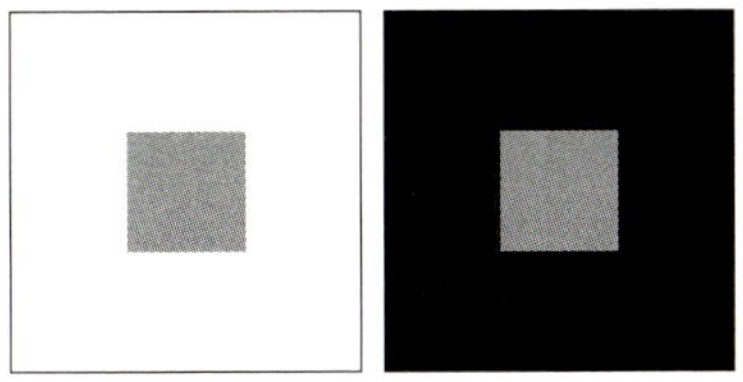

同じ色でも、明度の高い色と隣り合うと暗く見え、明度の低い色と隣り合うと明るく見えます。夜間にとても明るく感じる懐中電灯の光が、昼間は点灯していることすら気づきにくいのは、明度対比によるものです。

彩度対比

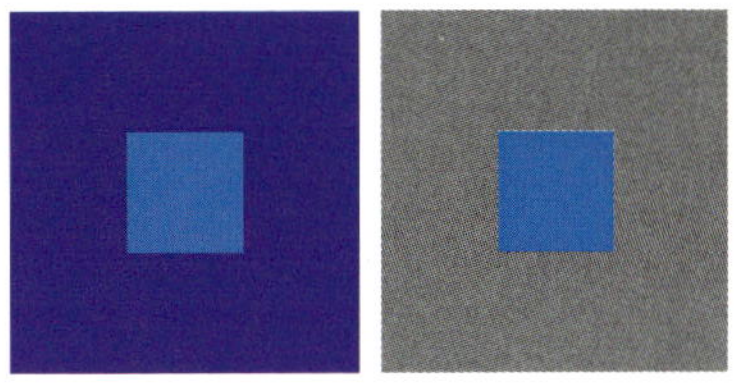

同じ色でも、彩度の高い色と隣り合うとくすんで見え、彩度の低い色と隣り合うと鮮やかに見えます。貴金属売り場では黒や濃紺のビロードの上に宝石を飾りますが、これは彩度対比を利用して、商品をより鮮やかに見せるためです。

色同士の関係性と色が与える心理効果

色を上手く使いこなすには、まず空間の目的を考え、好みの色や色彩心理を踏まえて色みを選ぶこと。このとき、反対色（補色）、類似色などの配色を意識するとスムーズです。とくにインテリアのカラーコーディネートにはトーン（色調）の意識が欠かせません。

色の心理効果を知り、配色に活かす

色相環のなかで、左右2つ程度隣り合っている色を「類似色」といいます。類似色の組み合わせはよく似た色同士になるため、失敗が少なく、初心者向きだといわれています。

反対に、向かい合った色を中心に左右2つ程度加えたものを「反対色（補色）」といい、鮮やかなコントラストを生み出す組み合わせとなります。たとえば、赤と緑は典型的な補色の関係で、ロゴや看板などでよく見ることができます。黄と青も国旗などでおなじみです。互いの色を引き立て合う補色の組み合わせは、ひとの視線を惹きつけるには効果的ですが、インテリアではあまりに鮮やかすぎて落ち着かない空間になりがち。どちらか一方をアクセントカラーにするなどの工夫が必要です。

また、色はひとの心理に大きな影響を与えることが科学的にも実証されています。たとえば、赤みのある色を暖かく感じ、青みのある色を寒く感じる経験は、誰しも覚えがあるはずです。黒が引き締まって見え、白が膨張して見えるのも、ファッションの世界では常識です。このように色がひとの気持ちや印象に及ぼす影響を「色彩心理」と呼びます。目的に合ったインテリア空間をつくるためには、このような色彩心理を上手に利用するといいでしょう。

色の種類と関係性

色相環のなかで、赤みのある色群を「暖色系」といい、ひとに暖かさを感じさせる効果があります。反対に青みのある色は「寒色系」といい、涼しさ・冷たさを感じさせます。

また、両隣2つ程度までを類似色といい、向かい合う色とその両隣ぐらいまでを反対色（補色）といいます。

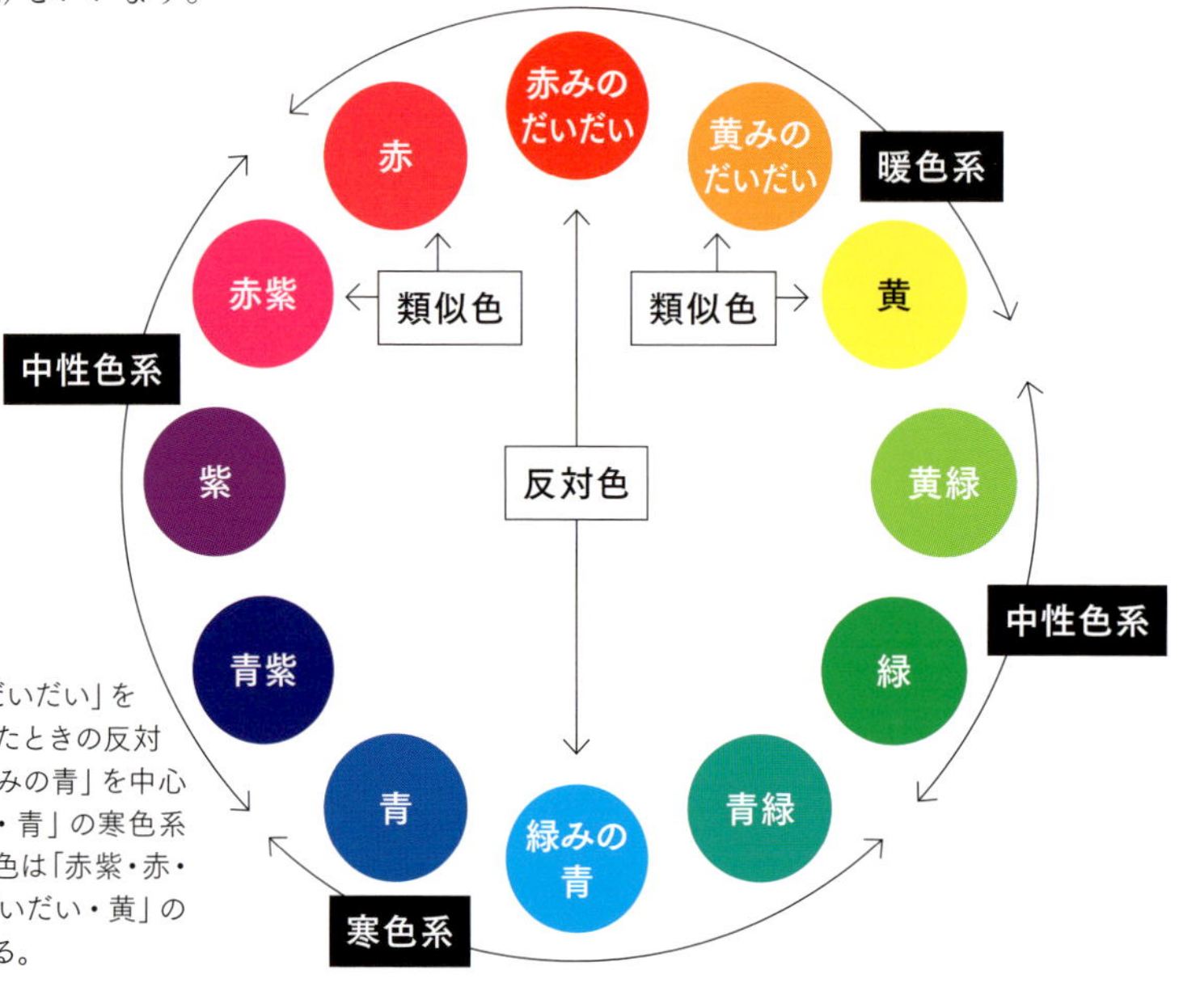

「赤みのだいだい」を基本にしたときの反対色は「緑みの青」を中心に「青緑・青」の寒色系で、類似色は「赤紫・赤・黄みのだいだい・黄」の4色となる。

色による心理効果

1 色の温度効果

インテリアでは色の温度効果がよく利用されます。温かな家族だんらんの場なら暖色系、クールで知的なイメージにしたいなら寒色系と、演出したい空間イメージに合わせて色を使い分けると効果的です。

（シンコール）

2 進出色と後退色

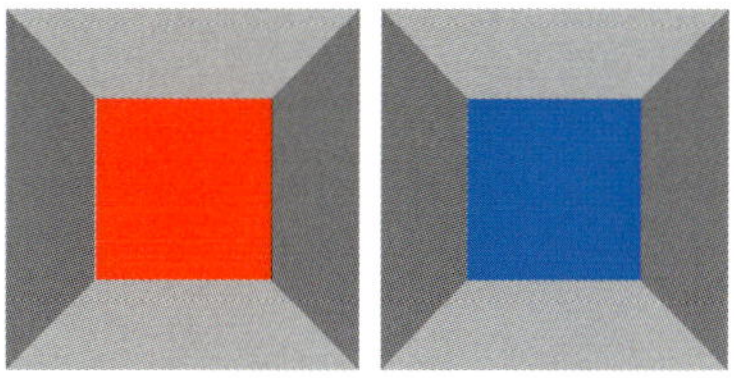

一般的に、暖色は前に近づいて見え、寒色は奥に後退して見えます。そのため、目立たせたいものやアクセントカラーには暖色系が、空間を広く見せたい場合は寒色系がよく使われます。

3 膨張色と収縮色

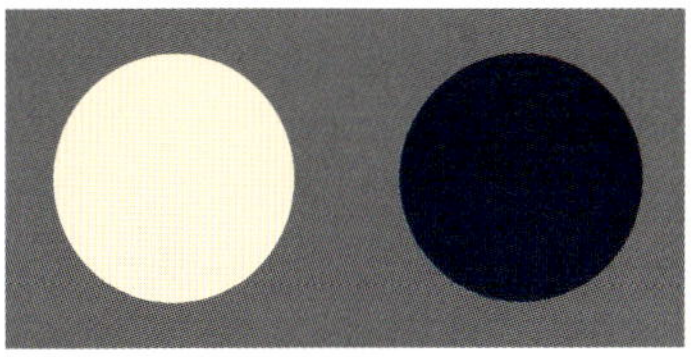

同じ大きさの白と黒を比べると、明度の高い白のほうが大きく見えます。同じ距離にあっても大きさが違って見えるので、部屋の奥行を考えながらのカラーコーディネートが必要。また、一般的に暖色と寒色では、暖色のほうが膨張して見えます。

4 色の重量感

同じ色相でも、明度が低い色ほど重く感じ、明度が高い色ほど軽く感じます。黒と白では重量感に大きな差があり、運送業などでは梱包箱を明度が高い色に統一するのが一般的です。重厚なインテリアイメージをつくるなら明度が低い色、軽やかなイメージにしたいなら明度が高い色に。

5 色の硬軟感

同じ材質や色相でも、明度が高いほどやわらかそうに見え、低いほど硬そうに見えます。さらに彩度を低くすると淡くやわらかく見え、高明度で低彩度のパステルカラーがその代表格。パステルカラーのタオルや洋服などはやわらかな印象を与えますが、同じことがインテリアにも応用できます。

6 色が与える時間感覚

暖色系の空間にいると、ひとは時間の流れをゆったりと感じ、実際よりも長くそこにいる感覚になります。反対に寒色系の空間では、実際の滞在時間よりも短い時間に感じます。この効果を利用し、暖色系のインテリアを採用して客回転数アップを図る店舗もあります。

配色にバリエーションが生まれるトーン(色調)

インテリアのカラーコーディネートで、ぜひ使いこなしたいのがトーン(色調)です。トーンとは、彩度と明度を組み合わせたもので、同じ赤でも、ビビッドトーンの赤とグレイッシュトーンの赤ではまったく違った印象を与えます。ビビッドトーンの赤は明度・彩度がもっとも高い「純色」と呼ばれる色です。一方、グレイッシュトーンの赤はグレーが加わって彩度が低く、明度も低めのため、灰色がかったくすんだ赤みの色になります。

トーン分類図(↓左ページ)にあるとおり、それぞれのトーンが見るひとに与える印象はおおよそ決まっており、インテリアの印象を大きく左右します。さまざまな色相の色を取り入れる場合も、トーンを揃えることで全体が美しくまとまりやすくなります。

さまざまなトーンのインテリア例

異なる色相で同じトーンの組み合わせ

やさしく澄み切ったイメージを与えるライトトーンで、中間色の緑を落ち着いた印象にまとめた事例です。ライトグレーのソファは色みがない無彩色なので、どんな色にも合わせやすくなります。トーンの異なるブラウンの小物がアクセントカラーに。

反対色で同じトーンの組み合わせ

寒色系の青と暖色系の黄色は反対色ですが、ペールトーンの淡い色合いで統一したため色同士がぶつからず、壁のグリーンもペールトーンのため調和して見えます。

同系色で異なるトーンの組み合わせ

同系色や類似色は合わせやすく、オーソドックスな印象を与えます。ダークトーンやダークグレイッシュトーンの色が入ると落ち着いた印象を与えるため、明度や彩度が高い小物でアクセントをつけるとよいでしょう。

異なる色相で異なるトーンの組み合わせ

多数の色でトーンもバラバラの場合、ほかにはない個性を感じさせる空間になりますが、コーディネートにはセンスが要求されます。彩度・明度と色面積のバランスを取りながら、慎重に決める必要があります。

写真／シンコール

トーンの分類とイメージ

よく似たグループに分類したものがPCCS（日本色研配色体系）による「トーン分類図」。それぞれのトーンがひとに与えるイメージも明確で、インテリアの色調を考える際の重要な目安となります。たとえば、子ども部屋ならライトトーンを基本に考えると愛らしいイメージに。渋めの大人の部屋なら、グレイッシュトーンやダークトーンをアクセントカラーにあしらうと落ち着いた雰囲気になります。

それぞれの色が持つ特徴とイメージ

色にはその色自体が持つイメージがあります。色そのものの特質を理解することは、「見せたいイメージ」を上手く演出することにつながります。さらに色と色を組み合わせる「配色」により、同じ間取り・家具配置でも、空間全体のイメージが変わります。

色が持つイメージが空間や住むひとのイメージに

白を基調としたキッチンに清潔感を感じる、ピンクのインテリアの部屋から女性性を連想するなど、それぞれの色がひとに与える印象はおおよそ決まっています。たとえば私たちが日常生活でよく目にする多種多様な商品やパッケージの色は、いずれも色の印象を効果的に利用したもの。ターゲット層にストレートに働きかける色が選ばれています。

インテリアもまた、基調となる色がその空間のイメージを決め、そこに住むひとのイメージまでつくり上げてしまいます。逆にいえば色の効果を知ることで、「見せたい自分」をインテリアで表現することも可能になります。

また、インテリアは広い空間を対象とするため、単色で終わることがありません。必ず色の組み合わせ（配色）があり、配色次第で空間の印象が大きく変わります。

代表的な配色パターンは「同系色」「類似色」「反対色」「同一トーン」の4つ。同系色や類似色は似た色み同士を組み合わせるため初心者にも扱いやすく、見るひとに安心感を与えます。一方、反対色は色のコントラストを楽しむ配色で、色選びや配分に注意が必要。成功すれば、ほかにはない個性やセンスが生まれます。同一トーンはトーン（➡P98）の概念を理解し、駆使することで実現できる配色です。

色の特徴

赤　空間に明るさと活力を与え、進出色としても効果的

赤は「情熱」「勇気」「興奮」など、明るくアグレッシブなイメージを持つ色。血や肉の色のため、ひとは赤を見ると興奮する神経が刺激され、気分が高揚し、食欲をそそられます。進出色（➡P97）の代表格で遠くからもよく目立つため、面積が大きくなるとうるさく感じることもあります。

ピンク　穏やかで優しい女性らしさを演出

ピンクはホルモン分泌を調整する色ともいわれ、気持ちを優しく穏やかにする効果があります。桜やバラなど花の色に近いため、春や女性のイメージに重なります。ただ、淡い色合いでは柔和なイメージですが、ビビッドな色合いでは情熱や色気を連想させます。あまり大きな面積で使用すると、空間全体に現実逃避のイメージを与えかねません。

写真／川島織物セルコン

黄　視線を惹きつける アクセントカラー

太陽の色でもある黄色は、空間の雰囲気を明るくし、活力を高める効果があります。また、道路標識によく使われているように、遠くからでも認識しやすく、注意を惹きつけます。そのため、大きな面積で使うと疲れやすい傾向に。長時間の作業や学習の空間にはあまり適しません。

オレンジ　食欲を刺激する 親しみやすい色

赤と黄の中間色のオレンジは、明るく快活で健康的なイメージ。大地の色や木の色に近く、親しみを感じやすい色です。また、食欲を刺激し、コミュニケーションを活発にする効果があるので、リビングやダイニングなどにおすすめ。使いすぎるとうるさく感じ、安っぽく見えるので注意。

青　集中力・判断力を高め、知的活動を進める色

青は鎮静作用があり、血圧や心拍数を下げる効果があるといわれています。集中力や判断力を高めるため、「知的」「冷静」「信頼感」などのイメージで、ビジネスや勉学の場などで使われます。ただし、寒色の代表格なので、冷たい印象を与えることもあります。

緑　見る者に安心感を与える「自然」の色

緑は「自然」「生命」「成長」などをイメージさせ、疲れているときや気持ちが落ち着かないとき、安心感を与える効果があります。緑を見ると目の疲れが回復するといわれるように、健康的なイメージも強く、健康に関わる空間やリラックスしたい空間を表現しやすい色です。

茶　安心感に包まれ、リラックスできる空間に

茶色は土や木の幹の色であり、人種によっては髪や目の色でもあります。安心感を与える効果があり、「堅実」「安定」のイメージです。茶色を選ぶ際は、住むひとの肌の色がひとつの尺度。住人の視線より高い部分は肌色より明るく、低い部分は肌色より暗くすると安定感が出ます。

紫　高貴なイメージで ゴージャスな空間に向く

紫は東洋でも西洋でも身分の高い者が使う色とされ、「高貴」「気品」「優雅」なイメージ。エネルギーの代謝を抑え、呼吸や心拍数を抑える一方、直感力が冴え、感性を磨く効果があるといわれています。ハイセンスな空間演出に多く使われます。

白　清潔感にあふれ、広く明るく見せる効果大

白は光の色で、「純潔」「幸福」のイメージです。光の反射率が高く、空間を広く明るく清潔に見せる効果があるため、キッチンやリビングなどにおすすめ。ただし、まぶしいほどの白は視神経を疲れさせるため、オフホワイトやアイボリーなどを検討しましょう。

黒　重厚感・高級感を加えて ステータスを演出

黒には「不吉」「絶望」「死」などネガティブなイメージがあります。その一方で空間に重厚感や高級感を与え、組み合わせた色を引き立てる力を持っています。また、小さく見せる効果や重そうに見せる効果も高く、色彩効果を使いこなす上で欠かせない色です。

ベース、メイン、アクセント。インテリアに使う色の決め方

インテリアには必ずテーマとなる色が存在します。そのため2つの色を同じ面積で配分してしまうと、どちらが主役かわからず、どっちつかずの状態になってしまいます。どの空間にも共通するバランスのよい色の配分を知っておきましょう。

70：25：5の黄金比率を念頭に

インテリアの色配分を決めるとき、ベースカラーを70％、メインカラーを25％、アクセントカラーを5％程度に配分すると、初心者でも失敗がありません。

ベースカラーとは、床・壁・天井など、室内でもっとも広い面積を占める色のこと。一般的に壁・天井にはオフホワイトなどの白系、床にはライトブラウンやミディアムブラウンなど茶系の色が多く見られます。なかには空間に高級感や重厚感を与えるために、暗めのダークブラウンなどを選ぶひともいます。いずれにせよ床や壁の色を変更するにはリフォーム工事が必要ですので、飽きのこないシンプルな色がいいでしょう。

メインカラーはインテリアの主役となる色。カーテン、ブラインドなどのウィンドウトリートメントやラグの色、ソファなど面積の大きな家具の色がこれに当たります。部屋の雰囲気にもっとも大きな影響を与える色ですので、好きな色やイメージづけしたい色を選びます。もちろん、ベースカラーとの相性も重要です。

アクセントカラーはメインカラーと対照的な色をスパイス的に加えるもの。クッションや照明器具、小物や置物などにあしらいます。アクセントカラーの選択や配置により、空間にメリハリが生まれ、引き立って見えます。

3つのカラーの配分例

ベースカラーは床のライトブラウンと壁のアイボリー。メインカラーはソファのシルバーグレーとラグのオフホワイトとテーブルのチャコールグレーの3色。緑系のクッションと観葉植物、オレンジ系のランプシェードや置物をアクセントカラーに配した例です。ベースカラーとメインカラーは相性重視の淡い配色だが、2つのアクセントカラーがビビッドな反対色のため、互いに引き立て合っています。

3つのカラーのポイント

ベースカラーのポイント

ベースカラーは室内面積の大半を占める床・壁・天井の色。マンションの場合、床・壁・天井の色はあらかじめ決められているか、数種類から選択することが多く、リフォームするにもいちばんコストがかかる部分です。

空間がもっとも広く見え、ほかの色と組み合わせやすいのは白。とはいえ、ピュアホワイトは目を疲れさせるため、長い時間を過ごす住空間には向きません。アイボリーや明るめのベージュなら、茶系の色が多い床との相性もよく、飽きがこない配色になります。

また、寝室や書斎など、落ち着いた雰囲気を演出したい場合は、ダーク系の床にするとダンディな空間になります。

ライトブラウンの床、オフホワイトの壁は典型的なマンションのベースカラー。（サンゲツ）

ブルーのカーテンをメインカラーに選んだコーディネート。色数を抑えるため、床材と似た色の家具を選んでいる。（シンコール）

メインカラーのポイント

部屋の主役となる色なので、好きな色や演出したいイメージに合わせて選ぶといいでしょう。メインカラーになるのは、ウィンドウトリートメントや家具など。木製家具はブラウン系が多く、ウィンドウトリートメントと色みが異なって色数が増えがちになりますが、3色以内に抑えるのがベスト。どうしても色数が増える場合は、同一トーンにするとまとまりやすくなります。

アクセントカラーのポイント

アクセントカラーは占める面積は小さいものの、部屋全体に意外に大きな影響を与えます。あくまでも空間にメリハリを加えるものなので、ベースカラーやメインカラーに溶け込まない、反対色や鮮やかな色を選びましょう。

また、アクセントカラーはもっともコストをかけずに変えられる部分。季節の変化に合わせたり、気分転換で一新するなど、遊び心が楽しめる部分でもあります。

黄色と青は典型的な補色の関係。メインカラーの黄色に効果的に青の小物を配した事例。（シンコール）

ここを Check!

部屋に入る自然光や照明の光の特徴も考慮する

窓から入る自然光や照明もインテリアの色に大きな影響を及ぼします。たとえば北向きの部屋を寒色系にすると、日照時間が短い冬場に寒々しい印象になってしまいます。西日が長く当たる部屋を暖色系にすると、赤っぽい部屋がより赤くなり、色が過多に感じます。また、蛍光灯の光は室内を青みがかった冷たい印象にします。反対に白熱灯の光は温かみを感じさせ、寒い夜も気持ちを落ち着かせたり、料理をおいしく見せる効果があります。

インテリアカラーの構成例

暖色系

Warm Colors

やさしいトーンのオレンジのシェードに、同系色の刺繍をあしらったカーテン。オフホワイトのソファには、オレンジのクッションとブランケットを添えています。黄色のニットクッションやナチュラルウッドのサイドテーブルも同系色で、温かくおだやかな雰囲気になっています。(シンコール)

寒色系

Cool Colors

青い壁の色に合わせて、ベッドのファブリックも同系色でまとめています。暗くなりすぎないよう、ウインドウトリートメントは白地にブルー系の模様で明るさをプラス。ウッドのサイドテーブルが引き立ち、さわやかな印象の寝室です。(シンコール)

中間色

Neutral Colors

窓にかかったシェードやソファカバー、クッションなどのファブリックをライトブランでまとめたインテリア。白い壁にやさしく溶け込み、やわらかく落ち着いた雰囲気を感じさせてくれます。(サンゲツ)

子ども部屋

Kid's Room

子ども部屋は思い切ったカラーづかいができる空間。この事例では、白またはベージュのベースカラー、緑のメインカラー、赤のアクセントカラーがわかりやすく配置されています。緑と赤はどちらもグレイッシュトーンで統一し、調和を取りながら引き立て合っています。（サンゲツ）

寝室

Bedroom

他人の目に触れにくい寝室は、好みを自由に反映した大胆なインテリアデザインが実現しやすい空間です。壁面や天井に明度の低いクロスを張り、これをベースカラーにカラーコーディネートしていくとよいでしょう。（シンコール）

書斎

Study Room

寝室の一角や小部屋などに設けられた書斎は、暗めの壁面にして隠れ家的な雰囲気を出すカラーコーディネートがよく使われます。ビビッドなアクセントカラーをほどよく配置すると、明度が低い空間でも楽しさを表現できます。（シンコール）

ここをCheck!

意外に目立つ金属部分をアクセントカラーに

マンションのカラーコーディネートで意外に目立つのが、ドアノブ、サッシ、照明器具、家電製品などの金属部分の色です。こうした色みもできる限り揃えると、全体が美しく見えます。逆に、あえて目立つゴールドやシルバーで統一し、高級感を演出したり、黒で統一して渋さを出すなど、アクセントカラーとして利用する方法もあります。

配色の基本5つのパターン

パターン 1 同系色

同じ色みで組み合わせるため、失敗が少なく初心者向け

同じ色相で、異なる彩度・明度の色を組み合わせるパターン。異なる色みが入らないので、全体をまとめやすく、初心者でも失敗が少ないといわれています。「柄＋柄」などの高度なコーディネートも合わせやすいのですが、オーソドックスで面白みのない印象に陥りやすい一面もあります。

まったく同じ色でまとめると単調な印象になるので、明度が高い色や彩度が低い色をメインカラーとし、明度が低い色・彩度が高い色をサブカラーとします。反対色や類似色をアクセントカラーに使うのもいいでしょう。

ベースカラーは壁・天井・カーテンに共通するオフホワイト。薄いベージュの床材がメインカラー、くすんだブラウンのラグがサブカラーとなる。ソファは色みのない、やはりくすんだグレーにしてまとまり感を出している。カーテンの模様に複数の色があるため、ほかはあくまでシンプルに。（サンゲツ）

全体を白でまとめ、エレガントさを強調したインテリア。床・壁はピュアホワイトではなくやや黄みがかったダルトーンのアイボリー。カーテンは清潔感を感じさせる明度が高いピュアホワイトを選択。（シンコール）

ライトブラウンの床、白の壁・天井などオーソドックスな空間だが、一面の壁のみクロスで色を変え、個性を持たせた。壁色と同じ色みのベッドカバーと、同系色の柄が入ったカーテンがメインカラー。小物にも類似色を配し、アクセントを効かせている。（サンゲツ）

ベースは天井と壁の白。壁の一部、ファブリック、床をメインの茶系に。グレーがかった茶色がシックなインテリア。（シンコール）

パターン 2 反対色

互いの色を引き立て合う 上級者向けの刺激的な配色

色相環で向かい合う反対色（補色）同士を組み合わせるパターン。互いの色を引き立て合うため、刺激的な配色となります。上手く配色できればほかにない個性的なインテリアになりますが、彩度が高すぎる色同士をぶつけると派手でまとまらない印象に。その場合は面積にメリハリをつけて、どちらかをアクセントカラーにしたり、色相がひとつ隣の色や無彩色を挟むなどしてコントラストを緩和させるといいでしょう。

配色に冒険心と思い切りが必要な、上級者向けのコーディネートです。

カーテンの青とソファの黄色は互いに引き立て合う、反対色の典型例。ソファには床材の色に近い黄色を選び、違和感を排除した。アクセントカラーはビビッドな赤の小物で。（シンコール）

茶をベースにした室内に、スカイブルーのコーディネートが新鮮。カーテンの一部を茶にすることで、ブルーが浮きすぎないようにまとまっている。（シンコール）

青と緑の中間色であるシアンの壁面が印象的なインテリア。床と奥の壁面が黄色みがかったライトブラウンで、ゆるい反対色の組み合わせとなっている。青の類似色のイスで空間を落ち着かせ、小物はビビッドカラーにしてアクセントを効かせている。（シンコール）

パターン

3 類似色

自然のグラデーションに近く、ナチュラルで合わせやすい

類似色の組み合わせは、色みが似た色同士なので合わせやすい配色です。たとえば、赤・オレンジ・黄色の類似色は夕焼けの空の色、黄色・黄緑・緑・青緑の類似色は森の木々の色など、自然界でよく見られるグラデーションのため、ひとの目にもナチュラルに映ります。

比較的無難にまとまる配色ですが、複数の色を同じ分量にするとどの色が主役かわからず、印象がぼやけてしまいます。色配分にメリハリをつけ、メインカラーを明確にすることがポイントです。

グレーの壁、ダークブラウンの床、黒を使ったインテリアアイテムで男性的なコーディネート。シェードが白地なので暗くなりすぎずにまとまっている。(シンコール)

黄色、オレンジ、茶色という類似色を並べた配色。明るく活力を感じさせる色みのため、見るひとに温かさをイメージさせる。小物の白は無彩色のため、どんな色とも合わせやすい。(シンコール)

ベースカラーは床・天井のベージュ。メインカラーは青だが、壁とカーテンで微妙に色みを変え、彩度の高いカーテンの面積を小さめにすることで、バランスよく見える。(サンゲツ)

白の天井と壁をベースに、ベージュのカーテンとグレーのチェアでシンプルに。ラグも同系色でまとめたベーシックなコーディネート。(シンコール)

パターン

4 同一トーン

トーンを揃えることで 複数の色みが美しく調和する

色調（トーン）を揃えて異なる色みを使うパターン。トーン分類図（➡P99）の同一トーンのなかであれば、色みが多くてもぶつからず、違和感なくコーディネートできます。また、トーンごとの特徴が明確なため、それに従えば部屋のイメージを演出しやすいという利点があります。

床とソファのブラウン、カーテンのグリーンがともにグレイッシュトーン。ラグや家具に色みが多いが、トーンが近いためまとまり感がある。（サンゲツ）

グレーの混じったクロスとグレイッシュピンクの腰板が高い親和性をみせるインテリア。上品で落ち着いた雰囲気がある。（シンコール）

パターン

5 黒＋α

非日常の空間や緊張感を演出する 黒を駆使したコーディネート

黒を使ったインテリアは重厚感や高級感を生み出すため、リビングや書斎などに採用されるケースが少なくありません。とくに黒にビビッドトーンの赤や、ピュアホワイトなどを合わせると、非日常な緊張感を演出することができます。ただし、黒は収縮感と重量感があるため、広い面積に使うと空間が重苦しくなったり、狭く見えることがあるので注意が必要です。

黒のソファにペールトーンのカーテンを合わせ、明暗がくっきりとしたコーディネート。（シンコール）

黒の壁パネルとダークグレーのソファに、ビビッドな赤のロールカーテンがモダンな空間。部屋そのものはごく一般的な仕様だが、色選びでこれだけの緊張感を生み出すことができる。（シンコール）

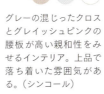

マンションに最適なカラースキーム

カラースキームとは、色の性質を利用し、目的や好みに合った空間を演出する色彩計画のことです。マンションは規格化された住空間のため、色を選べる範囲が戸建てなど注文住宅ほど広くありませんが、工夫次第で個性を演出できます。

印象を決める床・建具の人気カラーは明るい茶系

最近では新築マンションを購入する際、入居者が床や建具の色を数種類のなかから選べるケースが少なくありません。購入意欲を高めるため、大手デベロッパーではマンション購入層の嗜好や住空間のトレンドを採り入れたカラースキームを実施しています。

三菱地所レジデンスの分析によると、最近では明度が高い茶系の色の床を選び、建具や家具とのコントラストを抑え、やわらかで落ち着く空間を志向するひとが増えています。また、床と建具、床とキッチン扉の組み合わせの調査では、同系色を選ぶなどベースとメインカラーを手堅く組み合わせる傾向が見られます。

床・建具の色がすでに決まっており、変更できない場合は、家具やウィンドウトリートメント、照明、小物などで全体のカラースキームを考えます。リフォームで壁や床の色を変更できる場合は、全体のバランスを考えつつ、部屋に合わせて色や柄を選びます。リビングはオーソドックスな茶系でも、子ども部屋は青やピンクの壁紙にする、寝室はダークなウォールナット色でまとめるなど、部屋単位なら遊び心を発揮することもできます。水回りは清潔感のある白で統一したり、床や壁にカラータイルを使うなど、個性を発揮しやすいところです。

エリア別のカラースキーム例

玄関・廊下

- リビングと同じ床の色を選ぶと、空間に連続感が生まれ、奥行きが広く感じる。
- 廊下に絵画や小物を飾るなら、同じ色のものを繰り返すと連続性が生まれ、来客を奥へと誘う雰囲気をつくり出せる。

リビング・ダイニング

- 白い壁が広すぎると感じたら、一面だけ異なる色みや柄クロスを使うのも一手。ただし、柄物は彩度が低く、模様の小さなものでほかの壁との調和を図る。
- アクセントカラーを加えたいときは、クッションからはじめると合わせやすい。数種類を試し、多色づかいに挑戦。
- 季節や来客によって植物や小物を変え、アクセントカラーの変化を楽しむ。

浴室・洗面室・トイレ

- 住まいの北側に配置されていることが多く、冬場は寒さを感じさせる空間のため、寒色系を避け、ベージュ、オフホワイト、緑などの中間色を選ぶ。明度の高い色を選ぶと、広く見える。

寝室

- 床をダークな色合いにしたり、天井や壁の色の明度を落とすと、刺激が少ない落ち着いた空間になる。

子ども部屋

- ライトトーンやブライトトーンなど明度が高いトーンで、楽しさを演出。色・柄もののクロスも部屋限定で採用しやすい。

書斎

- 狭く閉鎖的な空間のため、テーマに合わせて色を選びやすい。黒など明度の低い色を多用すると、穴蔵感が出る。

キッチン

- キッチンの印象を決めるのは扉のカラー。床と同系色でまとめるか、反対色で冒険するのか、ショールームなどで実物をよく見てから決めること。
- 家電製品や小物の色を統一すると、キッチン内の色をまとめやすい。
- 床材はリビングと同系色のタイルなどに変えると、水回りならではの変化を楽しめる。

床と建具のカラー例

ナチュラル

明るくさわやかなイメージで、もっとも多くのひとに選ばれているオーソドックスなカラー。

ライトブラウン

家具の選び方で、カジュアルな雰囲気にもシックな雰囲気にもできる扱いやすいカラー。

ミディアムブラウン①

木の素材を強調した家具が無難だが、彩度の高い非日常なラグなどを合わせることもできる。

ミディアムブラウン②

赤みがかかったミディアムブラウンは個性的でモダンな雰囲気を感じさせるカラー。

ダークブラウン①

ゴールドやシルバーなどをあしらった家具を合わせると、ゴージャスな空間を楽しめる。

ダークブラウン②

ブラウンであっても、より黒に近づいてくると、空間に高級感やステータス感を与える。

ホワイト

白のグラデーションでまとめた空間には、女性らしい繊細なデザインの家具が似合う。

ここをCheck!

人気が高まるグレイッシュカラー

近年、マンションのカラースキームで支持を伸ばしているのが、グレイッシュカラーです。グレーは無彩色のため色みを持たず、主張が少ないことが特徴。そのためほかの色みと合わせやすく、インテリア・コーディネートの幅を広げます。また、ほかの色にグレーを加えると重厚感が増し、落ち着いた大人のイメージを高めてくれます。

写真提供／三菱地所レジデンス 2017年インテリアカラースキーム

空間が広く見える色合わせのテクニック

色彩心理を利用することで、実際よりも部屋を広く見せたり、天井を高く見せることができます。ポイントは床・壁・天井の色と家具の色。つまりベースやメインとなる色です。上級者になると、多色づかいや柄もののコーディネートも楽しめます。

色の心理効果を利用して部屋の広さを変える

小さな部屋でも実際より広く見えたり、逆に、十分な広さがあるはずなのになぜか狭く感じてしまう部屋があったり。こういった空間の感じ方は、家具の配置や置かれているものの影響が大きいのですが、実は、室内の色の選び方も無関係ではありません。インテリアのカラースキームは、空間の大きさの感じ方まで変えてしまうことがあるのです。

インテリアの色使いで部屋を広く見せるためには、色がもたらす心理効果（➡P97）を利用するのがポイントです。

基本となるのは、床・壁・天井の色です。とくに部屋のなかでも大きな面積を占め、インテリアのベースカラーとなる床は、明るくするかダークにするかで全体の印象を大きく左右します。床の色は家具の色との調和も大切になってきますので、理想のインテリア・デザインを成功させるためには、床の色は早い段階で考えておくのがおすすめです。

新築分譲マンションなら床や建具の色を選べることもありますので確認してみましょう。中古マンションや賃貸などでベースカラーの色を選べないときは、ウィンドウトリートメントやカーペット類、自分で貼り替えられるクロスなどでカラースキームを調整することができます。

空間が狭く見えてしまう原因

広く見える色合わせのルールを守っていても、狭く感じてしまうのはカラースキーム以外の原因があります。狭く見えてしまう基本的な要因を知っておきましょう。

床に置いてあるものが多い

どんなに広い部屋でも、ものが溢れていてはきゅうくつ。床の見える範囲が小さいと、部屋自体も小さく見えてしまうため、できるだけ床にはものを置かないようにする。

背の高い家具が多い

天井が高いと開放感がありますが、背の高い家具があると天井が低く感じてしまいます。家具を低めのもので揃えると視線が抜けて広々と感じますし、地震のときにも転倒せずに安心です。

色彩効果による空間の見え方

ベースカラーの効果

ベースカラーである床・壁・天井を明るい色で統一すると、空間が広く見える効果があります。とくに床→壁→天井の順に明るい色にすると天井が高く見え、広がり感がアップ。壁と床を同じ色にすると、連続感が出て、より広く感じます。反対に天井を壁よりも暗い色にすると、圧迫感や重量感を感じることに。

視線が上に行くほど明るくなる配色は、空間に広がり感を与える。

天井を暗い色にすると重苦しく、部屋自体を狭く感じる。

クロスの柄の効果

柄もののクロスはほかにない空間を創り出す上級者向けのアイテム。メリットとデメリットを理解した上で選びましょう。また、クロスは小さな見本で見たときの印象と施工後の印象が異なることが多いため、大きめの見本や実際に施工された現場を見せてもらうと安心。

柄クロスを使いつつ部屋を広く見せたいなら、明るい色で柄が小さなものを選ぶ。カーテンを壁の色と同じか同系色にすると、より広く見える。

大きな柄は視線が引き寄せられ、壁を近くに感じてしまう。柄のなかでいちばん目立つ色をメインカラーとして利用するテクニックも。

横ストライプは横方向の広がりを強調するため、広がり感はあるものの天井を低く見せてしまう。

縦ストライプは天井を高く見せる。ただし、太いストライプでコントラストが強すぎると、手前に迫って見えるため部屋が狭く見える。

家具の色の選び方

木製の家具を選ぶ際は、床の色との組み合わせで空間の見え方が変わることを念頭に置いておきましょう。

床と家具が同じ明るさだと、空間に統一感が生まれ、コーディネートが容易になる。明るい色合いは部屋自体を広く見せる。

床色と同じ色合いの家具。明るい色でさわやかな印象を与える。

床よりも濃い色の木製家具は空間を引き締め、高級感や落ち着いた雰囲気を感じさせる。

床色よりも少し濃い色の家具。上のデザインと同じものだが、落ち着いた印象を与える。

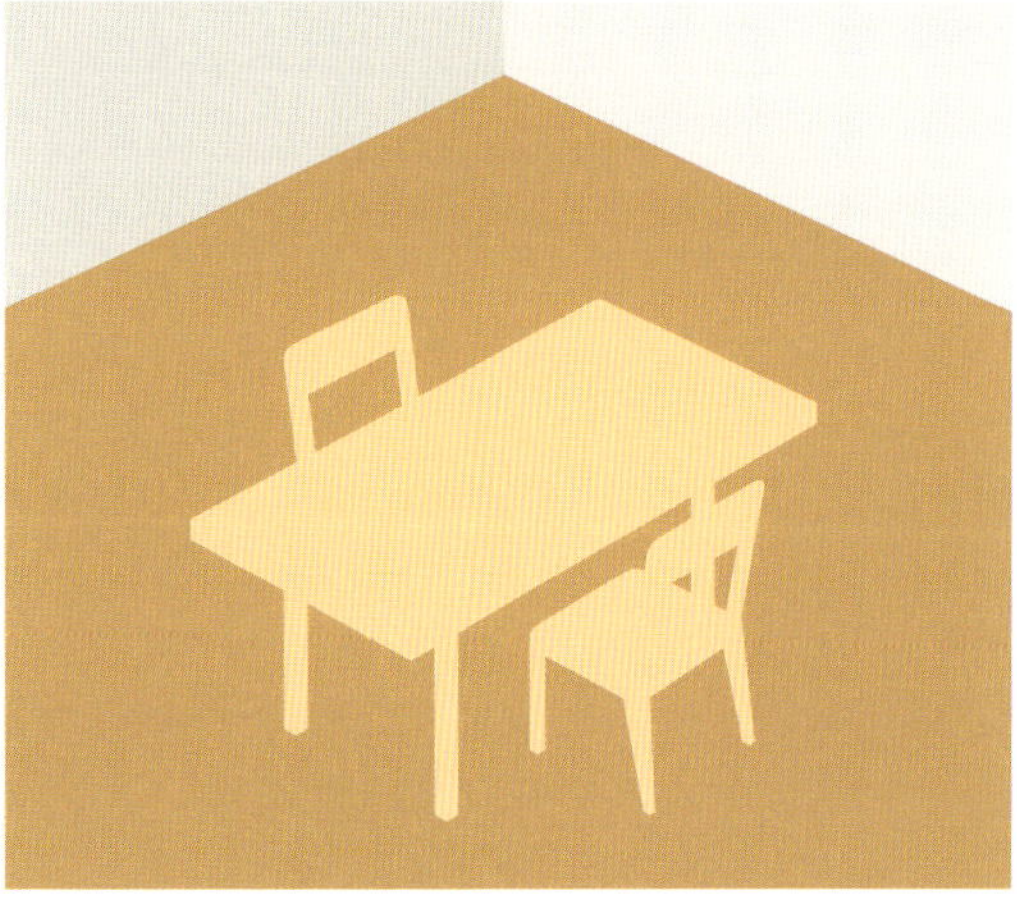

床よりも明るい色の家具は軽く見え、ものによっては安っぽく見える可能性もあるので高級な素材の家具を選ぶ。

ここを Check!

材質により色の見え方も変わる

床材・壁材やカーペット、家具などは、実際の色みだけでなく、材質によって色の見え方が変わってくることがあります。

たとえば表面の粗いタイルやファブリックなどの場合、光が当たると陰影ができ、実際の色よりも明度や彩度が低く見えます。素材に光沢があると角度により光って見えるため、印象が変わります。

反対にマットなものは光の反射がないため、どの角度から見ても同じように見えます。また、木質の素材は塗装により色調が変わって見えることがあります。

写真／大塚家具

Part.4

家具の選び方とレイアウト

How to Choose Furniture and Layout

家具をデザインだけで選んでしまうと、
室内に運び込めなかったり、
ほかのインテリアとそぐわなかったり、使い勝手が悪かったりといった失敗も。
大きさや配置を考えたうえでの家具選びの手順を知っておきましょう。

必要な家具を見極める

家具を揃える際、雑誌やモデルルームなどで見た憧れのイメージをもとに探してしまいがちです。しかし、憧れの家具が実際の生活に必要とは限りません。まずはじっくり自分たちに必要な家具を見極めることからはじめましょう。

毎日の生活動線上に合った家具を選ぶ

ひとは日々の生活のなかで、必要なものが必要なときに近くにあると便利さを感じます。ですから、快適なインテリアを目指すのなら、家具も毎日の生活動線上に合ったものを配置するのが基本です。

たとえば、食事はいつもリビングでテレビを観ながらというひとは、ダイニングテーブルにこだわらなくてよいかもしれません。また、服はすべてハンガーに収納したいと思うひとには、立派なタンスは必要ないと考えるでしょう。

まずは自分や家族が毎日どのような動線で行動しているかを振り返ることから始めます。

「食べる」「くつろぐ」「活動する」「寝る」を振り返る

振り返りをするためには、毎日の基本行動を「食べる」「くつろぐ」「活動する」「寝る」に分けて考えると整理しやすくなります。これらの行動は、誰でも同じように行なっていると思いがちですが、スムーズな動きで快適さを感じる基準や方法はひとによって異なります。その違いによって、必要な家具、相性のよい家具が変わってきます。

「食べる」場合は、ダイニングテーブルで食べるのか、リビングテーブルで食べるのか、場所の違いがあります。また、一緒にテーブルにつく人数も家具選びに影響してきます。

「くつろぐ」場合は、ソファに座るのか、寝そべるのか。もしくは、畳やラグの上で過ごすほうがよいと考えるひともいるでしょう。ゆっくり映画を楽しみたいひとにはオットマン付きのソファもあります。

「活動する」とは、趣味を楽しんだり、仕事や勉強をしたりすることです。どのような作業をするのかによって必要な家具やその大きさは異なります。たとえば、ミシンやデスクトップパソコンを使用するなら、それなりの大きさの机が必要でしょう。趣味の道具が多いひとは、収納家具を検討する必要があるかもしれません。

「寝る」ときには、パートナーと二人でダブルベッドがいいひともいれば、同じベッドだとぐっすり眠れないひともいます。子どもが小さいうちは、布団を敷いて家族で川の字に寝るケースもよくあります。

生活を振り返ることで、必ず必要な家具、あれば便利な家具、わが家には必要ない家具が見えてくるはずです。

（a.flat）

暮らしを振り返るポイント

くつろぐを振り返る

何をしてくつろぐか？

気づいたらゲームや読書に没頭している人、毎日家族との会話が弾む人、ひとりでテレビやDVD鑑賞する人、ネットサーフィンで過ごす人。どこでどんなふうにリラックスしていますか。

リラックスできる姿勢は？

ソファにゆったり座るのか、床に寝転ぶのか、床に座って背もたれが必要なのか、テーブルに肘をつくのか。普段のリラックス姿勢を思い出してみましょう。

食べるを振り返る

どこで食べるのか？

ダイニングテーブルで食事をする人ばかりではないはず。外食が多いのであれば、カウンターとスツールで十分というケースも。テーブルを置く場所やスタイルを考えましょう。

何人で食べるのか？

家族全員が一緒に食べることが多いのか、おばあちゃんだけは自室で食べるのか、休日には子や孫がやってきて一緒に食事を楽しむのか。テーブルの大きさや、増減に対応できるデザインなどを検討します。

活動するを振り返る

日々のルーティンは何か？

家事や育児、在宅ワークなどで毎日決まった作業や仕事があれば書き出しましょう。家事動線にあるとよいもの、作業用デスクの大きさ、必要なデスク・収納家具の数などが見えてきます。

趣味の活動はあるか？

趣味の道具は見えないように収納するのか、見せる収納でOKか。これからもものが増え続けるのか、家のなかに作業スペースが必要か。どこでどう活動するのか想定しましょう。

日用品の収納をどうするか？

衣類はすべて寝室の収納スペースにおさめるか。コートは玄関、下着類は脱衣所など種類によって場所を変えるか。子どものおもちゃはリビングか、子ども部屋か。

寝るを振り返る

寝具をどうするか？

ベッドか布団か。誰かと一緒に寝るのか、ひとりで寝るのか。シングル派かダブル派か。布団なら毎日の収納のことも考える必要があります。

寝室の収納はどうするか？

併設のクローゼットだけで十分か、収納家具が必要か。リフォームする予定なら、ウォークイン・クローゼットにするか、しないか。

寝室の環境はどうか？

現在の睡眠スタイルに不満があるのなら、どこが不満かとどうすれば安眠できそうか。マットレスの種類を検討したり、カーテンを交換したりするなどの改善策が具体的になってきます。

ここをCheck!

毎日を振り返るコツ

頭のなかだけで毎日の行動を振り返っても、抜けてしまうことが多々あるものです。ですから、1度は紙を用意し、朝起きてから寝るまでの行動を時系列で書き出してみましょう。平日だけでなく休日もメモしてみると、より充実した振り返りになります。いまの暮らしで不満に感じることもメモしておきましょう。

行動するのに必要な家具と空間の寸法

洋服を買うときは自分の身体のサイズに合ったものを選びます。家具も同じ。やはり、自分のサイズに合ったものが使いやすいはずです。しかし、家具の場合は、部屋の広さという制約もあります。そこで標準的な家具と動作空間の寸法を確認してみましょう。

無理なく行動できる寸法を知っておく

私たちは住まいのなかで、さまざまな行動をします。食べる、くつろぐ、活動する、寝る……。そのとき、行動する身体のサイズは成長期の子どもを除けば変化しません。つまり、快適に行動できる空間の寸法は一定といえます。まずは、ひとが無理なく行動するための標準的な寸法を理解しておきましょう。

　また、快適に行動するには配置する家具のサイズも把握しておかなければなりません。その際は、ひとが移動するスペースと同時に、くつろげる配置になるのかも確認しましょう。たとえば、テーブルやソファを左右の壁にぴったり着けてしまうと圧迫感を覚える可能性があります。

人の動作スペース

移動

通常、ひとが正面を向いて移動するには、55〜60cm程度の通路幅が必要です。正面同士ですれ違う場合は、110〜120cm程度。1人で横向きに移動する場合は、45cm程度あれば大丈夫です。これらの寸法を基準にさまざまな家具の配置を考えます。

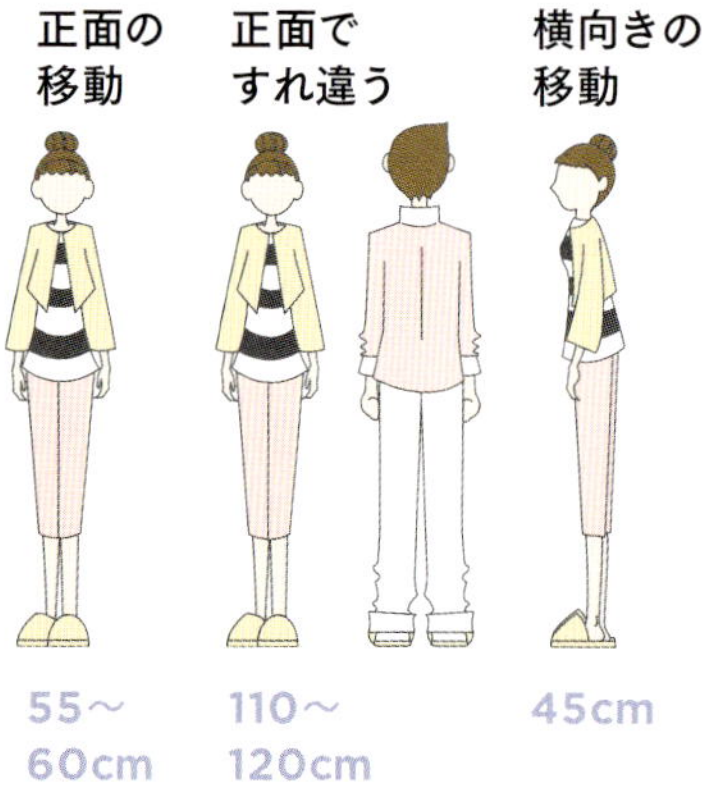

テーブル周り

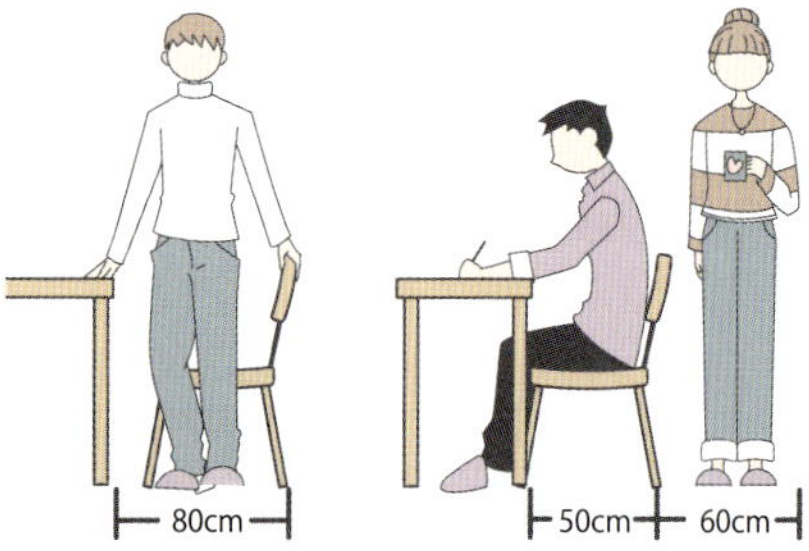

テーブルに座る際に椅子を後ろに引くスペースが80cm必要になります。座ったときのテーブルから背もたれまでの寸法は50cm。座っているひとの後ろをひとが通る場合は、60cmの空間が必要です。

収納

収納家具の前面では、なかに入れたものを出し入れするために扉や引き出しを開けるスペースが必要になります。この寸法は収納したもののサイズによって異なります。

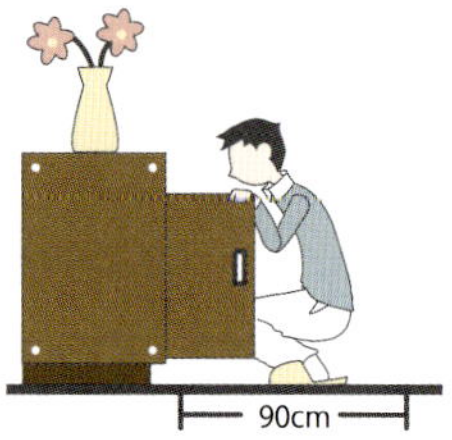

収納の扉を開ける場合は、90cm程度のスペースが必要。

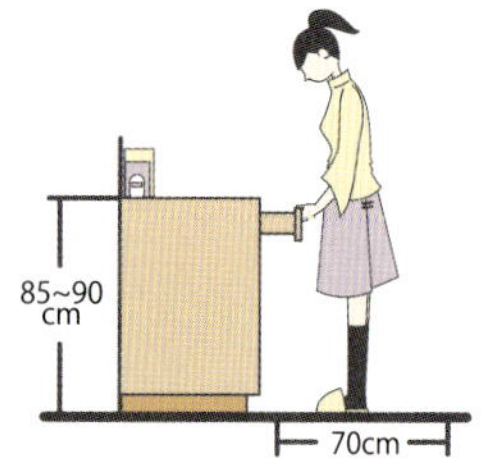

引き出しを開けるには70cm程度は確保する。

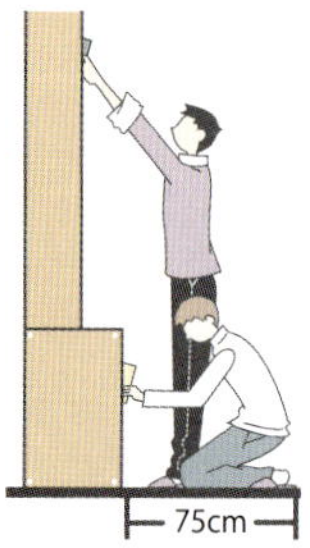

しゃがんだ姿勢で棚のモノを出し入れする場合は、75cm程度の空間が必要。

「食べる」家具とスペース

（大塚家具）

ダイニングセットの高さ

食事をするためのダイニングテーブルは大きすぎると周囲のスペースが狭くなってしまいますし、小さすぎるとくつろいで食事ができません。テーブルサイズの１人分の目安は、幅60cm、奥行40cm程度です。テーブルに合わせる椅子は、奥まで座った状態で足が床につくのがちょうどよい座面高です。家族に身長差がある場合は背の高いひとに合わせるのがベターです。背の低いひとは足置き台を用意するなど工夫しましょう。

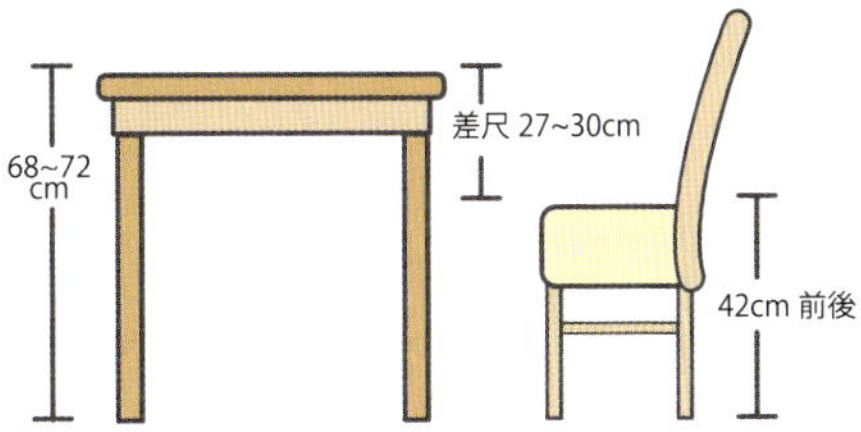

一般的なダイニングテーブルの高さは68～72cm。椅子の座面の高さは42cm前後。テーブルの高さと座面高の差（差尺）を27～30cmにすると使いやすい。

ダイニングに必要なスペース

（単位：cm）

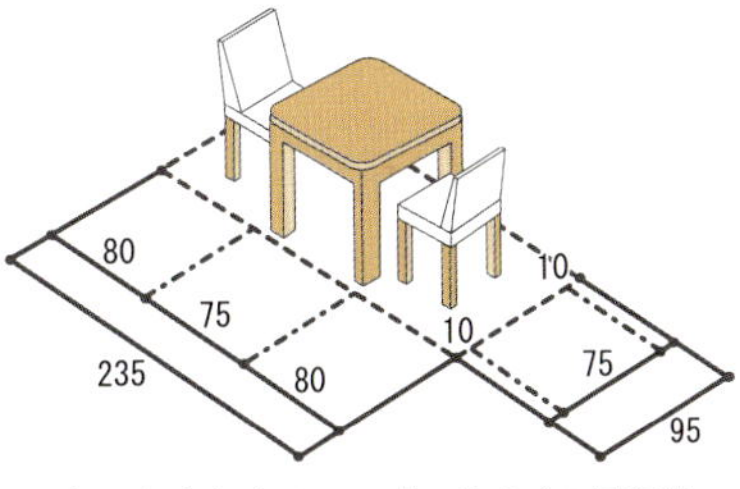

2人で食事をするテーブルサイズの目安は、幅75cm、奥行75cm。設置する左右の空間は、余裕をもって10cmほど確保する。

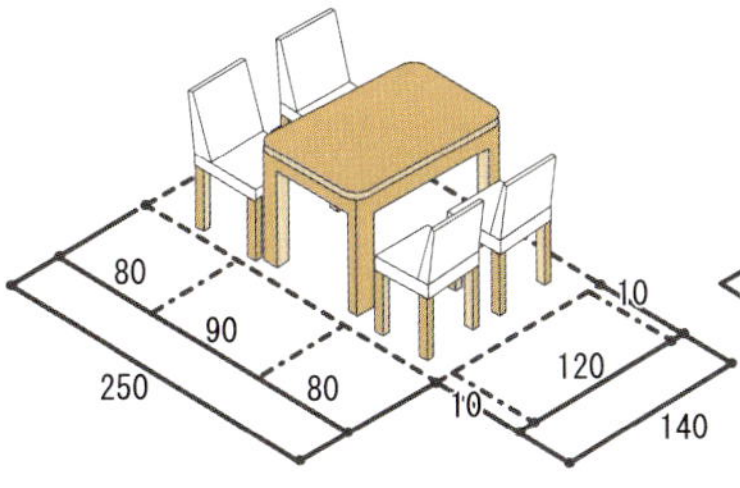

2人が横に並ぶ４人用ダイニングテーブルは、最低120cm程度の幅が必要。奥行は２人用よりも余裕をもたせて90cm前後に。

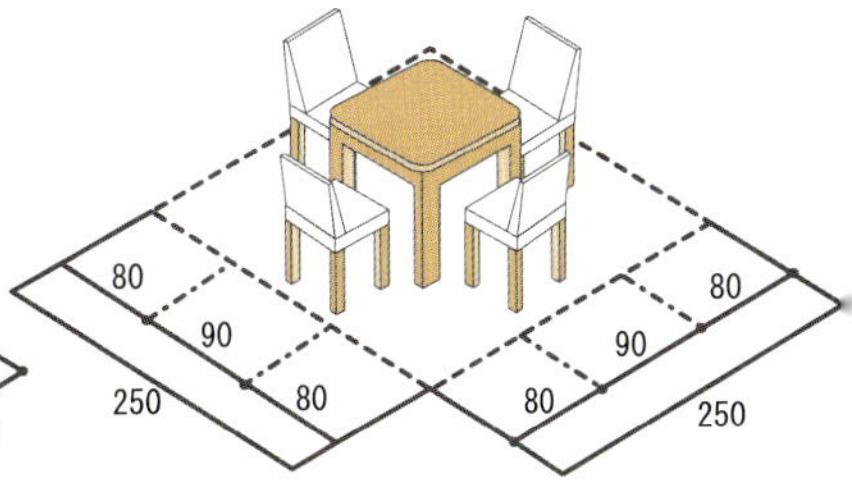

正方形の4人用ダイニングテーブルの場合は、各辺が90cmは必要。

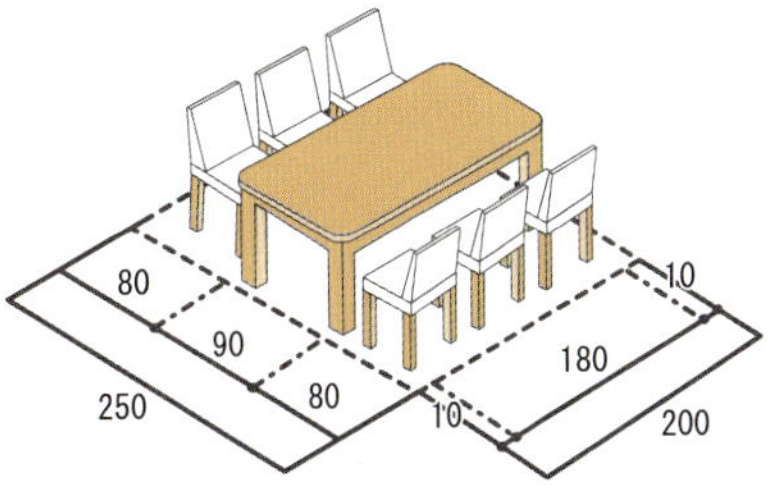

3人が横に並ぶ6人用ダイニングテーブルは、幅が180cmで奥行は4人用と同じ90cm前後に。

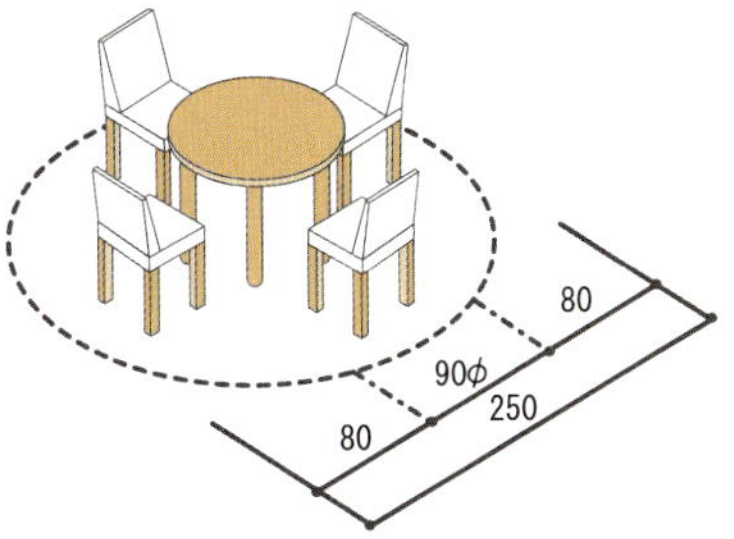

4人座り丸テーブルは、直径90cm程度は必要。椅子を引く空間を含めた設置スペースは正方形と同じで縦横250cm。

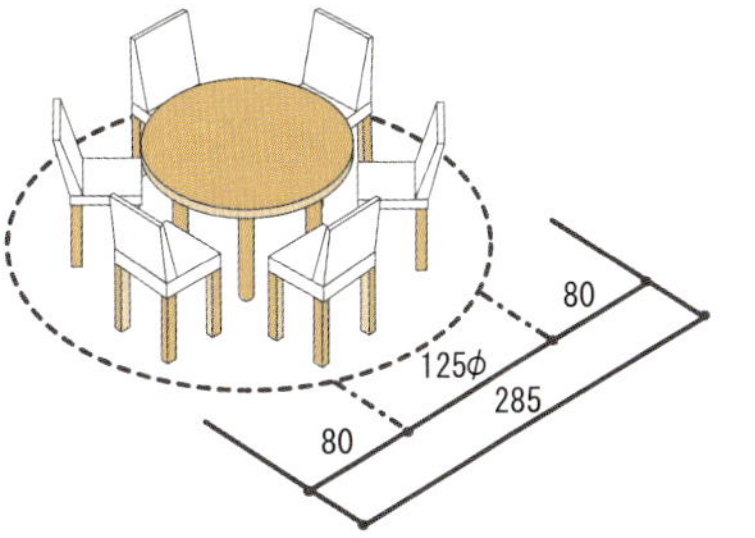

6人座りの丸テーブルは、直径125cm以上必要。椅子を引く空間を含めたスペースは四角形よりも広く、縦横285cm以上。

「くつろぐ」家具とスペース

（大塚家具）

ソファのサイズ

くつろぐ家具の代表格といえばソファです。しかし、くつろぎ感を優先するあまりに部屋の広さを無視して大きいものを置くと、圧迫感のある空間となってしまいます。また、くつろぐスタイルは人それぞれ。寝転んで過ごすのか、ゆったりと背もたれに寄りかかるのか、さらに何人で座るのかなども重要です。部屋の広さやくつろぐスタイルを考慮して好みのソファを選びましょう。

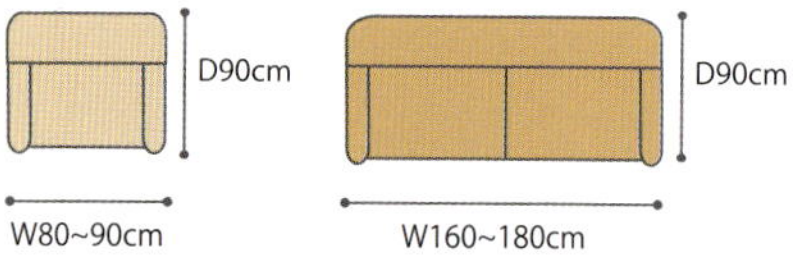

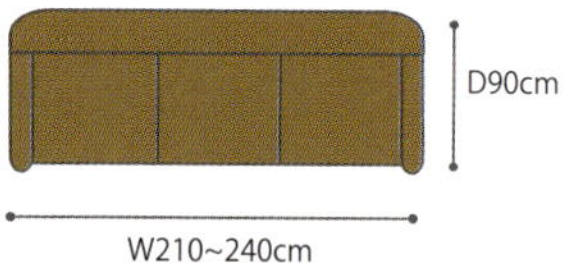

快適に座れるソファの幅（W）の目安は、1人あたりの座面幅60㎝＋ひじ掛け。座れる人数が増えるほど多少の余裕が必要になる。奥行（D）は60㎝＋背もたれで90㎝程度が一般的。

リビングテーブルの高さ

ソファの前に置くことが多いリビングテーブルの高さは、30～40㎝が一般的。書き物をしたり、グラスを置くことを考えるならば、もう少し高めが使いやすい。

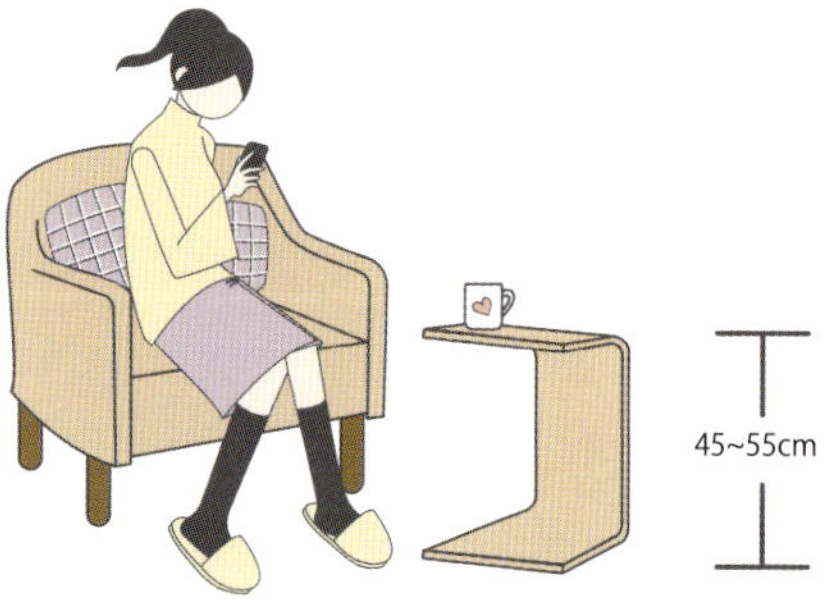

ソファの前にテーブルを置く空間がない、またはソファに座って飲食を楽しむことが多い場合は、サイドテーブルがあると便利。高さは45～55㎝程度が適当。

くつろぎの動作スペース

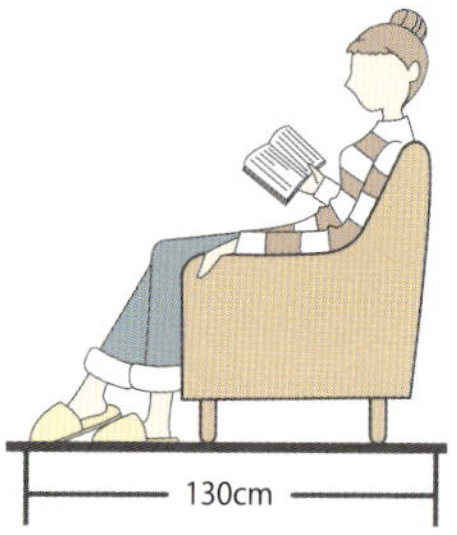

ソファの背もたれにゆったりと腰掛ける場合は、背もたれから足先まで130㎝程度のスペースが必要。

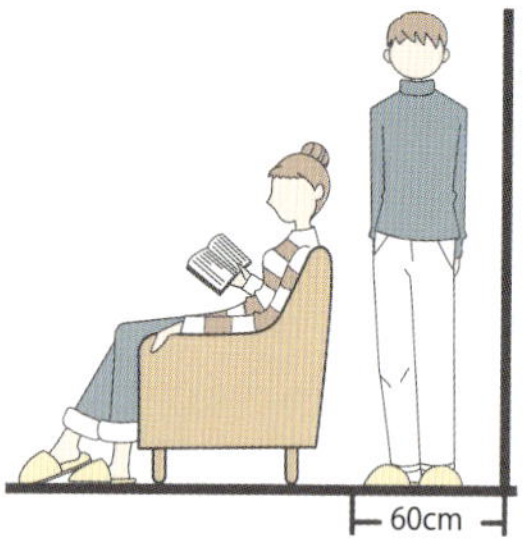

ソファの後ろをひとが歩けるようにするには、背面を60㎝程度は空けるようにする。

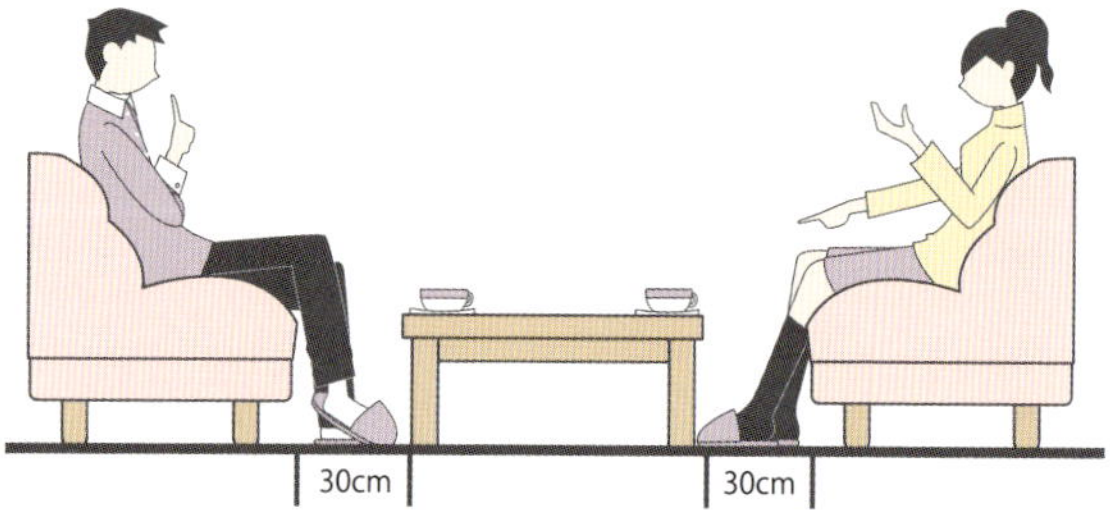

リビングテーブルをはさんで向かい合って座るなら、ソファからテーブルまではそれぞれ30㎝前後離すとコミュニケーションが取りやすい。

ソファセットに必要なスペース

（単位：cm）

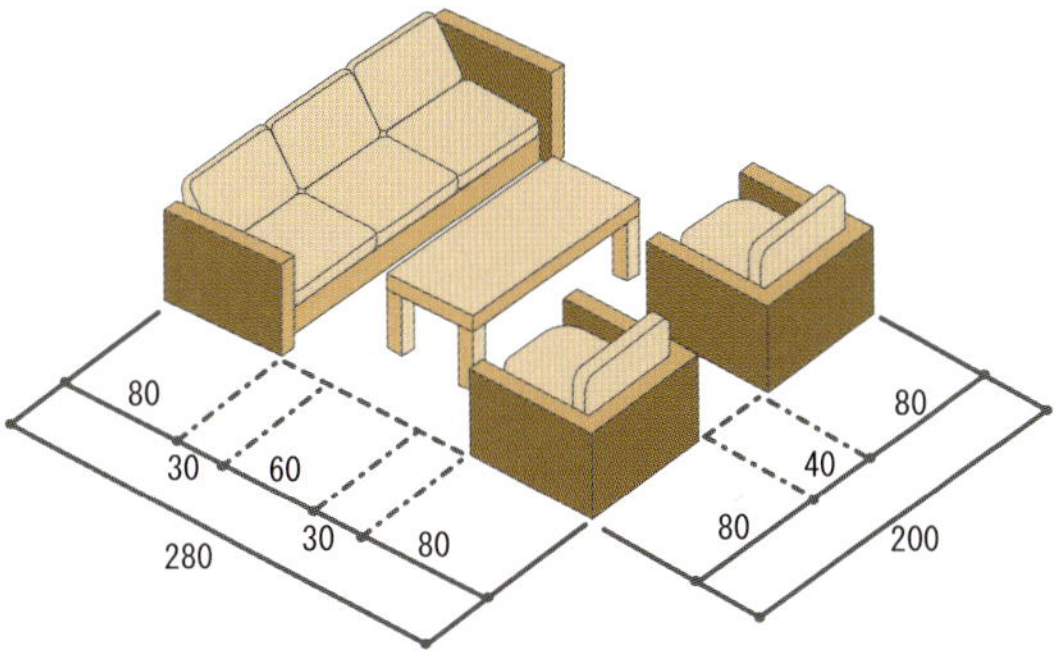

リビングテーブルをはさんで3人と2人で向かい合って座る場合、280cm×200cm程度の空間が必要。

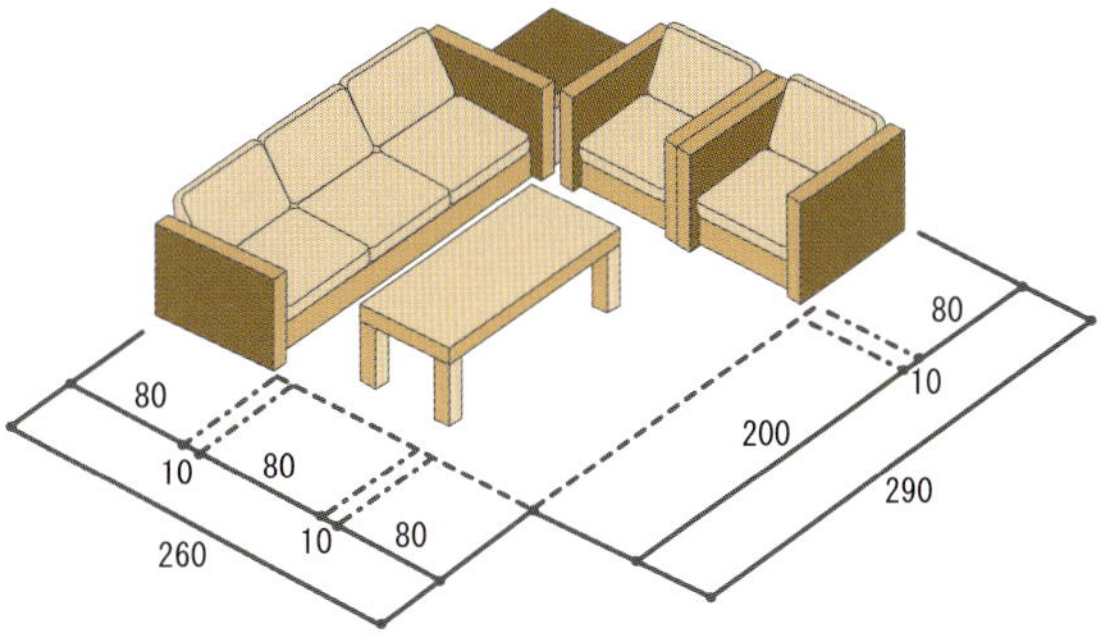

リビングテーブルを囲んで3人用ソファと2人用ソファをL字に配置する場合は、最低でも260cm×290cm程度の空間を確保する。

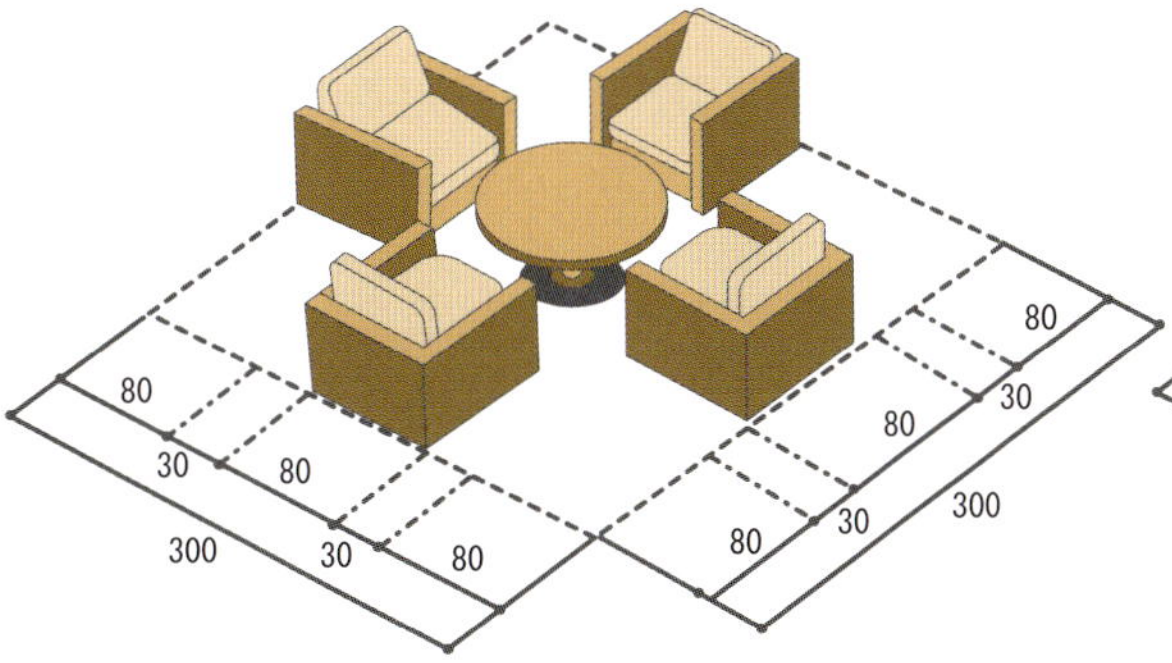

丸型のリビングテーブルを中心に、1人用ソファを4台置く場合は、300cm×300cm程度のスペースが必要。

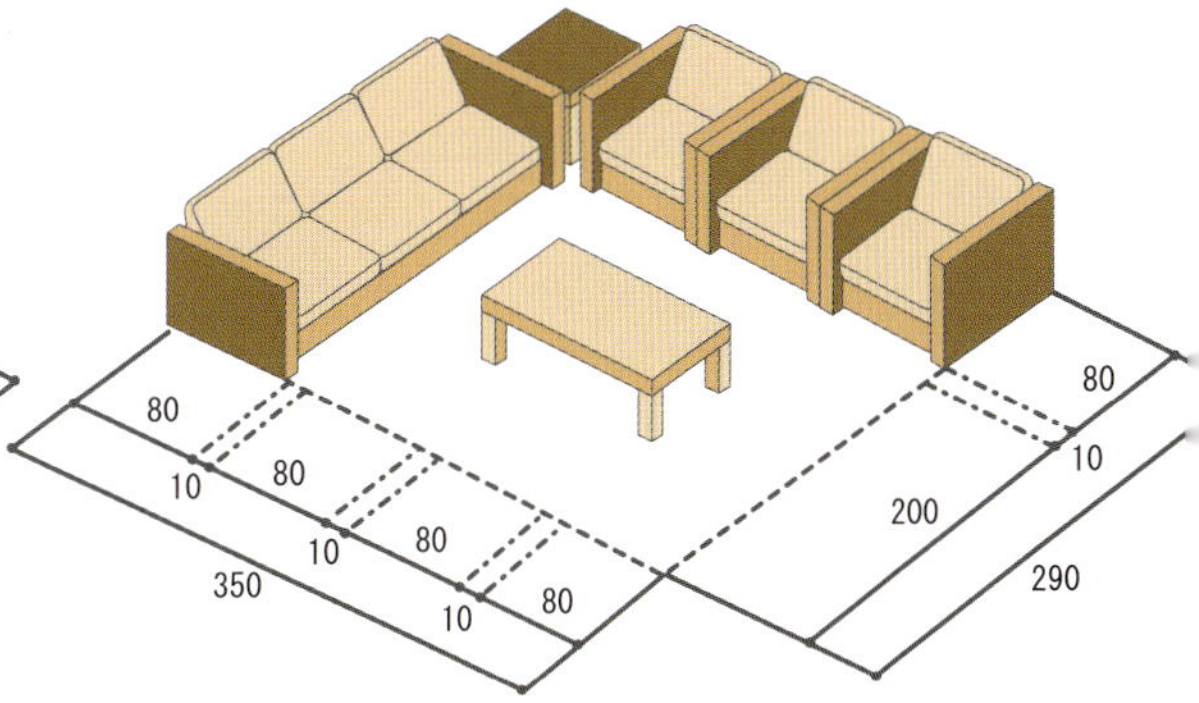

リビングテーブルを囲んで3人用ソファと1人用ソファ3台をL字に配置する場合は、350cm×290cm程度の空間が必要。

ここをCheck!

ソファの配置について

ソファの配置方法には、I型、対面型、L型などがあります。それぞれに適した使い勝手がありますので、インテリアのイメージや家族とどうコミュニケーションを取りたいかを考えて決めるとよいでしょう。

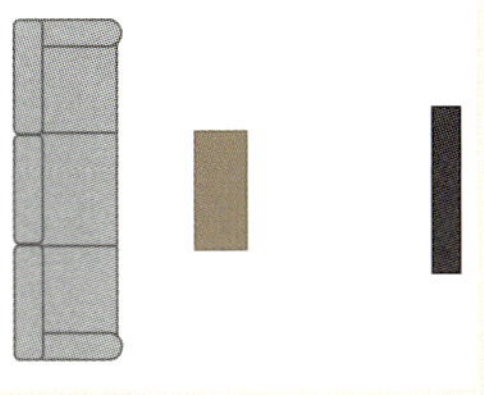

I型

横に並んで座るように配置する方法。全員の視線が一定方向になるので、家族が揃ってテレビを観る家庭におすすめ。カジュアルな印象のスタイル。

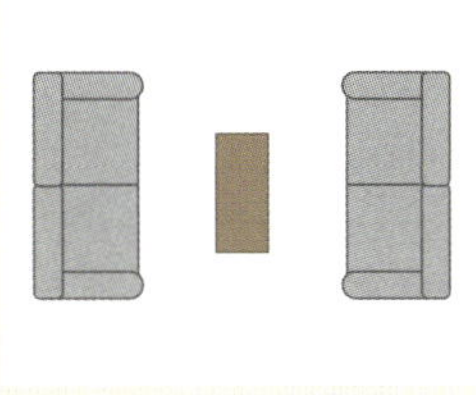

対面型

お互いの顔が見えるので、会話をメインとしたい場合におすすめ。フォーマルなスタイルのインテリアに向いている。

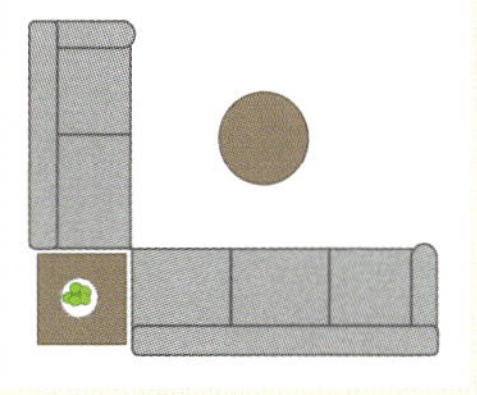

L型

お互いの距離は近いながらも視線は向かい合わない配置で、団らんしやすいスタイル。家具のデザインによって、カジュアルにもフォーマルにもできる。

「活動する」家具とスペース

さまざまな活動スペース

服をつくったり、フラワーアレンジメントをしたり、パソコンで好きなことを検索したり……。住まいは趣味を楽しむ空間でもあります。もちろん家事もしなければなりませんし、なかには仕事をするひともいるでしょう。こういった活動も家具選びに影響します。どういう家具を、どのように配置すればいいのか考えてみましょう。

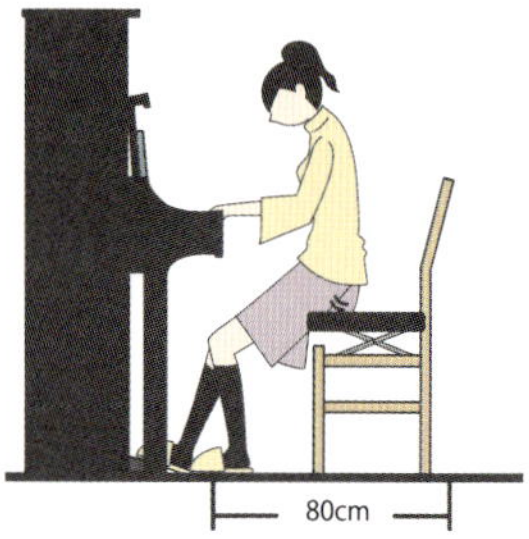

ピアノを弾く

ピアノの椅子を引くために、ピアノから80㎝程度のスペースを確保しておきたい。

パソコン作業をする

パソコンや書き物をする机の高さは70㎝前後が適当。椅子を後ろに引くスペースは、75㎝は確保したいところ。

上着を着る

ジャケットやコートなどの上着を着る際は、手を伸ばす必要があるので90㎝は必要。

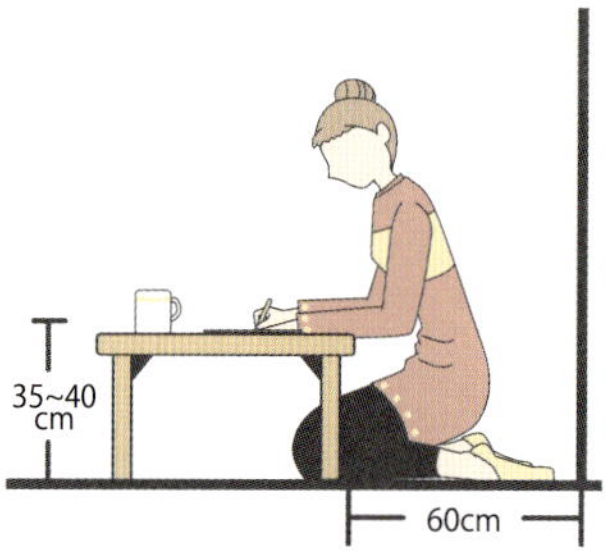

座卓に向かう

一般的な座卓の高さは35～40㎝。座るスペースは60㎝程度あれば問題ない。

書斎で作業する

デスクの後ろに本棚を置く場合は、身体がスムーズにひねられるように最低でも75㎝程度は必要。

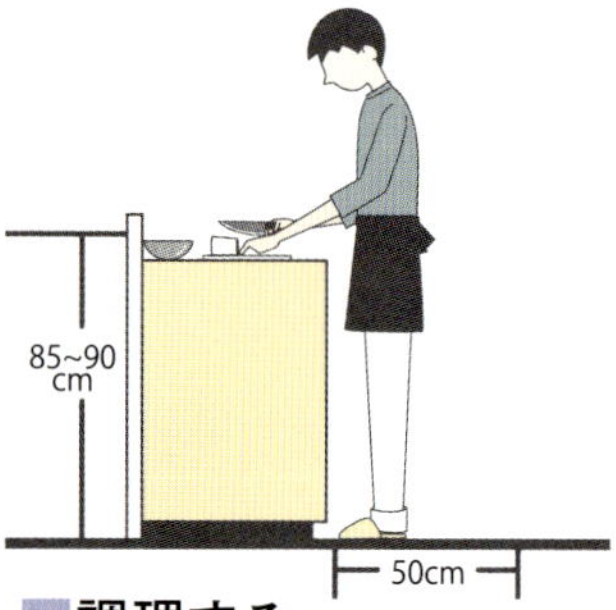

調理する

調理する際のキッチンのワークトップの高さは、背の高さや好みによって85～90㎝が一般的。立つ場所の奥行は最低でも50㎝は必要。

アイロンをかける（立位）

立ってアイロンをかける場合のテーブルの高さは、キッチンのワークトップと同じくらいがおすすめ。アイロン台は、幅120㎝以上、奥行は45㎝程度が使いやすい。

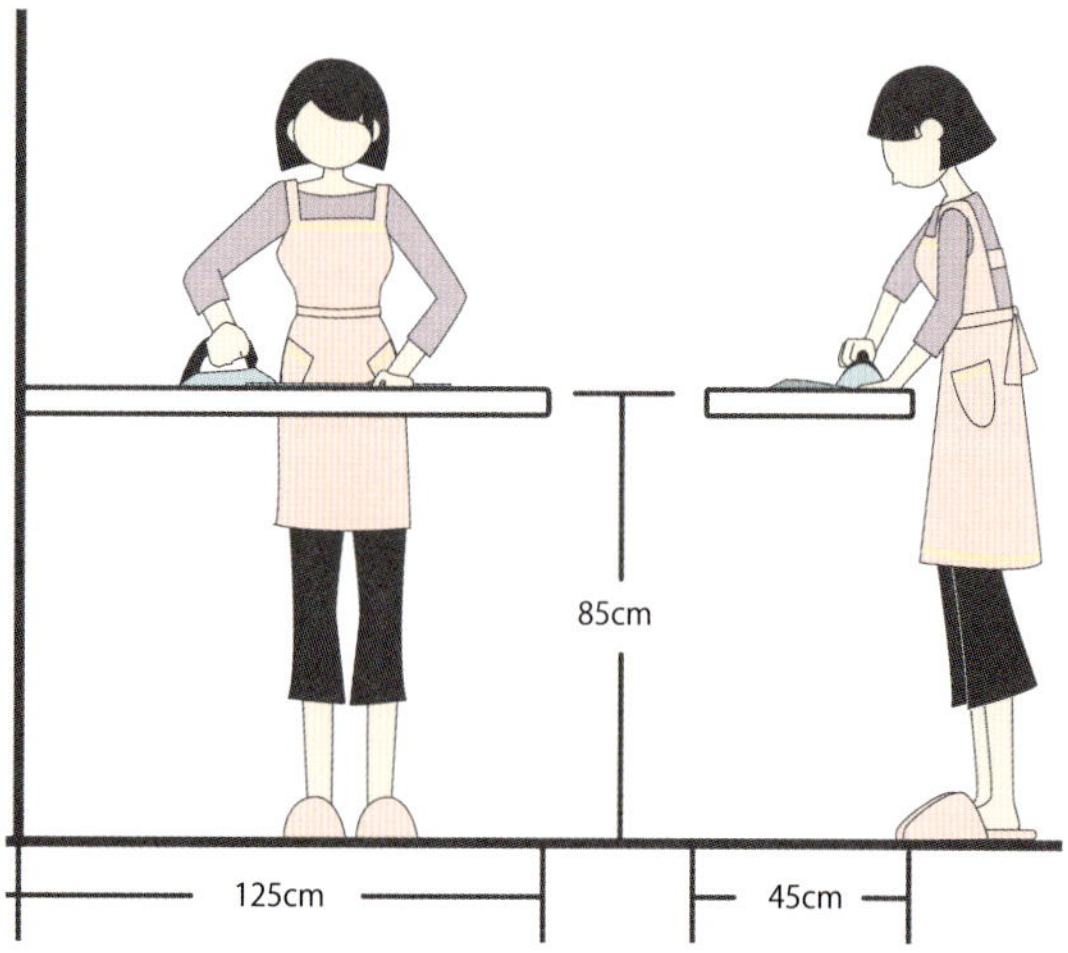

「寝る」家具スペース

（大塚家具）

ベッドまわりに必要なスペース

ぐっすり眠るためにベッド選びは非常に重要です。ベッドのサイズにはおもにシングル、セミダブル、ダブル、クイーンの4種類があります。どのタイプだと安眠できるのか実際に横になって確かめてみましょう。寝室は動き回るスペースではないので、ベッドの大きさを優先してもかまいません。ただし、収納前だけはきちんとスペースを空けておきましょう。

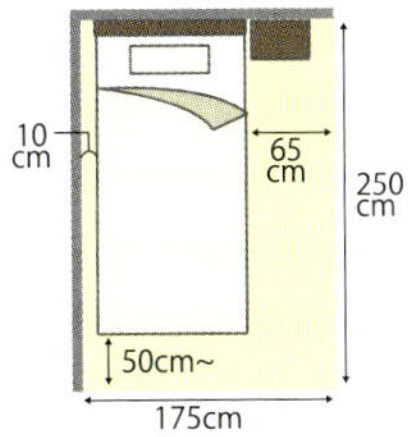

標準的なシングルベッドのサイズは、幅100㎝、長さ200㎝。横の壁にぴったりつけてしまうと、掛布団が納まらずに反対側へ落ちてしまうので、10㎝ほどは空けておく。

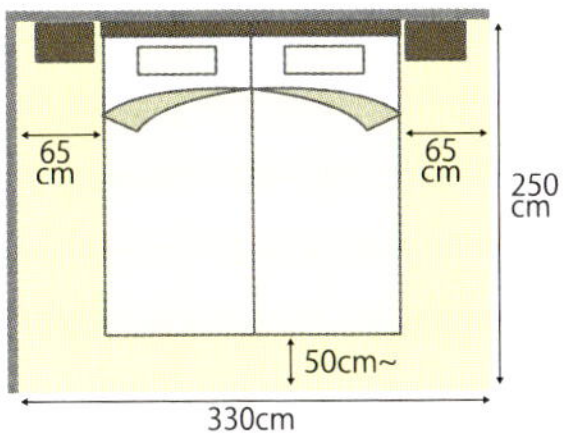

シングルベッドを2台並べて置く場合は、最低でも6畳のスペースが必要。それぞれ一方に立ち上がれるスペースを設ける。

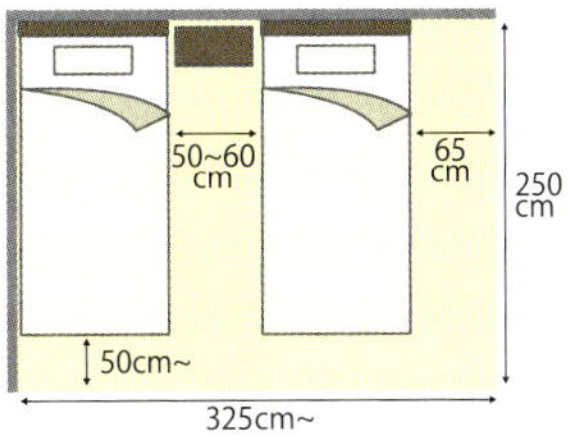

シングルベッド2台の間にスペースをつくって離して置く場合は、1台を壁に寄せてもよいだろう。

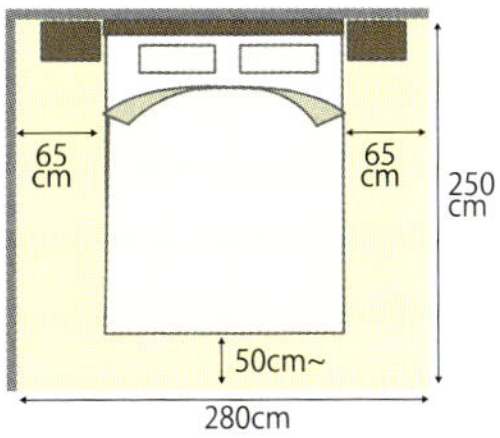

標準的なダブルベッドのサイズは、幅140㎝、長さ200㎝。2人で寝るならシングルベッドを2台置くよりもスペースを節約できる。

ベッドと家具の関係

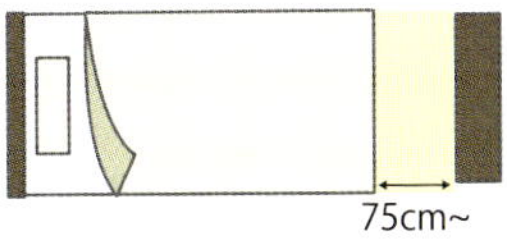

寝室内にチェストを置く場合は、かがんでものが取り出せるようにベッドからは75㎝以上離す。

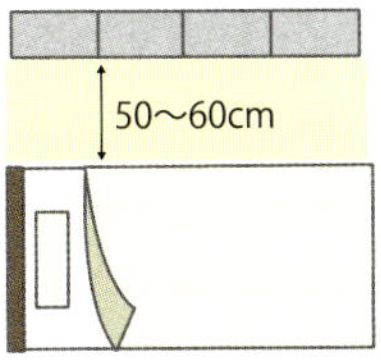

扉のないオープン棚なら50～60㎝離せば大丈夫。ただし、地震対策としてしっかり固定することが必要。

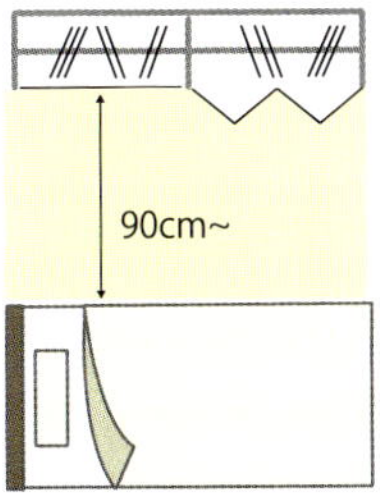

開き戸タイプの収納は、戸の開け閉めのために最低でも90㎝程度の空間が必要。折れ戸や引き戸の場合は50～60㎝程度でもOK。

布団まわりスペース

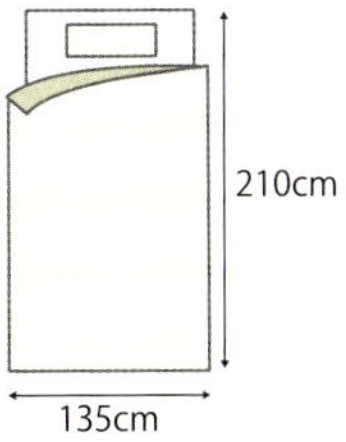

1人用の布団を敷いて寝る場合、畳1畳よりも若干大きめの幅135㎝、長さ210㎝程度のスペースがあるとよい。

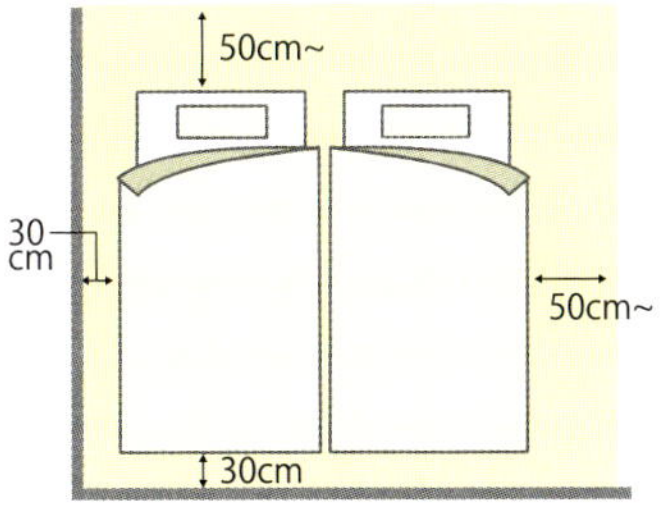

布団を敷いた周囲は、布団の横をひとが歩く場合は50㎝以上、歩かない側でも30㎝程度の余裕をつくっておくとよい。

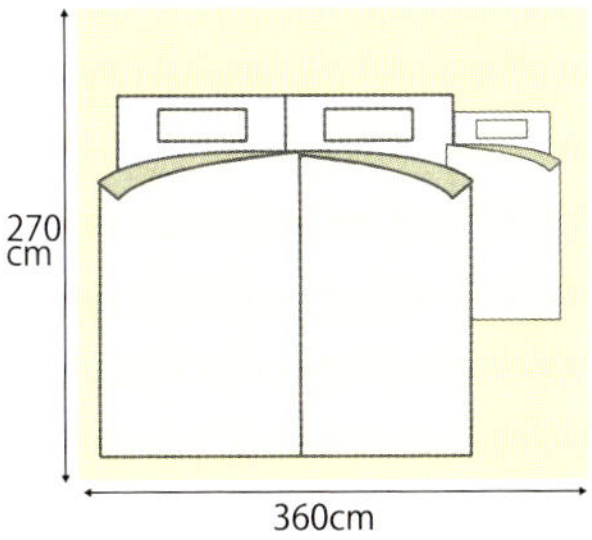

8畳あれば、夫婦2人と小さな子ども1人が川の字になって寝ても窮屈さは感じない。

家具を購入するときのポイント

「ダイニングセットがほしい」「ソファがほしい」「ベッドがほしい」……。必要な家具がわかっていても、やみくもに購入してしまうと、どこかちぐはぐなインテリアになってしまうものです。家具選びの基本を知っておきましょう。

通販で済まさずお店で実物をチェックする

家具を選ぶときにいちばん気になるのは、デザインや色などの見た目ではないでしょうか。目指すインテリアをつくり上げるには大切な要素のひとつといえます。ただ、デザインにこだわったものが、毎日の暮らしのなかで使いやすいかどうかは別の問題です。

部屋を占領するほど大きすぎるソファやベッド、必要なものが収まらない収納家具、動かしづらい椅子など、家具選びの失敗はよくあります。こういった失敗を防ぐためには、カタログやネットショップで選ぶのではなく、お店に出向いて実物を見ることが必須です。

家具選びのコツ

1 サイズの確認

いくらお気に入りの家具でも置きたい場所に置けなければ意味がありません。まずは、部屋の大きさと家具のサイズをしっかり測りましょう（➡P76）。マンションの場合は、部屋のすみに柱や梁《はり》の出っ張りなどがある場合も少なくないので、その部分もきちんと測り、家具が納まるか確認したいところです。また、家具が置けるかだけでなく、人が動くスペースも忘れずに確保しましょう（➡P118）。

2 テイストの統一

センスがいいと思われるインテリアづくりの基本は、テイストの統一です。たとえば、ナチュラルテイストで統一した部屋に、クラシックテイストのソファを置けば、ソファが浮いてしまうのは当然です。ただし最近は、複数のテイストをミックスしたデザインも人気です。その場合は、木製、アイアン製など素材を揃えたり、木製どうしでも木の種類を同じものにしたりするとなじみやすくなります。

3 色合わせ

インテリアの印象はカラーコーディネート、つまり色の組み合わせで大きく変化します。オレンジや黄色などの暖色系で統一すれば明るく陽気なイメージになりますし、白や黒などのモノトーンで統一すれば、落ち着いたシャープなイメージになります。家具を選ぶときも、インテリア全体の色を意識しましょう。

このような相性のよい色と色の組み合わせには、ある程度ルールがあります。くわしくは本書のpart3（➡P93〜）で解説しています。

4 さわって、動かして、使ってみる

「これは素敵！」と感じたものでも、便利に使えるかどうかは別の話。デザインが気に入ったら、実際に使用している場面をイメージして、さわって、動かして、使ってみましょう。ダイニングセットなら座って食事をしているように手を動かしてみる。ソファなら腰を下ろしてくつろいでみる。ベッドなら横たわって寝がえりを打ってみる。この時点で違和感を覚えるようなら購入しないほうが無難です。

選ぶときのチェックポイント

ダイニングセット

まずは椅子に座ってみて座面の高さや背もたれの角度などから座り心地を確認。座面がクッション付きの場合は、柔らかすぎると疲れやすくなります。座面とテーブルトップの高さの差は、27～30㎝が使いやすいといわれています。椅子とテーブルを別々に購入する場合は、椅子がテーブル内に納まるか確認しましょう。ひじ掛けがついた椅子の場合は、テーブルの天板の下に入らないこともあるので注意が必要です。

確認ポイント

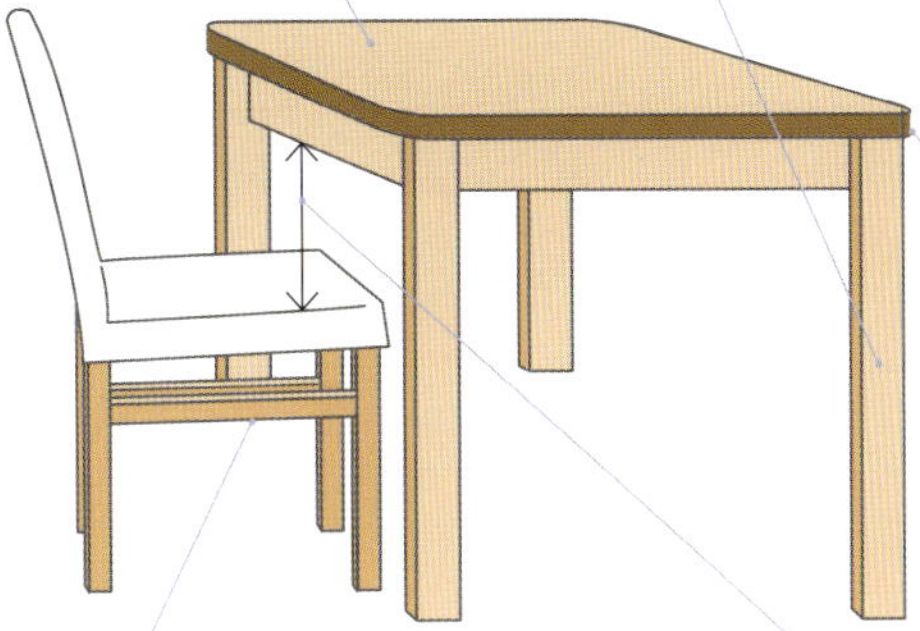
４本脚のテーブルは安定感がある。２本脚のテーブルは椅子を大きく動かさなくても足の出し入れがしやすいため、限られたスペースに向いている。
天板の素材は購入後の手入れに関わるので、きちんと確認する。
小さい子どもがいる場合は、角が丸くなっているほうがケガにつながりにくく安心。
使いたい椅子が収まるか確認する。
座面のトップとテーブルトップの差は27～30㎝程度がベスト。

食事用には、座面の奥行や背もたれの角度が深すぎないものがよい。
手すりのあるものは、テーブルに収まるか確認を。

ここを Check!

素材・耐久性も確認を

ダイニングテーブルは、濡れたものや熱いものを置くことも多いため、天板の耐久性も確認しましょう。一般には木製が多いですが、ガラスや大理石でできたものもあります。

木製でも、天然の木をそのまま使った無垢材のほか、MDF素材やさまざまな種類の合板のものがあります。無垢材は木の種類によって、傷がつきやすいものや比較的丈夫なものがあります。

木製の天板は通常、塗装が施されていますが、その塗装によっても耐久性が変わります。艶の出るウレタン塗装は水分を弾くのでお手入れが簡単。一方でオイル塗装は艶のない落ち着いた雰囲気が魅力ですが、染みができやすいという特徴があります。

Extension Table

広がるテーブルについて

急な来客や大人数へのおもてなしのときなどに重宝する広がるテーブル。限られた空間を有効に利用できる便利なテーブルですが、広がる方法にはいくつか種類があります。店頭では実際に広げてみて、使いやすいと感じるものを選びましょう。

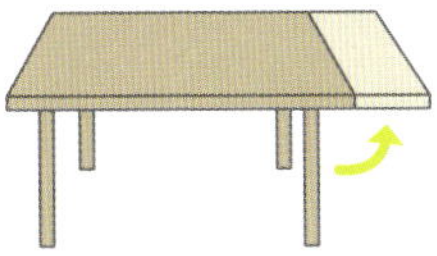

片バタ伸長タイプ
脚は固定されており、畳まれた天板のみを起こして固定するタイプ。

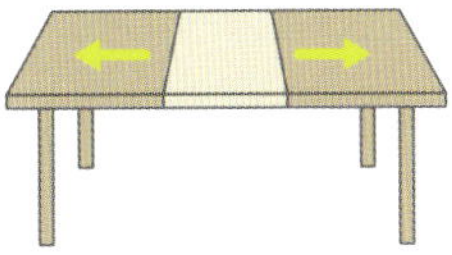

センター伸長タイプ
脚は固定されており、天板をふたつに分けて真ん中に伸長用の天板をはめ込むタイプ。

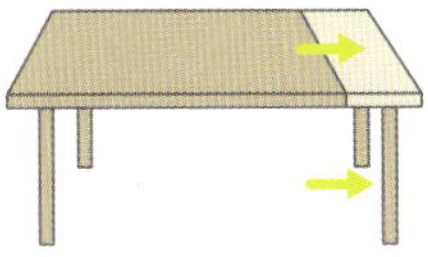

片側伸長タイプ
天板と一緒に脚もスライドさせて伸長天板をはめ込むタイプ。足元の空間に余裕ができる。

ソファ

座ってみて背もたれの角度や座面の高さなどに違和感がないか確認しましょう。また、大きな家具なので部屋に置いて日常の動線上でじゃまにならないかサイズにも注意が必要です。部屋を広く見せたいなら背もたれの低いものを選ぶという手もあります。脚が長いタイプを選べば床が見えるので部屋が広く感じ、掃除もしやすくなります。張地の汚れが気になりそうならカバーリングタイプがおすすめです。

確認ポイント

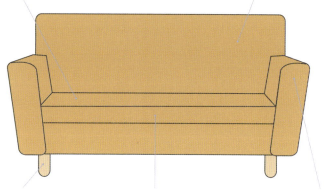

座ってみてシートに体が沈み込みすぎるものは立ち上がりにくい。
座面の奥行、背もたれのクッションが体に合うか確認する。
脚つきの場合、自宅の掃除機のヘッドが入るかどうかの確認を。
組み立て式のものは、座っていてシートのずれが起きやすいものもあるので注意する。
ひじ掛けは、高すぎたり低すぎたりしないか、肘を乗せて安定感があるかを確認する。

いろいろなタイプのソファ

カウチソファ

背もたれにもたれたまま足を伸ばせるタイプのソファ。横になったり、ゆっくりテレビを観たりすることの多い人に向いている。

コーナーソファ

カウチソファに似ているが、こちらは座面部分のすべてに背もたれがついている。部屋の角に置けるのでスペースを有効的に使える。

ローソファ

脚がないタイプのソファ。床に座って寄り掛かることもできる。高さが低いので部屋が広く見える効果もある。

オットマン

ソファにプラスして設置する「脚置き」。これがあればカウチソファを置くスペースがなくても正面を向いて足を伸ばすことができる。

ここを Check!

搬入のことも考える

家具のなかでも大きな部類に入るソファは、3人掛けなら幅が2m以上になります。そのため、購入前にマンションのエレベーターに入るか、屋内の廊下で曲がれるか、など搬入時を想定する必要があります。

こんなときはこんなソファ

横になりたい

横になる場合は、ひじ掛けがあると足が伸ばせなかったり、首の位置が高くなったりします。ですからひじ掛けがないか低め、またはカウチソファなどがおすすめです。

床でもくつろぎたい

ソファ本体に寄り掛かってくつろいだり、食事をしたりする場合は、座面が低いソファや脚がないローソファがよいでしょう。

お手入れをラクにしたい

おもなソファの張地の種類は天然皮革、人工皮革、ファブリック(布)になります。そのなかでもお手入れが簡単なのは人工皮革です。天然皮革のように定期メンテナンスの必要はなく、布と違いほとんどの汚れは拭き取れば落ちるでしょう。

写真／大塚家具

ベッド

ほとんどのお店では実際に横になって寝心地を試すことができます。マットレスは柔らかすぎると身体が沈んでしまって寝返りが打ちにくく、さらに腰などに負担がかかります。一方で、固すぎると集中的に圧力がかかる部分ができてしまい、そこが痛くなることがあります。また、寝返りを打ったときに揺れが続くものだと安眠の妨げになります。

お店での確認方法

1 両手でマットレスを押してみる

このときにスプリングの形状が分かったり、きしむ音が聞こえたりしたら寝心地や耐久性に問題があるかもしれません。

2 勢いよく座ってみる

多少勢いよく座って、その後の振動の納まり具合いを確認します。すぐに納まらないものは横揺れの心配があります。

3 実際に横になってみる

マットレスが柔らかすぎると身体がくの字になり腰に負担がかかります。逆に硬すぎると背中やお尻に圧力が集中してそこが痛くなる場合があります。寝返りを打って横揺れの納まり具合も確認しましょう。

確認ポイント

マットレスの上部までの高さは、40～45㎝程度が最適。

ヘッドボードを壁につける場合は、垂直のほうが寄せやすい。

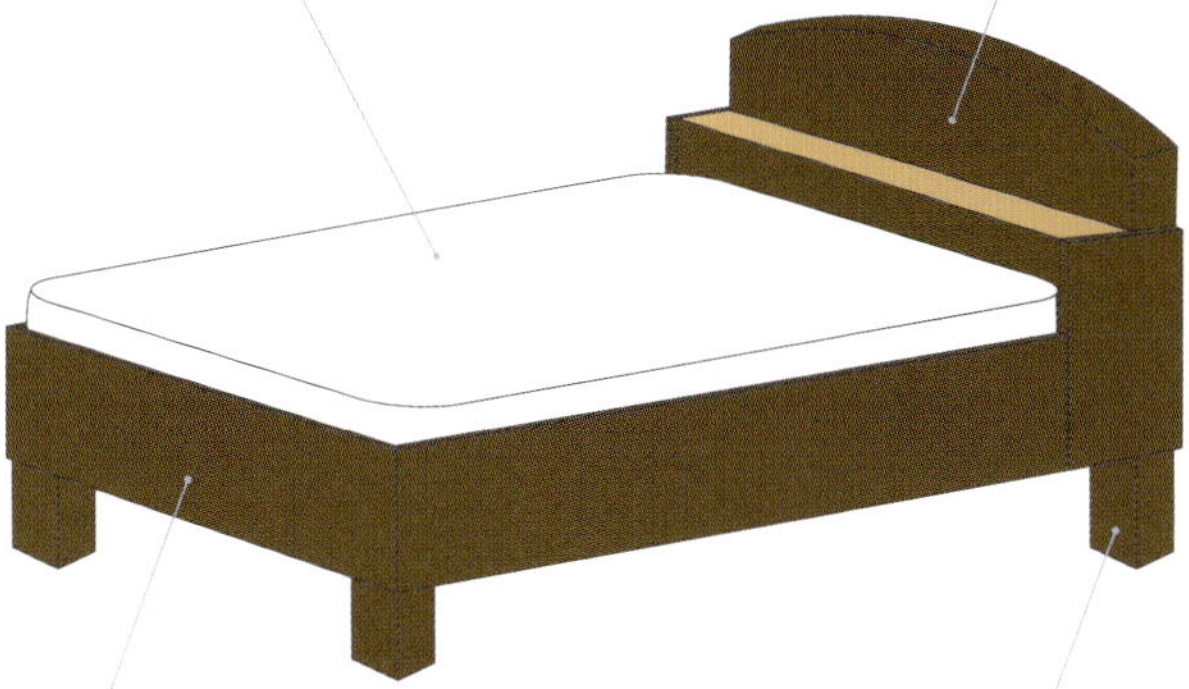

身長が高いひとは、通常よりもロングタイプのものを選ぶとよい。

脚つきの場合、自宅の掃除機のヘッドが入るかどうかの確認を。

いろいろなタイプのベッド

脚付きベッド

ベッドの四隅に脚が付いたベッド。下を収納スペースにすることも可能。ホコリがたまりやすいので、こまめな掃除が必要。（大塚家具）

引き出し付きベッド

ベッドの下に引き出し式の収納がついたタイプ。空間を効率的に利用できるが、設置の際は引き出しを引くスペースを確保する必要がある。（大塚家具）

跳ね上げ式ベッド

マットレスを跳ね上げ、ベッドの下の全体が収納スペースになるタイプ。スキー板など置き場所に困る大きな荷物も入れやすい。（フランスベッド）

ソファベッド

昼間はソファとして、夜は背もたれやひじ掛けを倒してベッドとして使えるタイプ。ワンルームマンションなどの限られたスペースを有効活用できる。（大塚家具）

電動ベッド

上半身の部分が起き上がるので、ベッドにもたれながら座ることができる。介護用としてだけでなく、ベッドにいながらテレビを観るときなどにも便利。（フランスベッド）

美《び》防《ぼう》災《さい》インテリアの収納家具選び

備えあれば憂いなし。誰もが分かっていることです。防災をどうしたら負担なく、楽しくはじめることができるのでしょうか。インテリアを一新したりリフォームをしたりする場合は、はじめから防災を意識することで美しいインテリアが生まれます。

家具の選び方置き方で転倒や落下の危険を避ける

災害の際、家具のなかでも危険度が高いのは床置きの家具や家電です。背の高いものや重量のあるものが多いため、転倒や落下が命に関わることにつながります。本棚、食器棚、タンス、クローゼットなどの収納家具を選ぶときには、より防災を意識しましょう。手持ちの家具の場合は、工夫をすることで防災性が高くなることがあります。収納に関することを見直し、できることからはじめましょう。

また家具や家電の置き方にも配慮が必要です。転倒や落下のリスクを減らし、避難経路なども考慮して配置しましょう。

収納面の見直し方

不要なものは処分する

災害が起きたときに、まず確保したいのが避難経路です。廊下などの通路にものを置かないのは当然ですが、室内もできるだけすっきりさせておくほうが、移動がスムーズです。長い間使わずに置きっ放しになっている道具類などは、思い切って処分を検討してみてもよいでしょう。

家具や家電は重ねない

地震が起きて、マンションが大きく揺れ出したときに、家具は凶器に変わってしまいます。とくに倒れる家具は危険です。ですから、チェストやサイドボードなどの置き家具の上に収納家具やテレビなどの家電を重ねて置くのはやめておきましょう。

すべり止めをつける

たとえ、ジュエリーボックスなどの小物入れでも、地震時に頭の上へ落ちてきたら危険です。もし、肩よりも上にこのようなものを置かなければならない場合は、下にすべり止めを敷いておくことが必須です。

ガラスには飛散防止フィルムを貼る

食器棚、サイドボード、飾り棚などガラスのある扉には、ガラス面に飛散防止フィルムを貼っておきましょう。ものがぶつかってもガラスが割れにくく、万が一、割れてもガラスの飛び散りを防いでくれます。フィルムと聞くと味気ないものを想像するかもしれませんが、最近はおしゃれな柄がついたものもあります（➡P149）。

美防災の家具

ビルトイン家具

一般的なマンションの室内は、あまり見栄えのよくない柱や梁《はり》がいくつも出ています。ところが美防災《びぼうさい》の視点から考えると、そこは大容量の収納スペースにつくり変えることができます。おすすめはビルトイン（造作）家具です。梁下から床までの空間にビルトイン家具をつくれば、大きな地震が起こっても動じることなく上下でしっかり支えられる収納となります。

壁面の出っ張りを埋めるように設置したビルトイン家具の収納。防災面でも安全なうえ、見た目もすっきりと美しい。

床に敷いたカーペットは歩行時の衝撃も吸収してくれるので、階下への騒音を防ぐ機能もある。パーティションも天井まで届くよう設置しつつ、明かりを遮らないデザインで防災性を高めている。

ソフトインテリア

最近の床材は木製のフローリングが全盛です。しかし、ここでやわらかい素材のカーペットを見直してみましょう。床にカーペットを敷き詰めておけば、地震で棚から食器やワインのボトルなどが投げ出されてもクッションの役割を果たして破損を防いでくれます。また、カーペットやカーテンなどのソフトインテリアは、見たり触ったりすることで、災害後の心をほぐしてくれる効果もあります。

肩より低い家具

たとえ素敵な家具であっても、大きな揺れで倒れてくれば大変危険な凶器に変わります。肩より高い家具は危ないと思ったほうがよいでしょう。とくに寝室のなかに置くのは避けるのが無難です。どうしても置きたい場合は、転倒防止の金具などを付けましょう。

Pantry Shelter

パントリーシェルターについて

パントリーとは、キッチンとつながるように設置された収納庫のことです。一般的には食品貯蔵庫として利用されることが多いでしょう。マンション住まいだとあまり重要視されないこともあるパントリーですが、美防災インテリアでは、パントリーにシェルター機能を加えることを提案しています。

パントリーシェルターには、日常使用する食料品のほかに、ライフラインが止まっても家族が数日間暮らせる備蓄品を準備しておきます。スペースに余裕があれば、寝袋などの寝具や防災用品一式を一緒に置いておきましょう。シェルターのなかにすべてがまとまっていれば、災害時にも慌てなくてすみます。

家具のレイアウトは動線と視線を意識する

家具のレイアウトは空間のイメージと使い勝手の両方を大きく左右します。美しい住空間と快適な生活を両立させるには、日常生活の動線と視線に注目したうえで家具を配置することが重要です。そのテクニックをご紹介しましょう。

美しく見せるための視線と快適さのための動線計画

部屋を美しく見せるには、見る人の視線を意識しましょう。立っているのか、椅子や床に座っているのか、その時々で空間がどう見えるかが大事です。

たとえば、リビングではソファに座ることが多いはずです。その際の視線に注目し、遮るものを置かないと空間が広く感じます。

また、快適な生活を実現するには動線計画も重要です。これはキッチンでパントリーから食材を出して調理をし、食器を出してダイニングテーブルに配膳する、といった日常生活の動線を効率的にする計画です。

3つの視線

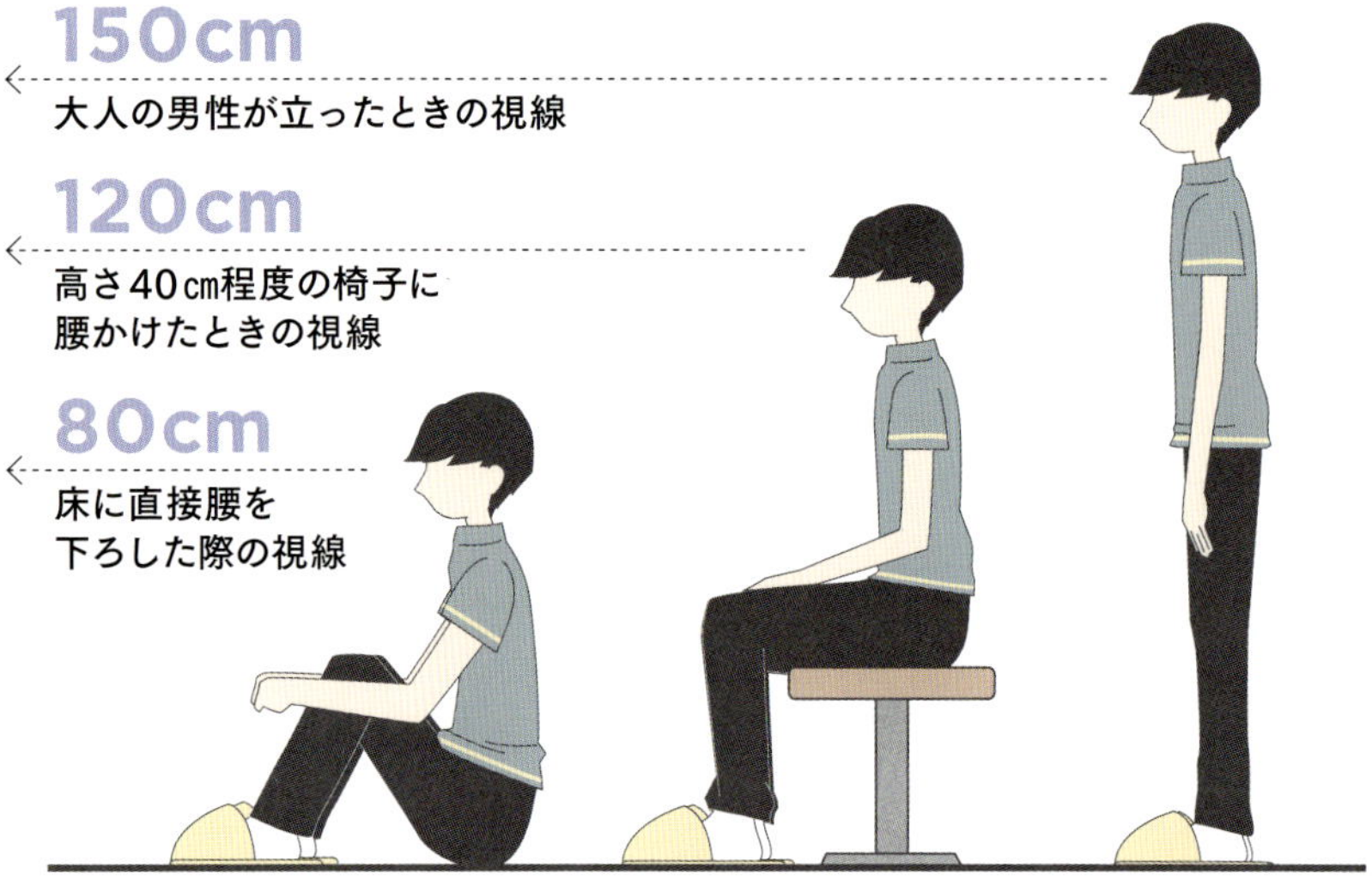

床でくつろいだり、こたつに座ったり、バスタブにつかったりする際の高さ。

食事をしたり、テレビを観たり、勉強したりする際の高さ。

通路を歩いたり、キッチンに立ったり、歯を磨いたりする際の高さ。

基本の動線

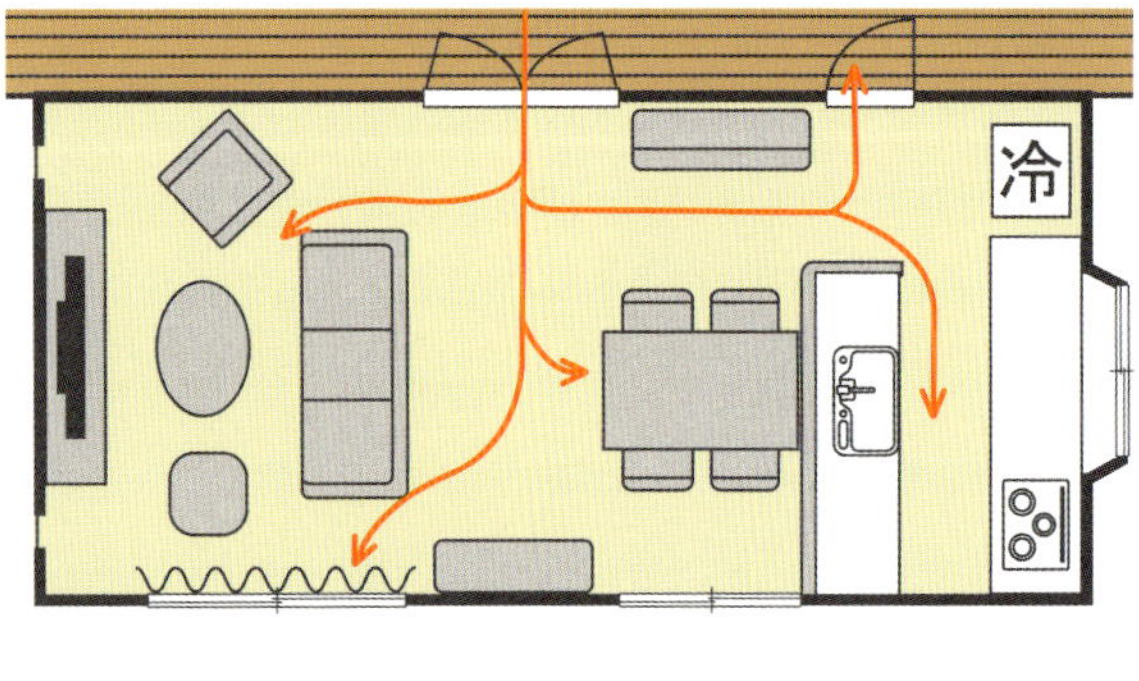

効率的な動線計画は現在の生活動線を振り返ると分かります。家族同士がよくぶつかってしまったり、同じところを何度も通っていたりしたら非効率な証拠です。周辺家具の配置を検討し直しましょう。

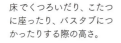

家具レイアウト6つのルール

1 平面上でバランスよく配置する

まずは平面上で家具をバランスよく配置するようにしましょう。方眼用紙に間取りを書き、その上に家具を書き込んでもよいですし、部屋のレイアウトをシミュレーションできるアプリなどを利用してもよいでしょう。その際、家具と家具の間にひとが通るようであれば、それだけの空間が必要です。

2 大きな家具は壁際に配置する

レイアウトのシミュレーションをする際、大きな家具や背の高い家具は壁際に置くようにすると部屋の雰囲気が落ち着きます。ベッドは頭を壁側に向けるのが基本です。

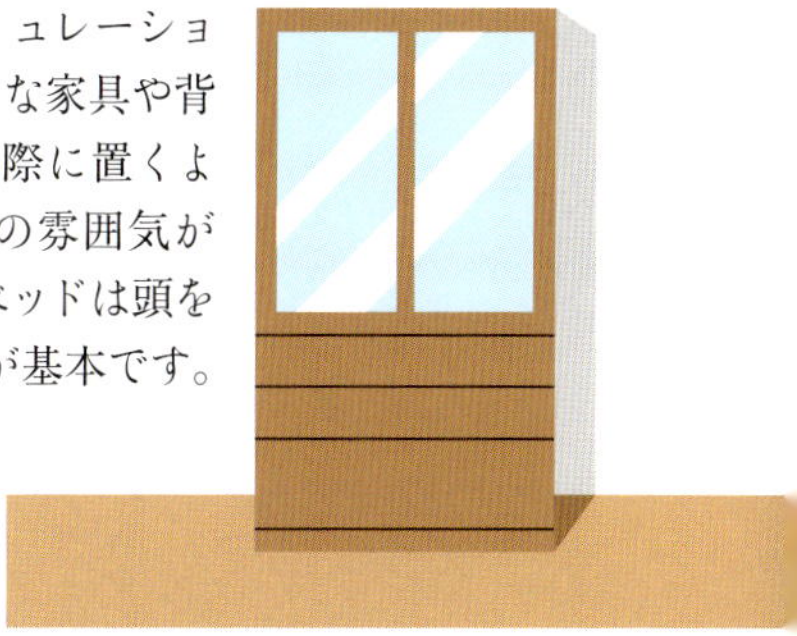

3 小さな家具は部屋の角に置く

大きな家具を壁際に配置したら、小さな家具は部屋の角に配しましょう。1人掛けのイスや小型のチェストなどをコーナーに斜めに置くと、空間にリズム感が生まれます。ただし、スペースの限られた部屋の場合は、壁に沿って置くほうが空間が広く使え、圧迫感が減ります。

4 出入口の近くにはなにも置かない

出入口に家具を置いてしまうと通るのにじゃまになるのはもちろん、視線が遮られて部屋が狭く見えてしまいます。美防災の観点からも、出入口でなくても家族の動線上には、ものを置かないようにしましょう。

5 家具を多く置かない

当然ですが、家具はできるだけ少ないほうが部屋はすっきり見えます。とくに狭い部屋の場合は、家具を厳選することが重要です。収納つきのベッドを選んだり、ダイニングテーブルと作業デスクを兼用したり、必要最低限を意識して買い揃えるようにしましょう。どんな部屋でも、なにも置かない余白のスペースが必要です。

6 家具の高さのバランスを考える

平面上でバランスよく配置したら、次は高さを整えましょう。窓の高さや空間の抜けを想定し、どのくらいの高さの家具にすればいいか検討します。高さに凹凸があると落ち着かない印象になるので、高さは揃えるか、階段状にするとよいでしょう。視線が抜けた先に絵画や鮮やかなカーテンなど視線を集中させる場所（フォーカルポイント）があると、おしゃれ感がアップします。

エリア別のレイアウトプラン

LDK

LDKのなかで過ごす時間がもっとも長いのは、ソファではないでしょうか。ですから、ソファに座っているときに見えるものが、部屋の印象を決定づけます。

たとえば、ソファに座っているときの視線の先に大きな家具や壁があると、圧迫感を覚えてしまいます。また、マンションのLDKで多いのが、大きな開口部がひとつだけのタイプです。この開口部を家具でふさいでしまうと空間が狭く感じます。

OK

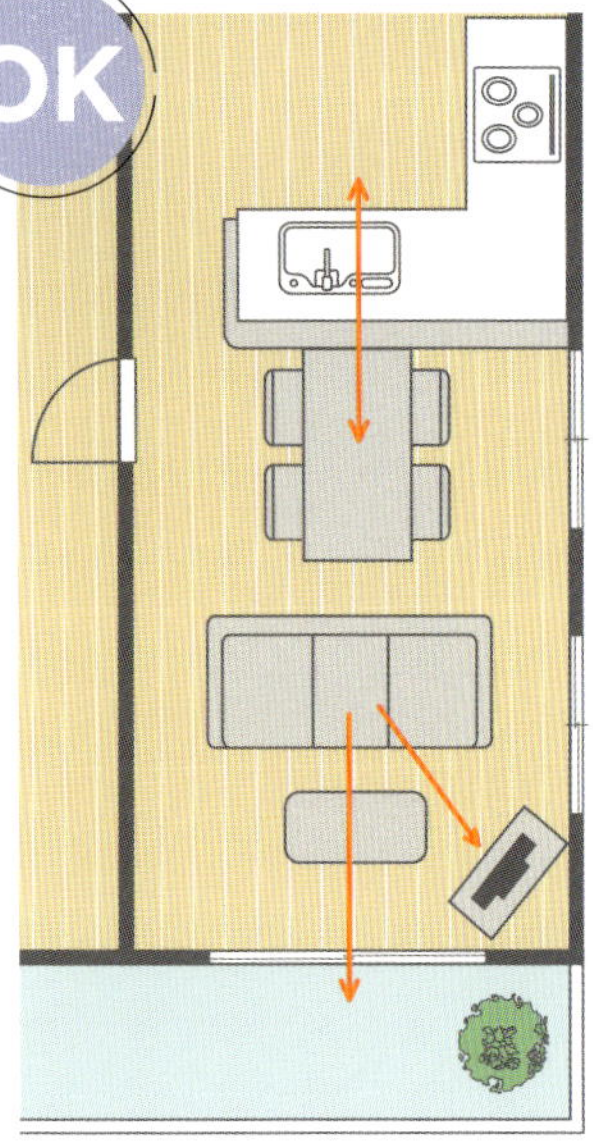

開口部に向けてソファを設置すれば、連続した空間であってもダイニング・キッチンからリビングを独立させることができる。壁がふさがれないため、キッチンからベランダへの縦の動線が確保でき、移動も楽に行える。

Living Dining Kitchen

OK

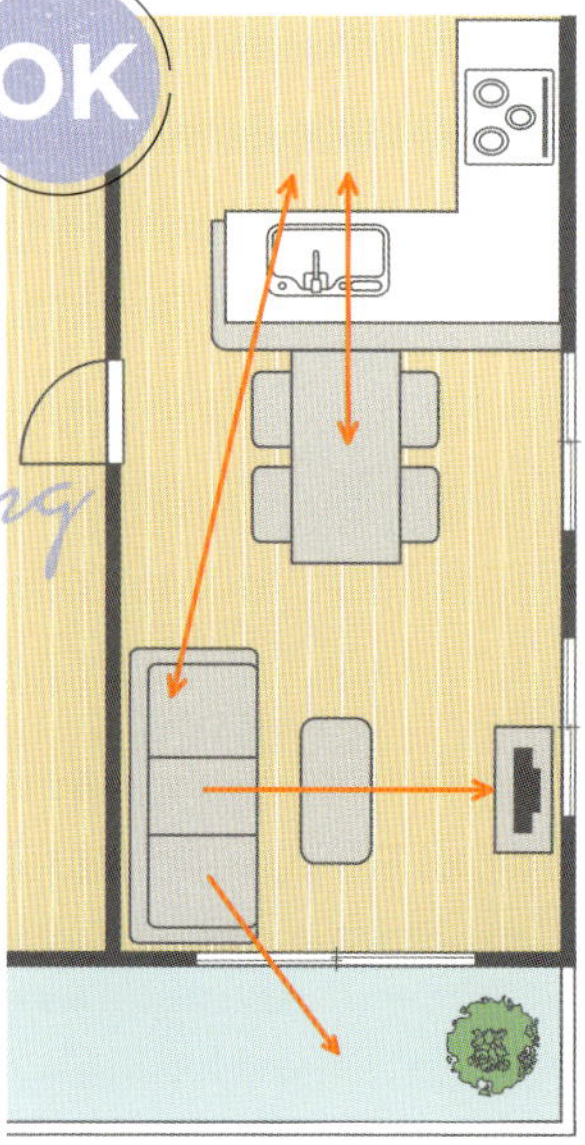

ソファの背を壁につけて向かい側にテレビボードを設置すれば、視線をキッチンに向けて会話をすることもでき、外の風景も楽しめる。来客時もDKが丸見えになってしまうことがない。

NG

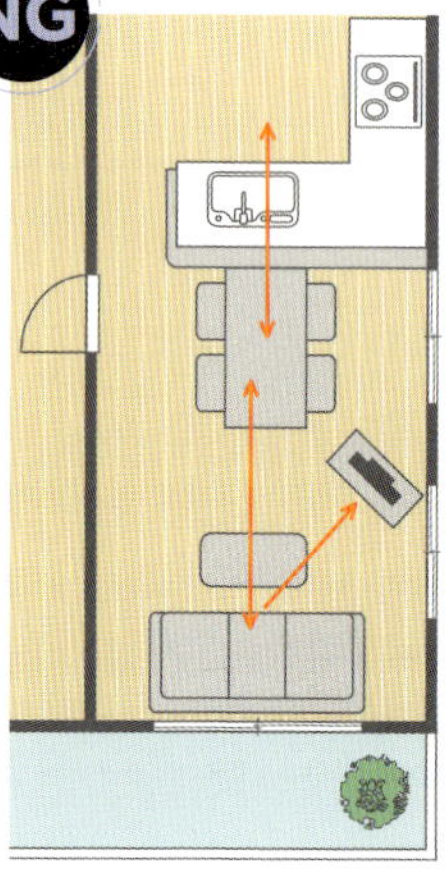

ソファをキッチンに対面するように置くと、それぞれの場所から会話がしやすくなるが、来客時はDKが常に丸見えになってしまう。また、ベランダへの出入口がソファで遮られているのもよくない。

広さを考えた配置

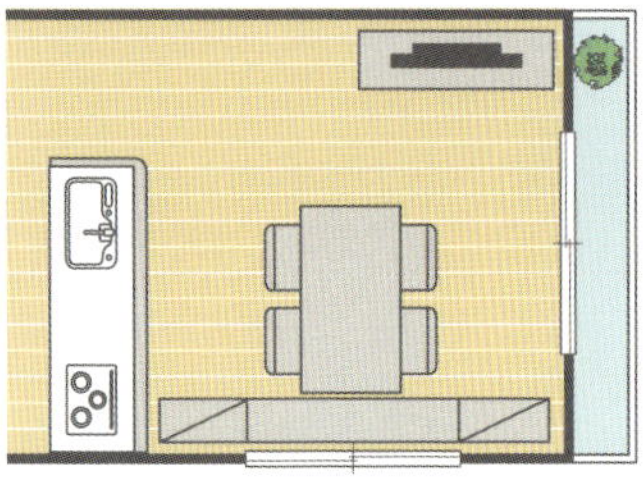

狭いLD

スペースが限られたLDは、通常よりも低めのテーブルとクッション性の高い椅子でくつろぎ感のあるダイニングセットを置いてソファの代わりにするのもよい。収納も壁面全体を使ったシステム家具にして、パソコンスペースなども併用させると空間の節約になる。

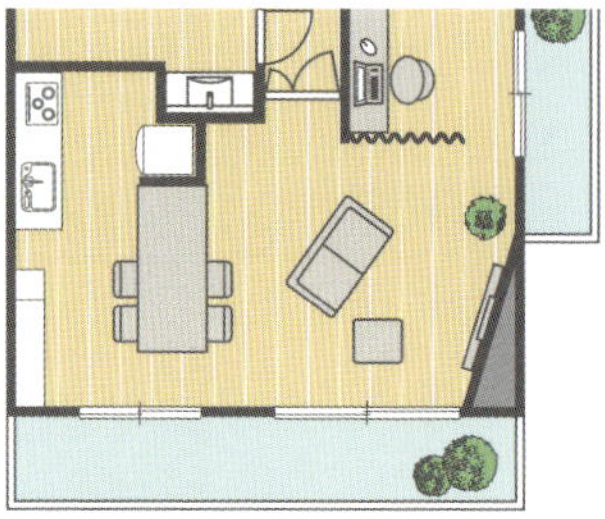

広いLD

ダイニングセットやソファ、テレビボードなどを置いてもまだ余裕があるような広いLDならば、書斎や子どもの遊び場を設けてもよい。パーティションでゆるやかに区切れば、お互いに存在を感じながらやりたいことに集中できる空間となる。

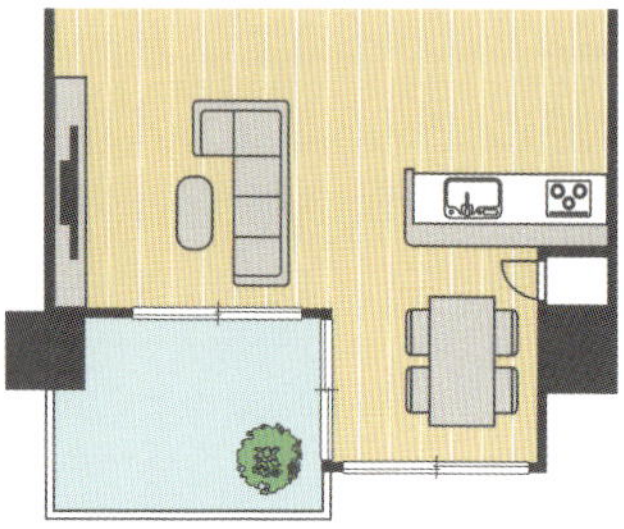

変形のLD

四角ではないLDは使いづらいと思われがちだが、空間を区切りやすいというメリットもある。それぞれの空間に異なる役割を与えれば、インテリアのテイストを変えても違和感がないため、より空間デザインを楽しむことができる。

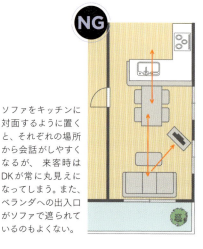

Bedroom

寝室

寝室は就寝するだけでなく、着替えやメイクをする場所でもあります。収納家具やドレッサーなどの家具を置くスペースも考えましょう
マンションの場合は、造り付けのクローゼットが多いため、ベッドを置く位置や向きが限定される場合が少なくありません。このような限られた条件のなかで、「ベッドがじゃまでクローゼットの扉が開かない」といったことがないように家具の配置には事前のレイアウト計画が必須です。

6畳

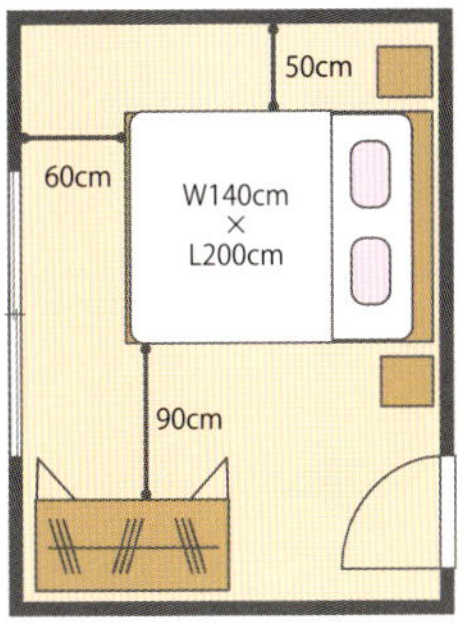

6畳あればダブルベッドを置くことができる。ダブルベッドならば三方に人が歩ける空間ができ、ベッドメイキングも楽にできる。

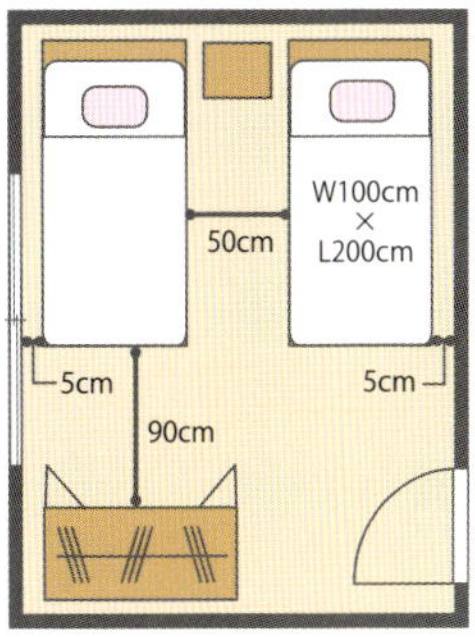

6畳の間口が狭い壁に頭を向けて2台のシングルベッドを置くことは可能。ただし、ベッドと壁の間にほとんど余裕がなくなってしまうので、一方のベッドは幅の狭いものにするのがよい。

8畳

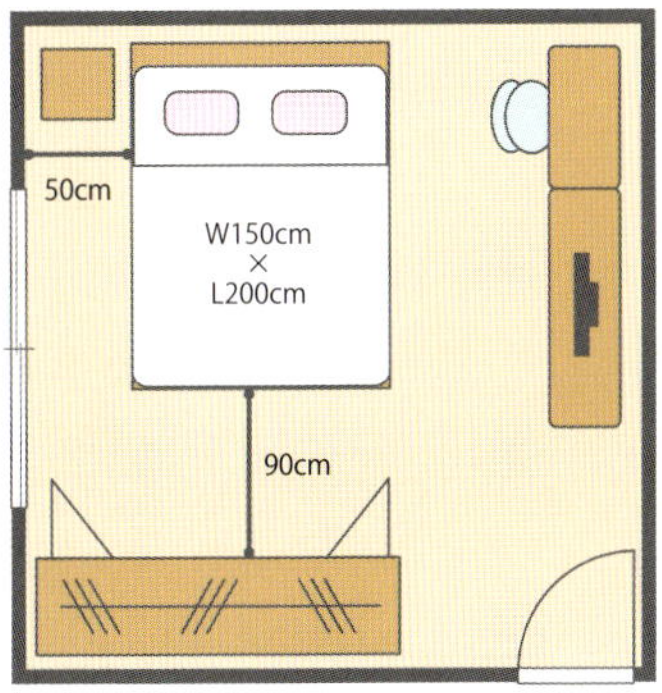

8畳の部屋にダブルベッド1台であれば、ドレッサーやチェストのほかに書斎コーナーを設ける余裕も生まれる。

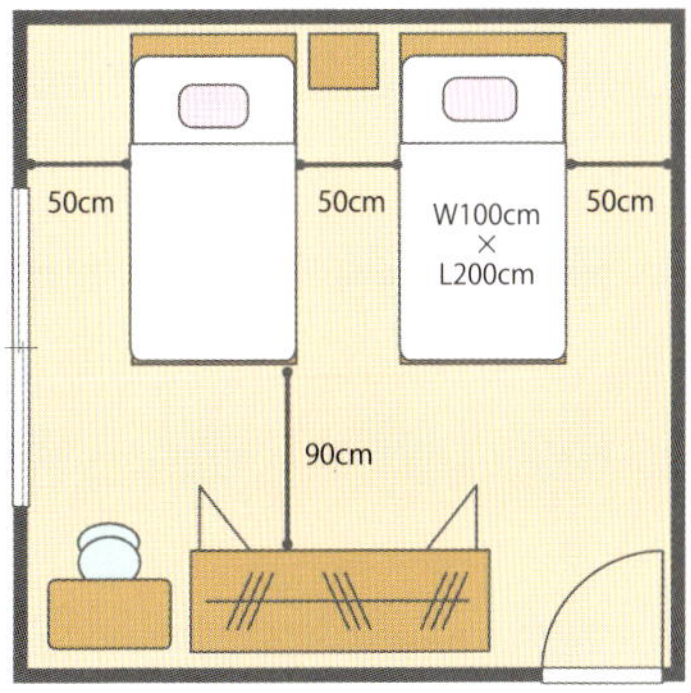

シングルベッドを2台置くなら8畳はちょうどよい広さ。多少余裕も生まれるので、ドレッサーやデスクも置ける。

子ども部屋

マンションで広い子ども部屋は、なかなか確保できないもの。しかし、ベッド、デスク、本棚、おもちゃ・スポーツ用品の収納などさまざまな家具を置かなければなりません。子ども部屋は、自分で整理整頓ができるようになる自立訓練の場でもあります。子どもが使いやすい収納や整えやすいベッドの配置を検討しましょう。

Kid's Room

4.5畳

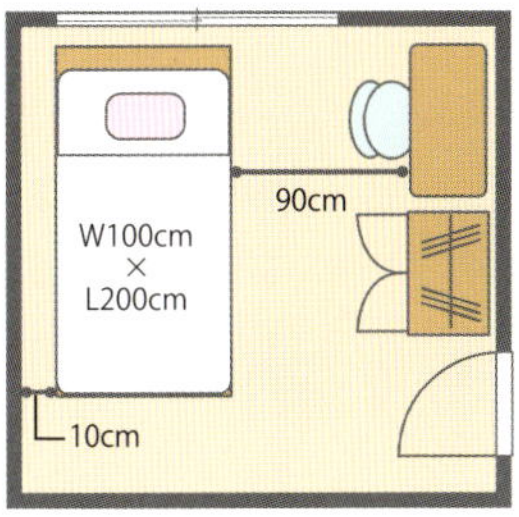

子ども部屋として利用するなら、最低限の広さ。収納が足りなくなるかもしれないので、下が机や収納になったロフトベッドなど家具の選択に工夫をする。

6畳

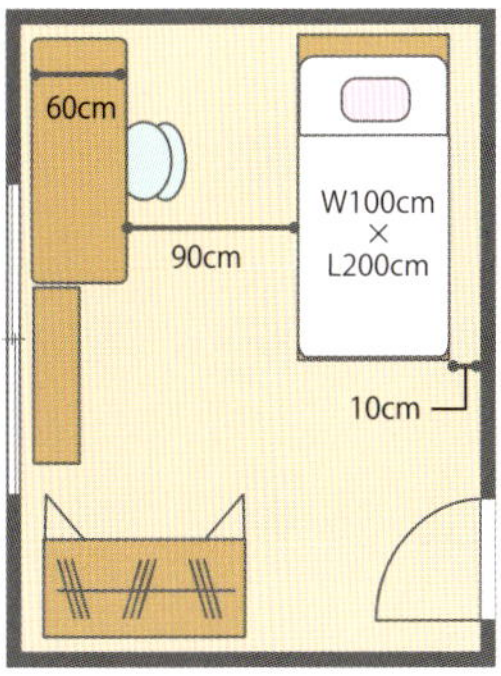

子ども部屋としては一般的な広さ。勉強に集中できるように机はベッドに背を向けるように置くとよい。また、窓を利き腕の反対側にくるようにすると手元が暗くなりにくい。

スタイルを生み出すプロダクツ

ダイニングセット&チェア

Dining Sets & Chair

インテリアの大きな要素となる家具や収納アイテムは、インテリア・デザインを成功させるためにもこだわって選びたいものです。スタイルに合わせて選びましょう。

笠《かさ》木《ぎ》(背もたれ上部の横に渡した木)に木の枝を利用した「kinoe」のダイニングチェア。自然の木の枝を使用しているためすべて形が異なる。同じシリーズのシンプルなテーブルと合わせて、温かみのあるダイニングに。(HIDA)

脚の先が二股になった「ベルヴィル テーブル」と、脚部と背の部分がひとつのラインでつながる「ベルヴィルチェア」のダイニングセット。洗練されたフォルムはロナン&エルワン・ブルレックのデザイン。(ヴィトラ)

住宅の建材として使われていたパイン材を再利用した「ミケリ」シリーズのテーブルとベンチ。宮殿の柱のような脚部が特徴的。テーブルには引き出しがあるので便利。(アクタス)

優雅な黒の猫脚にナチュラルな天板を合わせたテーブルは、同じ黒のラインをもつクラシカルなデザインのチェアと合わせて。甘すぎずに落ち着いた雰囲気がつくれる。(サラグレース)

グラント・フェザーストーンの「コンターチェア」のリデザイン。日本人向きのややこぶりなチェア。（E-comfort）

イギリスの伝統的な家具、ウィンザーチェアをアレンジしたもので、背もたれの縦格子に幅のある部分を残し、孔雀の羽に見立てている。（E-comfort）

人間工学に基づいて最小限の要素からなるイルッカ・スッパネンの「ペルホ チェア」とオットマン。背、座、オットマンそれぞれ色を選べる。（E&Y）

日本のデザインとデンマークのデザインを融合させた、多目的チェア「リン」は紺野弘通の作品。（フリッツ・ハンセン）

座りやすい成形プラスチックの座面にシンプルな脚のスツール「Torup」。昇降機能付き。（BoConcept）

「Vig」はベーシックな三脚スツールだが、よく見ると脚部の上方と座が微妙な位置で融合しているところがモダン。（BoConcept）

イギリスで250年前に作られた、オリバーゴールドスミスチェアのリデザイン。（HIDA）

モダニズムを継承する天童木工ならではの丸みのあるキッズチェア。対象は３～８歳。（天童木工）

どこか和テイストを感じさせるデザインは、日本を代表するデザイナー、剣《けん》持《もち》勇《いさむ》の系譜に連なるもの。和洋どちらにも合いそうだ。（天童木工）

一体成型のプラスチックチェア「ティプ トン」は脚部の先端に傾斜があり、座る姿勢によって椅子全体が傾くようになっている。椅子が傾くことで体の負担がやわらぐ。（ヴィトラ）

パトリック・ノルゲの「BLANCHE」は、成型合板によるダイナミックな形のシェルとスチールの脚の組み合わせがスマート。（アルフレックス）

清水慶太のイージーチェアは、大きなヘッドレストが特徴。同じシリーズのオットマンと合わせて使えば完璧。（天童木工）

ソファ&テーブル

Sofa & Table

ハイメ・アジョンの「ファウン」は、曲線がエレガントなソファ。3種類のファブリックから選べる。(フリッツ・ハンセン)

屋外対応のウレタンとウォータープルーフ生地を使用した完全屋外仕様もあるユニークな形のソファ。2004年のグッドデザイン賞を受賞。(YOTHAKA)

飽きのこないシンプルなデザインの「Istra」。ルーズクッションなので、自由に配置換えできて便利。シェーズロングもあるので、昼寝にも。(BoConcept)

ヘラ・ヨンゲリウスの「ポルダー ソファ」。ブロックごとに生地が異なるクッションは、美しいカラーリングで気分をあげてくれる。豊富なカラーファブリックから選択できる。(ヴィトラ)

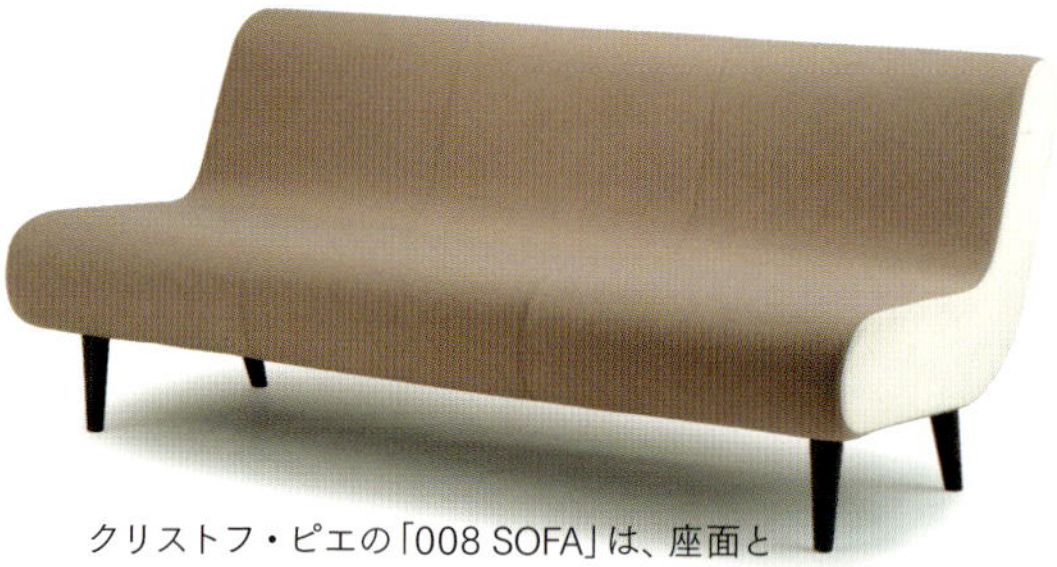

クリストフ・ピエの「008 SOFA」は、座面と両サイド面の色を選んでツートーンを自分好みで楽しめる愛らしいソファ。(E&Y)

フランス現代デザインの巨匠、フィリップ・スタルクの「プリヴェ ソファ」。機能性とデザイン性をあわせ持ち、リビングや寝室をくつろぎの空間に変えてくれる。(カッシーナ・イクスシー)

日本を拠点に活躍するグエナエル・ニコラがデザインする「ブーメラン ソファ」。両サイドの跳ね上がりとすっきりした脚部がモダン。(カッシーナ・イクスシー)

国際的に活躍するカリム・ラシッドの「Ottawa」。シカゴのグッド・デザイン賞を受賞した、優雅な曲線が美しいソファ。(BoConcept)

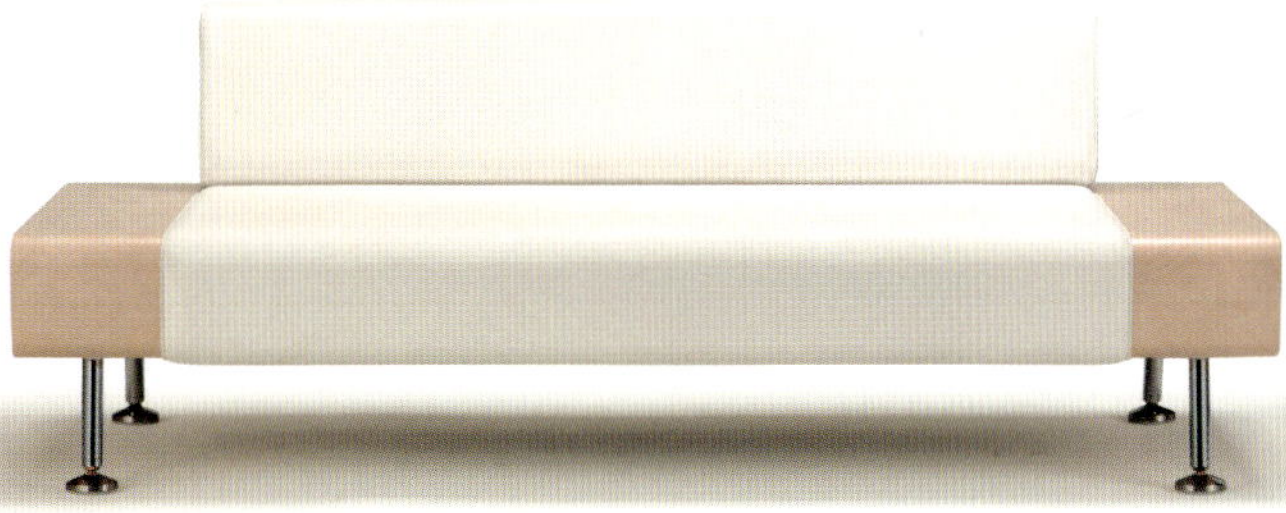

ソファの側面に照明を設置したクリストフ・ピエの「ULTRA LIVING '99」。背もたれを外すと座面がフラットになり、ベッドのように使える。(E&Y)

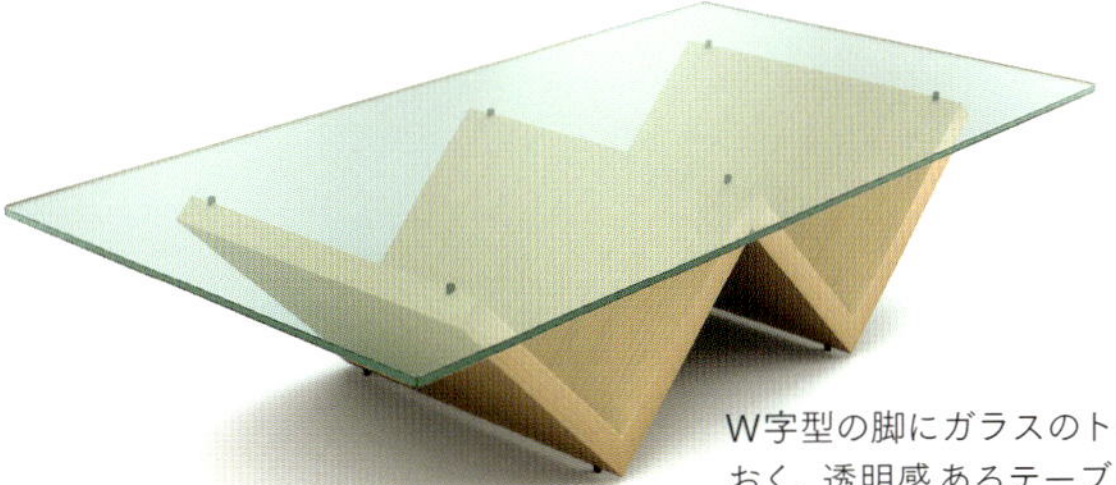

W字型の脚にガラスのトップをおく、透明感あるテーブル。日本人としてミラノサローネ家具展に初出店した川崎文雄のデザイン。(アルフレックス)

重しの入った太い鋳《い》物《もの》製の脚の上に無《む》垢《く》材《ざい》の天板を載せた安定あるデザイン。床に触れる面を少なくしていて、置く場所を選ばないシンプルさ。(アルフレックス)

フランスの建築家、ジャン・プルーヴェの「EM テーブル」は、斜めに設置されたスチールの脚が印象的。脚部の色は5色から選べ、天板はオーク材とウォルナット材がある。(ヴィトラ)

トップのトレイが取り外しできる「DRUMS」は、リビングのサイドテーブルとして使ったり、スツールとして腰掛けたりできる多機能アイテム。(アクタス)

ザ・コンランショップの創始者テレンス・コンラン卿の息子、セバスチャン・コンランのデザイン。格子の脚が特徴的。(HIDA)

アンティーク風仕上げのクラシックなサイドテーブル。コンパクトなので、寝室やリビングなどいろいろな場所で活躍する。色違いもある。(サラグレース)

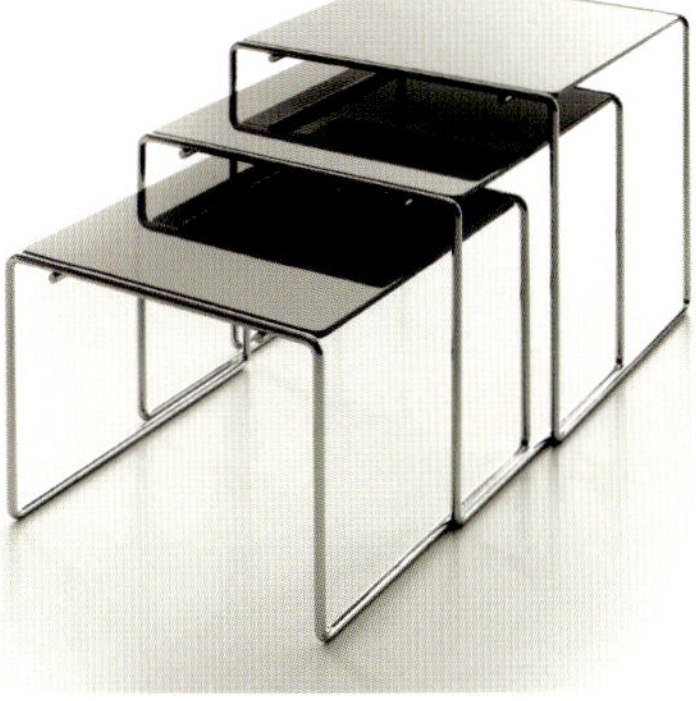

3つのサイズを1セットにした、重ねられるテーブル。シンプルで無駄のないデザインは、合わせる空間と用途を選ばない。高濱和秀デザイン。(カッシーナ・イクスシー)

デスク&収納

Desk & Storage

ビーチ材のナチュラルな質感を楽しめる「COTTON デスク」。リビングやキッチンのコーナなどに置け、デスクトップ・レッグの組み合わせで2人使うこともできる。(アクタス)

「Cupertino デスク」はスリムな収納つきデスク。3分割された天板を引き上げるとそれぞれが収納スペースになっている。ブルートゥース対応スピーカーも設置できる。(BoConcept)

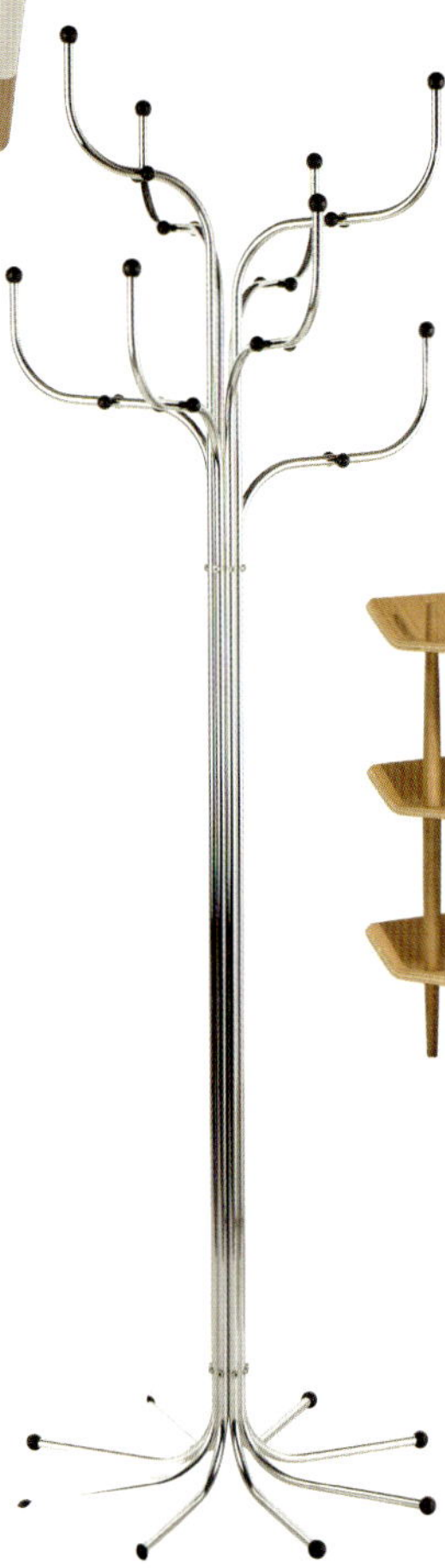

「コートツリー」という名前通り木を思わせる形をしたコートハンガー。クロームメッキのスチール製。デザインはシセ・ヴェアナー。(フリッツ・ハンセン)

棚板の両端を上向きに曲げたところがデザインのポイント。支柱は無《む》垢《く》材《ざい》。部材はねじ込み式で構成しているので組み立てに工具がいらない。(E-comfort)

棒をランダムに組みわせたような、印象的なデザインのコートハンガー「SKETCH」。壁面を飾るアートとしても楽しめる。(アクタス)

「LC20 カジエ スタンダール キャビネット」は1925年のシステムコンテナを復刻したもので、18種類の組み合わせが可能。オリジナルは、ペリアン、ル・コルビュジエら巨匠のデザイン。(カッシーナ・イクスシー)

ヴィコ・マジストレッティがデザインした「ヌーヴォラ ロッサ ブックシェルフ」は70年代を代表する本棚。パーティションやオブジェとしても使える。(カッシーナ・イクスシー)

Part.5

窓を飾るウィンドウトリートメント

Window treatment

ウィンドウトリートメンのタイプや素材はさまざまです。
インテリアのスタイルに合った
ウィンドウトリートメントを設置すれば、
インテリア全体がより洗練された印象になります。

ウィンドウトリートメントの役割

カーテンやブラインドなど窓まわりアイテム全般のことをウィンドウトリートメントといいます。日差しの調整やプライバシーの保護だけでなく、空間の印象にも大きく影響します。どんなアイテムをどう選んだらよいか、確認しましょう。

複数の役割があるウィンドウトリートメント

ウィンドウトリートメントの役割は多岐に渡ります。おもな役割としては「日差しの調整」「プライバシーの保護」「空間の演出」「遮光」「防音」「断熱」など。インテリアのなかでもたいへん重要なアイテムといえるでしょう。

また、マンションは一戸建てと比べて窓の数が少ないので、その重要度のわりに比較的取り掛かりやすいアイテムともいえます。

ウィンドウトリートメントには、カーテン、ブラインドなどいろいろな種類があります。インテリア全体との調和や季節感などを考慮して素敵な演出をしてみましょう。

6つの役割

1 日差しの調整

日中の日差しをやわらかくしたり、強い西日を遮ったりして、室内に入る日差しを調節します。

2 プライバシーの保護

外からの視線を遮り、防犯効果を高めます。一方、室内からも外が見えにくくなることでインテリアをすっきり見せる効果もあります。

3 空間の演出

部屋に占める面積が大きいぶん、種類、素材、色、柄などの選択によってインテリアの雰囲気を大きく変化させることができます。

4 遮光

遮光性の高いタイプを選べば完全に外からの光を遮ることができます。映画鑑賞や休息などの際に有効です。

5 防音

素材やその厚さなどによって防音効果を調節できます。また、防音に特化した商品も選ぶことができます。

6 断熱

素材やその厚さなどによって断熱性を得られます。断熱性の高いものを選べば、室温の維持や省エネに役立ちます。

（サンゲツ）

ここをCheck!

デザイン以外に確認すべきこと

ウィンドウトリートメントの役割を生かすためには、どんな暮らしを望んでいるかを考える必要があります。窓の大きさやデザインだけで選ぶのではなく、次のような点を考慮して、扱いやすいものを選びましょう。

- □外部の環境
- □部屋の使用目的
- □部屋での過ごし方
- □照明との位置関係
- □メンテナンス

ウィンドウトリートメントのスタイル

左右に開閉

左右に開閉するものは立った姿勢で操作でき、掃き出し窓やテラス窓に向きです。ある程度の広さの間口が必要。

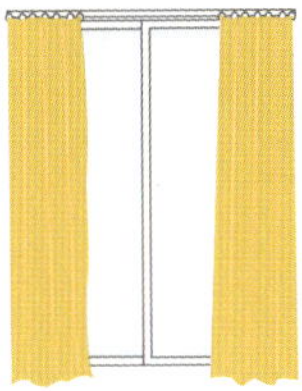

カーテン

もっとも一般的なウィンドウトリートメント。布地をレールに吊り下げたもので、左右に開閉できる。

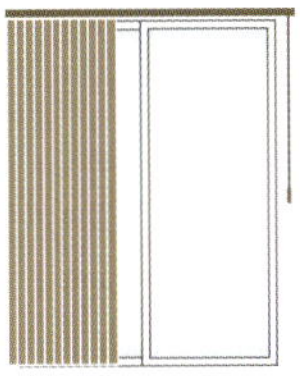

縦型ブラインド

縦に並んだ複数のスラット（羽根）の向きを調節して、光や風を入れる。端についたヒモなどを引くことで左右どちらかに寄せることができる。

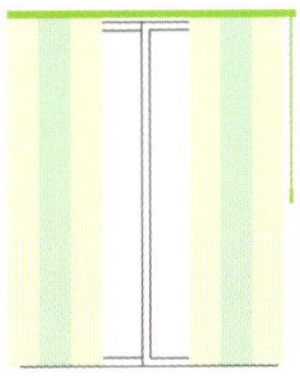

パネルスクリーン

レールに吊り下げた複数の布地を左右にスライドさせて開閉するウィンドウトリートメント。カーテンのようにドレープがないのですっきりとした印象が特徴。

固定式

開閉ができないタイプです。おもに外からの視線を遮ったり、装飾用として利用します。

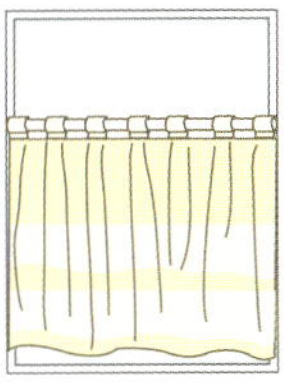

カフェカーテン

窓の一部分に取り付ける丈の短いカーテン。おもに目隠しや装飾を目的としている。

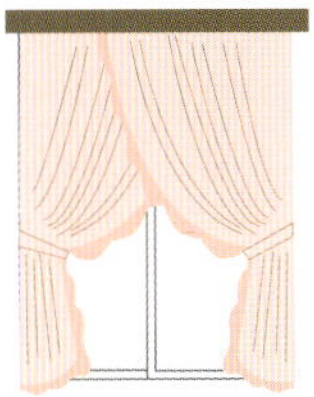

クロスオーバースタイル

左右の布地が窓上部の中央で重なり合うカーテン。ドレープがたっぷりできるので、重厚な印象を演出できる。

タペストリー

一般的には室内装飾用の壁掛けなどに使われることの多いタペストリー。しかし、採光や通風のない窓のウィンドウトリートメントとしても利用できる。

プリーツスクリーン

じゃばら状の布や紙製のスクリーンをたたみ上げるタイプ。和紙との相性もいいので、和室に利用されるケースも多い。

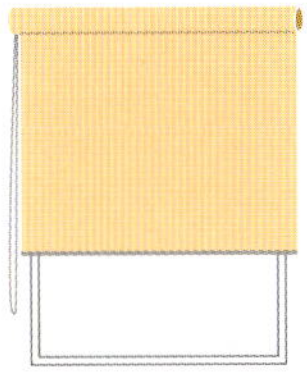

ロールスクリーン

1枚の布地をロール状に巻き上げていくタイプ。下げた状態のときにヒダが寄らないのでデザインによっては絵画のような印象になる。

すだれ

細かく割った竹やヨシを並べて編んだもの。昔から日本で使われてきたもので、現代風の和風テイストともよく調和する。

上下に開閉

窓枠の上部に収めるタイプなので、開けたときに窓まわりがすっきり見えます。ただし、大きな窓は上げ下げが大変なので不向きといえます。

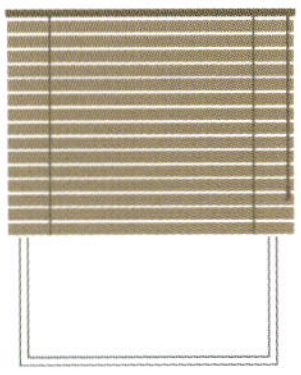

横型ブラインド

横に並んだ複数のスラットの向きを調節して、光や風を入れる。端についたヒモなどを引くことで上部に寄せることができる。

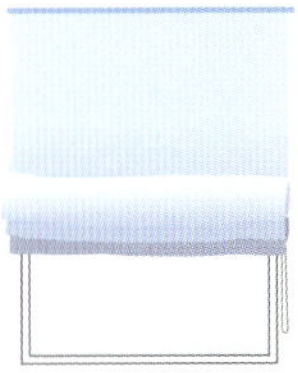

ローマンシェード

一枚の布地をたたみ上げて収めるタイプ。下げたときはヒダが寄らないので柄によっては絵画のような印象になる。

ウィンドウトリートメント 種類別の選び方

ウィンドウトリートメントは、選択肢が多いので迷いがちですが、最適なものを見つけられれば、快適で素敵な空間が実現できます。カーテンやブラインドなど、それぞれの特徴を知り、選ぶ際の参考にしてください。

カーテン

Cartain

つり元

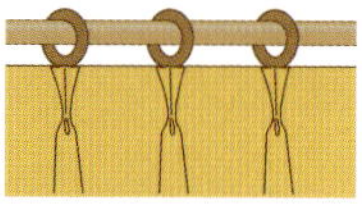

2つ山ヒダ

もっともオーソドックスなヒダをとったプリーツカーテン。そのなかでもとくに一般的なのが2つ山ヒダのもの。

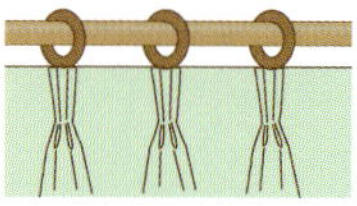

3つ山ヒダ

2つ山ヒダよりも多くの生地を使うので、贅沢な印象のドレープを楽しめる。

フラットスタイル

ヒダをとらないタイプ。凹凸のない仕上がりでカジュアルなインテリアに向いている。

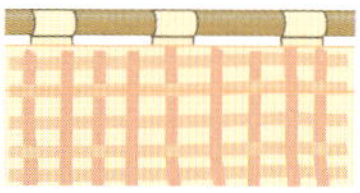

タブスタイル

タブをポールに通して吊るすカジュアルなスタイル。ハンドメイドのようなぬくもり感のある演出に最適。

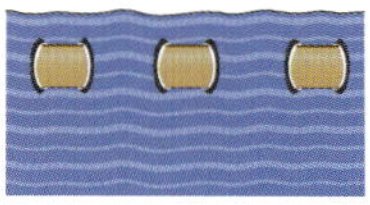

ハトメスタイル

ハトメ穴にポールを通して吊るすスタイル。ヒダが少なくシンプルな印象になる。

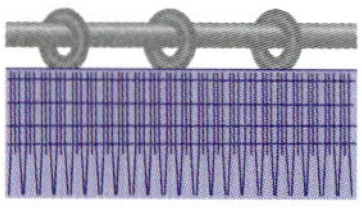

ギャザープリーツ

生地をぎゅっと絞ったように見えるスタイル。薄手でやわらかな生地に適しており、エレガントな印象になる。

フック

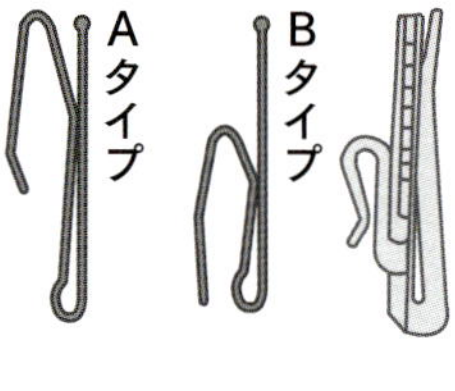

フックには、レールを見せるAタイプ、レールを隠すBタイプ、調節ができてどちらにも使えるアジャスタ・フックがある。

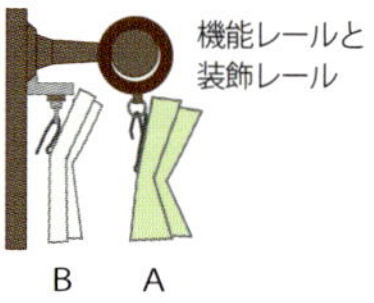

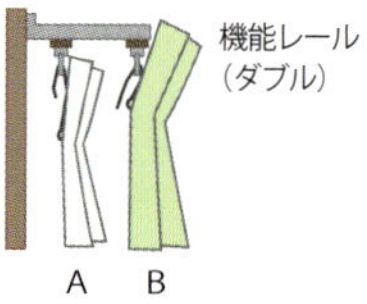

レール

カーテンを取り付けるレールは、大きく分けて2種類。機能レールはレールを目立たないようにつけるタイプ。装飾レールは、レール自体のデザイン性が高く、レールもインテリアのポイントのひとつになる。(タチカワブラインド)

機能レール

装飾レール

デザインと同時に機能性にもこだわりを

種類が豊富なので迷ってしまうカーテン選び。まず、色や柄を決めるには、部屋のテイストに合わせることが大事です。とはいえ、大きな面積を占めるので、アクセントカラーとする方法もあります。

また、カーテンは、たとえ生地が同じでも、つり元やレールの種類によって印象が変化します。おもなものを覚えておきましょう。

さらに最近は遮光《しゃこう》や防汚などさまざまな機能をもった生地も発売されています。デザインだけでなく機能性にもこだわればより満足度の高いライフスタイルが実現できるはずです。

カーテン生地の種類

遮光《しゃこう》

遮光率が99.40％以上あるので映画鑑賞や昼寝をする部屋などに最適。遮光性は1〜3級にランク分けされ、等級が高いほうが遮光率が高い。

ウォッシャブル

自宅の洗濯機で洗えるカーテン。汚れても気軽に洗濯でき、清潔を保てるので、子どもやペットのいる家庭、タバコを吸う部屋などにおすすめ。

防カビ

カビの増殖を抑える防カビ加工を施したカーテン。結露しやすい窓におすすめ。

UVカット

紫外線の透過率を低減させるカーテン。家具や床材の日焼けや変色を防いでくれる。

保温

冷房時の冷気と暖房時の暖気を外に逃しにくいカーテン。省エネ効果が期待できる。

花粉キャッチ

アレルギー症状の原因となる花粉をキャッチする繊維を使用。窓からの花粉侵入を防いでくれる。

カーテンの採寸方法

1 幅を採寸

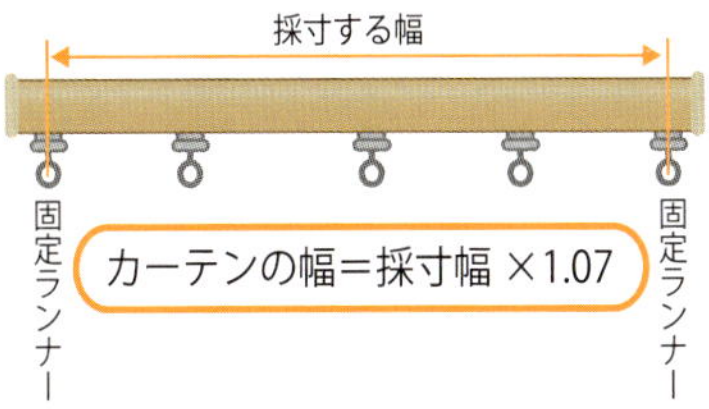

レールの長さを測る。レールの長さにカーテン生地のゆとりとして7％ほど足した長さがカーテンの幅となる。

2 丈を採寸

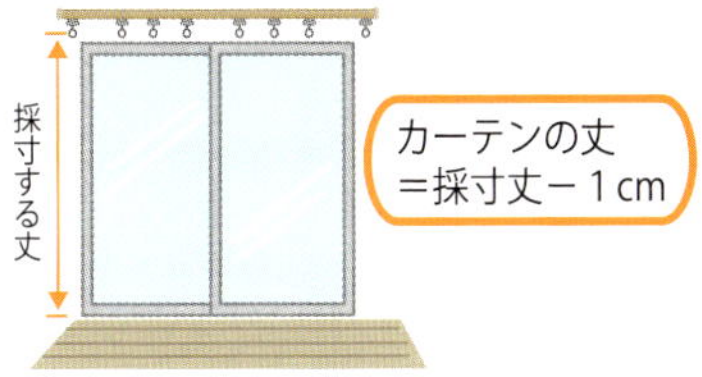

［掃き出し窓の場合］
ランナーの穴から床までの高さを測る。生地が床について汚れないように1cmだけマイナスした長さがカーテンの丈。

［腰窓の場合］
ランナーの穴から窓枠までを測る。しっかり日差しを遮れるように15〜20cmプラスした長さがカーテンの丈。

ブラインド

Blind

日差しや通気などを調節し シンプルな雰囲気を演出

ブラインドはスラット（羽根）の角度を変化させることで日差し、外からの視線、通気、断熱性、保温性などを調節してくれるアイテムです。1日のうちでも太陽の位置に合わせて角度を調整することで、光を取り込みつつ、外部からの視線を遮ってくれます。

スラットが水平に並び上下に開閉する横型と、垂直に並んで左右に開閉する縦型があります。ブラインドは、スラットをすべて引き寄せ全開にしても、カーテンのように布の厚みが出ずにすっきりと収まるので、シンプルなテイストのインテリアに向いています。かつてはアルミ製が一般的でしたが、いまは素材の選択肢も多く、スラットの幅にもバリエーションがあります。

横型ブラインド

横型はカラーが豊富でさまざまなテイストのインテリアに合わせることができる。

縦型ブラインド

住まいのインテリアでは布製のものが一般的。両開きにも片開きにもできるので、ひとが通る掃き出し窓との相性がよい。バーチカルブラインドとも呼ばれる。

木製ブラインド

木製のものは、一般的なアルミ製よりも価格が高めだが、天然素材ならではのぬくもり感や高級感を演出してくれ人気がある。

ロールスクリーンとの組み合わせ

高層マンションなどでは、遮熱性を高めるためにロールスクリーンやカーテンと組み合わせることもある。

間仕切りとしての利用

縦型の布製ブラインドは、窓だけでなく室内の間仕切りにもおすすめ。閉じていても閉塞感がうすく、全開時でもブラインドが邪魔にならない。

ブラインドの機能

	調光・通風・省エネ		視線
横型ブラインド	 夏 夏のブラインドの羽は、窓側が下がり室内側が上がるようにするとよい。直射日光が羽の傾きで反射しつつ、やわらかい光が入る。強い日差しの侵入を防ぎ冷房効率もアップ。	 朝 外の光を取り込みたいときには、羽を水平にすると室内が明るくなる。逆に外光を遮断し部屋を暗くしたいときには、窓側が下がるようにする。	 羽の角度を調節することで、室内に光や風を入れながら、外から中が見えないようにすることができる。1階のひとは羽を窓に対して下向きにし、2階のひとは室内に対して下向きにすると外からの視線をカットしやすい。
	 冬 冬のブラインドの羽は、窓側が上がり室内側が下がるようにするとよい。羽の傾きに沿うように光が入り、陽だまりができる。暖房した室内の空気は外にもれにくくなる。	 夕 夜は部屋の明かりが外に漏れないように、ブラインドの羽は室内側が下がるようにする。	
縦型ブラインド	 夏 羽を閉じると太陽光の熱を遮断できる。熱の吸収率が低い白系のものにすると、さらに冷房効果がアップする。	 朝 羽を左右に動かすことで、東側からの日差しを調節できる。	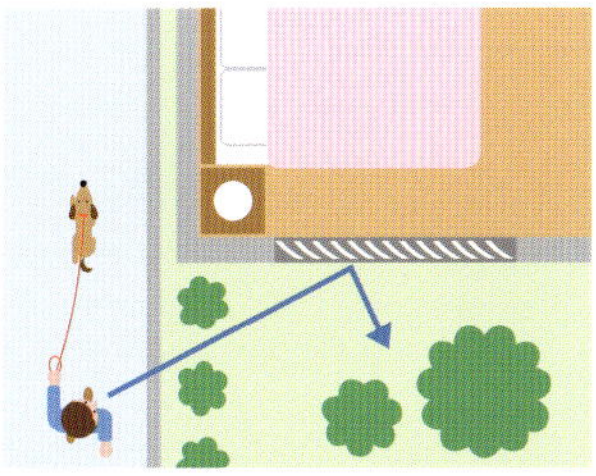 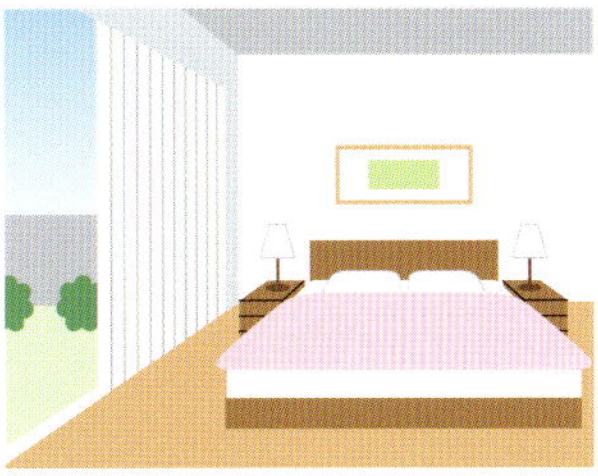 羽の角度を調節することで、室内に光や風を入れながら、外から中が見えないようにすることができる。縦型ブラインドは左右からの視線を遮ることができる。
	 冬 羽を閉じると窓ガラスからの冷気をやわらげることができる。	 夕 羽の角度を調節することで、西日をカットすることができる。	

ロールスクリーン

Roll Screen

ロールスクリーンのサイズ

天井付け

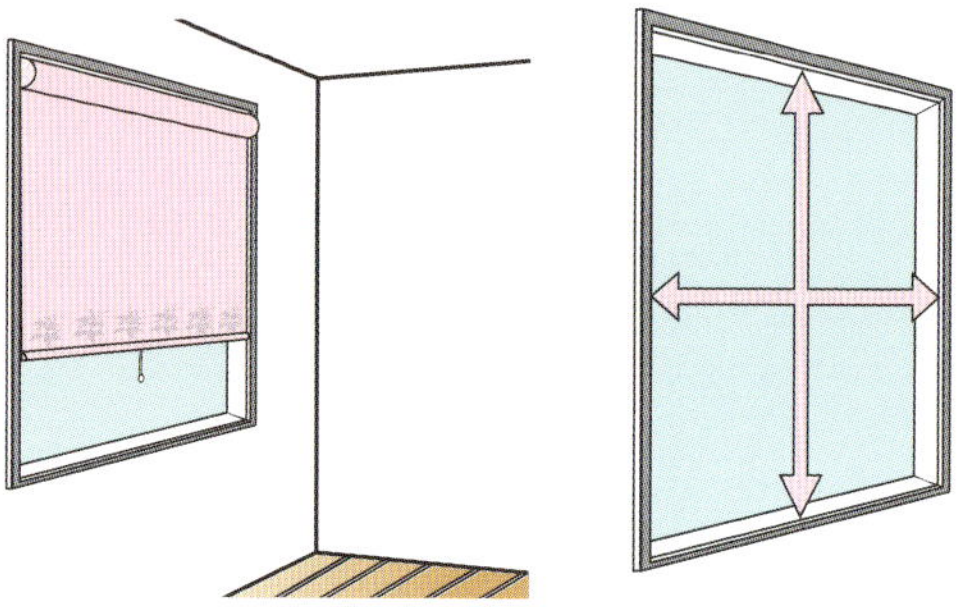

窓枠の内側にロールスクリーンを取り付けるのが天井付け。壁に出っ張らないため、すっきりとした印象で、部屋も広く感じられる。サイズは、窓枠の内側サイズから1㎝ほどマイナスする。

正面付け

窓枠を覆うように取り付けるのが正面付け。隙間ができにくいぶん、遮光性とプライバシーの保護に優れている。通常は窓枠の外側までのサイズでOKだが、遮光性を高めたい場合は、さらに5㎝ほどプラスするとよい。

巻き取り方法

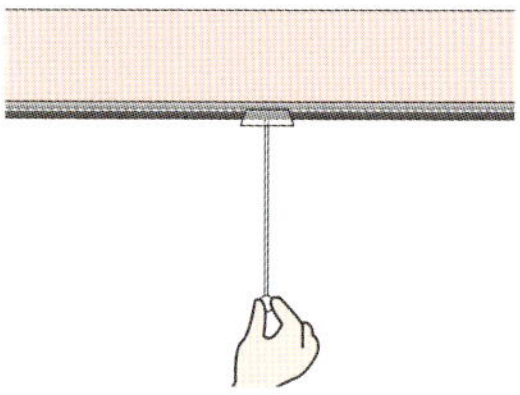

プルコード式

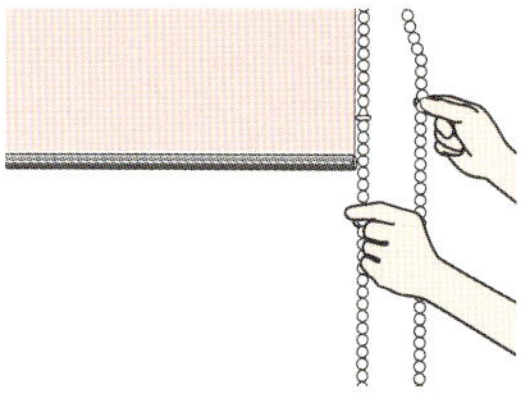

チェーン式

巻き取り方には、プルコード式とチェーン式の2種類がある。プルコード式は、スクリーンの下部に設置された短いヒモを軽く引くと、ロックが外れて自然と巻き上がる。下ろすときはそのまま引っ張る。チェーン式は左右どちらかに輪になった細いチェーンが取り付けられていて、それを回すことでスクリーンを開閉させる。

色柄の豊富さに加え、和紙やすだれ調など素材もさまざまなので、和室などにも使いやすい。(タチカワブラインド)

フラットな形状と機能性が魅力のロールスクリーン

ロールスクリーンは、カーテン地の上部と下部にバーを取り付けて、上下に開閉させるタイプのウィンドウトリートメントです。

下げるとフラットな形状になるため、カラーや柄の選び方しだいで空間の雰囲気がガラリと変わります。カーテンと違いヒダがないぶん、無地ならシンプルなイメージになり、柄物なら絵画を飾ったような印象になります。また、機能性を重視したものも多いので、撥水《はっすい》性があるものは浴室など水まわりに、遮光《しゃこう》性があるものは寝室になど、目的に合わせて選ぶとよいでしょう。

ロールスクリーンは、取り付け方で必要なサイズが変わるので注意が必要です。採寸の前に「天井付け」にするか「正面付け」にするかを決めましょう。取り付け方は、遮光性や空間の印象などにも影響してきます。

ローマンシェード

Roman Shade

ローマンシェードのバリエーション

プレーンスタイル

もっともポピュラーなスタイル。窓の大きさや生地を選ばず、どのようなインテリアにも合わせやすいところが魅力。

シャープスタイル

たくし上げたときに横に伸びるステッチとバーに沿ってきれいに納まる。横長の窓に使うと奥行き感が生まれる。

バルーンスタイル

たくし上げると、複数の風船のようなふくらみが生まれるスタイル。ロマンティックな空間に向いている。

オーストラリアンスタイル

繊細なさざ波のようなヒダが魅力のスタイル。エレガントなインテリアに向いている。横長の窓だとウェーブ感が強調される。

ピーコックスタイル

たくし上げると孔雀の羽のように扇型になっていく。無地でもヒダがきれいだが、柄物にするとユニークなフォルムがより生かされる。

フォールドスタイル

波のように重なるヒダが特徴。ボリューム感がありながらやわらかい印象を演出する。薄地では軽やか、厚地では重厚なイメージに。

ヒダの陰影がエレガントなローマンシェード

ロールスクリーンと同様にカーテン生地を使って、上下に開閉させるのがローマンシェードです。ただし、ロールスクリーンが巻き上げ式なのに対し、ローマンシェードはたくし上げるスタイルになります。たくし上げたときに重なるヒダの陰影が印象的で、エレガントな空間を演出したいインテリアに向くウィンドウトリートメントです。

　たとえば、レースのように透ける生地のプレーンスタイルにすれば、やさしい日差しを採り入れた軽やかな空間を演出できるはずです。フリル付きのものを選ぶと、エレガントさがより増します。カーテンのように薄い生地と厚手の生地の2枚重ねもできますので、遮光性の調整も可能です。

　ヒダの形はさまざまなタイプがあるので、好みのものを見つけて楽しみましょう。

 写真／サンゲツ

美《び》防《ぼう》災《さい》インテリアのウィンドウトリートメント

地震などの災害が起こった際に困ることに、電気の供給のストップや火災などがあります。このようなときに少しでも美防災を意識したウィンドウトリートメントで備えておけば、二次災害を軽減することができます。すぐに見直してみましょう。

外光や小物を利用して美防災を意識する

あまり知られていませんが、災害時における窓の役割はとても重要といえます。電気の供給が止まり照明がつかなくなったときは、外からの日差しが頼りになります。災害時の避難経路を確保するという意味でも、窓からの明かりは重要です。

ウィンドウトリートメントの観点からは、カーテンが1枚あるだけで、地震などで窓ガラスが割れた際に、ガラス片が室内に飛び散るのを最小限に防いでくれる効果があります。また、ガラスが割れたときの飛び散りを防いでくれるガラスフィルムも、ウィンドウトリートメントのアイテムとして利用してもよいでしょう。

とはいえ、機能一辺倒のウィンドウトリートメントでは、毎日の生活がつまらなくなってしまいます。インテリア小物として納得できるアイテムをうまく利用しつつ、実現できる美《び》防《ぼう》災《さい》インテリアを考えてみましょう。

防災への備え

できるだけ外光を取り込む

マンションの玄関ホールは昼間でも暗くなりがちです。リフォームするなら、リビングなどに入る外光が玄関まで届くような工夫があると安心です。思い切って壁を取り払い、明るい空間をつくってしまうという方法もあります。外光を取り込むには、日頃から窓際にはものを置かないようにすることも大切です。

防災アイテムを選ぶ

カーテンなどは着火しても燃え広がりにくい防炎マークのついたものを選ぶとよいでしょう。ただし、11階建て以上(31メートル超)の高層マンションでは、住んでいる階数に関わらず防炎マークのついたウィンドウトリートメントを使用することが義務付けられています。

防炎マークは、日本防炎協会の防炎性能試験に合格した防炎製品につけられる。このマークがついた商品は、火がついても燃え広がりにくいとされている。

防災用のウィンドウトリートメント

防炎マークのアイテム

防炎マーク付きのカーテン地も、一般のものと変わらないほどデザイン性が高くなっていますので、素敵な窓際を実現しながら防災の備えをすることは十分可能です。オーダーメイドなら、気に入った布をローマンシェードやロールスクリーンに仕立てることも可能なので、窓のタイプが違ってもトータルで楽しめます。

リビングは暖色系のボーダー柄をカーテンに。暖かい雰囲気のなかにさわやかさも感じられる。（サンゲツ）

ダイニングエリアは、リビングと同じ布の色違いをローマンシェードに仕立てた。（サンゲツ）

飛散防止フィルム

ガラスに貼ることで、ガラスが割れても破片が飛び散りにくくなるフィルムです。最近は、さまざまなデザインのフィルムが市販されていますので、窓だけでなく、ガラスの間仕切りなどに使用すれば安心感が高まります。

リビングの一角を書斎にするなら圧迫感の少ないガラスの間仕切りなどもおすすめ。デザインされた飛散防止フィルムならインテリアのポイントにもなる。（サンゲツ）

外からは見えにくくしたフィルムなら、カーテンがなくてもプライバシーを保てる。透明フィルムと柄入りのものをうまく使い分けるのもよい。（サンゲツ）

ここを Check!

外光の取り入れ方

ウィンドウトリートメントとは少し異なりますが、外光を取り入れるのに鏡を使うのもおすすめです。窓と暗くなりがちな場所の間に鏡を置けば外光を取り入れることができます。

また、鏡は映り込みがあるので、空間を広く見せる効果もあります。もし、近くに窓がなければ、鏡の近くにキャンドルを置くという方法もあります。そうすればミラー効果で明るさを増すことができるのです。キャンドルは、電気が止まってしまった際の照明の代わりとして有効です。デザイン性のあるキャンドルなら、普段はインテリアのディスプレイ小物として活用できます。

スタイルを生み出すアクセサリー

カーテンタッセル

Curtain Tassel

タッセルはカーテンを束ねるためのもの。装飾性の高いものはインテリアのアイテムとしても重要なポイントとなります。小物にまでこだわれば、インテリア・デザインも上級者といえるでしょう。

窓辺に花を咲かせるというコンセプトで牡丹の大輪をかたどったデザイン。マグネットで装着するタイプで薄いファブリック向き。

夜会服の女性の後ろ姿をイメージしたクラシックでエレガントなデザイン。レーヨンをおもな素材とし、シャビーシックなどのスタイルにも合いそう。

素材にはココヤシのチップを使い、エスニックな民芸を彷彿とさせる個性的なデザインだが、どんなスタイルとも相性がよく見える。

綿とレーヨン素材の光沢糸とマット糸を交互に編み込む。シンプルなデザインなのでさまざまなスタイルに合う。

カットされたアクリルグラスの珠をアクセントにし、なめらかな房をもつデザイン。

複数のボールの重なりが楽しさとカジュアルさを演出。どのスタイルにも合いそうなデザイン。

シンプルで色のバリエーションも豊富なので、さまざまなスタイルに合わせやすい。

アール・デコ時代のパーティ・ドレスをイメージ。ビーズやボールが豪華さを演出。ベルベットなど重厚な生地と相性がよい。

写真／マナトレーディング

Part.6

あかりをコントロールする照明計画

Lighting Plan

生活に必要なあかり、作業に必要なあかり、
リラックスしたいときのあかりなど
適切なあかりが計画されていると暮らしの質もアップします。
器具の選び方ひとつで、おしゃれな空間に生まれかわります。

照明は目的によって使い分ける

照明は、インテリアの雰囲気を高めるのに欠かせない要素。日常生活に必要な明るさを確保した上で、光を美しく見せる工夫が必要です。部屋ごとの明るさの基準や光が持つ演出効果を知り、効果的な照明計画を考えてみましょう。

必要な明るさを確保し、空間を美しく照らす

住宅の照明には次の3つの役割があります。

①日常生活を安全に過ごし、防犯に役立てる

②勉強や調理などの作業に必要な明るさを確保する

③光を演出し、部屋の雰囲気を高める

とくにマンションの場合、窓の数や配置・大きさが戸建てに比べて限定されるため、照明が果たす役割が大きくなります。なかには日中から照明が必要な部屋もあり、明るさをコントロールできる工夫が求められます。

また、必要な明るさは空間ごとに異なります。読書や調理では手元を直接光で明るく照らす必要がありますし、リビングでテレビを見るときはほんのりとした間接照明のほうがリラックスできます。そのため、ひとつの空間で2つ以上の照明器具を使い分けることも少なくありません。たとえば寝室で眠りにつく前はやわらかな間接光が理想ですが、読書するなら直接光のスタンドが役立ちます。

さらに忘れてはならないのが、経済性・メンテナンス性とインテリアデザインとの兼ね合いです。照明器具をたくさん使えば使うほど、当然電気代も増えていきます。ランプ交換や掃除などのメンテナンスが頻繁に必要な器具も、できれば避けたいところです。

照明の効果

光の数	少ないと… 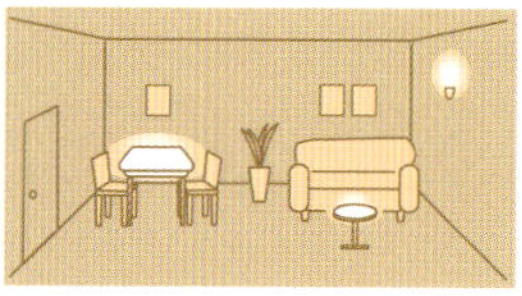 ・照明のまわりだけ明るく、照明から離れると暗がりができやすい ・照らされた場所だけが際立つ	多いと… 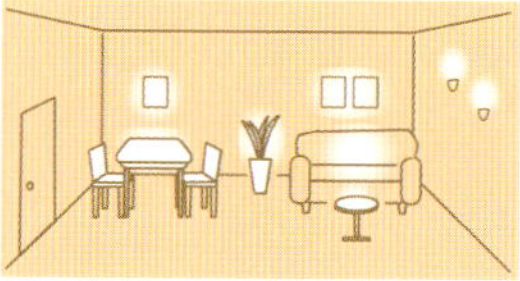 ・空間全体が均一な明るさになりやすい ・華やかな雰囲気になる
光の広がり	局所的だと… 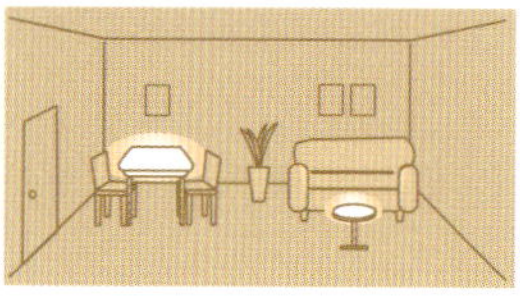 ・コントラストが強くなる ・舞台のようなドラマチックな雰囲気になる	全体的だと… 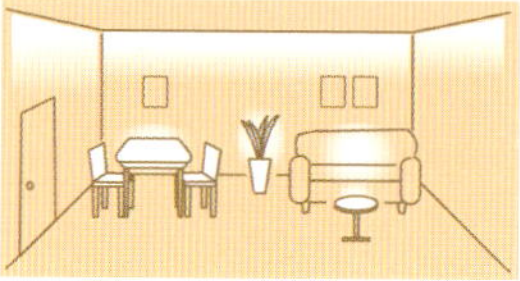 ・空間に一体感が生まれる ・暗がりがなく、安心感を与える
光の高さ	低いと… 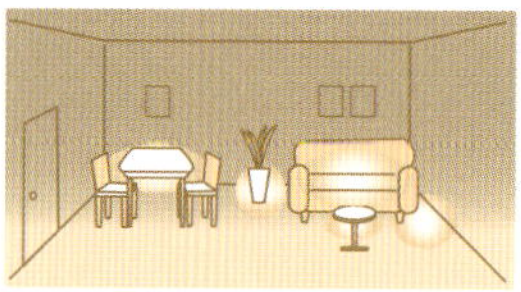 ・座り姿勢に近く、リラックス感がある ・足元を照らすため、安心感がある	高いと… 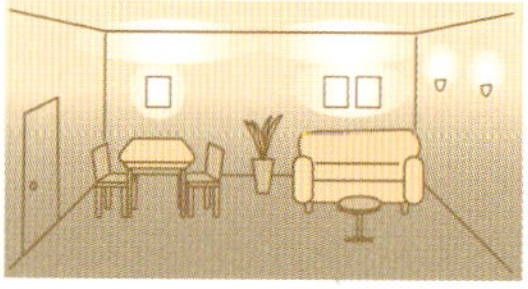 ・上方向へ視線が向き、開放感がある ・非日常な雰囲気になる

光の演出により、上の表のような心理効果が生まれる。どの空間をどのように演出したいか想定しながら、照明プランを詰めていくことが重要。

照射面による演出イメージ

1 全体をバランスよく照らす

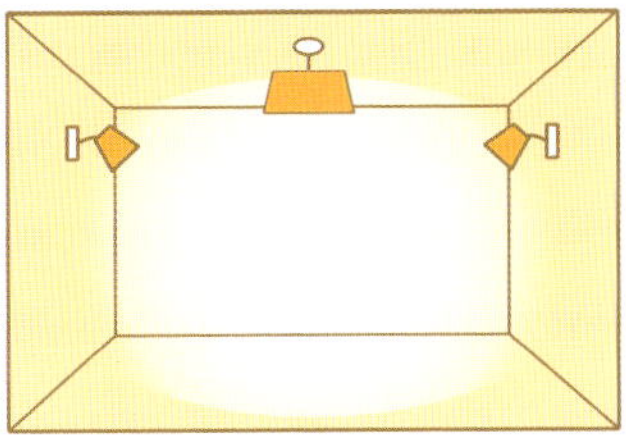

床・壁・天井に均一になるよう光が当たると、影ができず、光に包まれたような印象になる。

2 床面と壁面を照らす

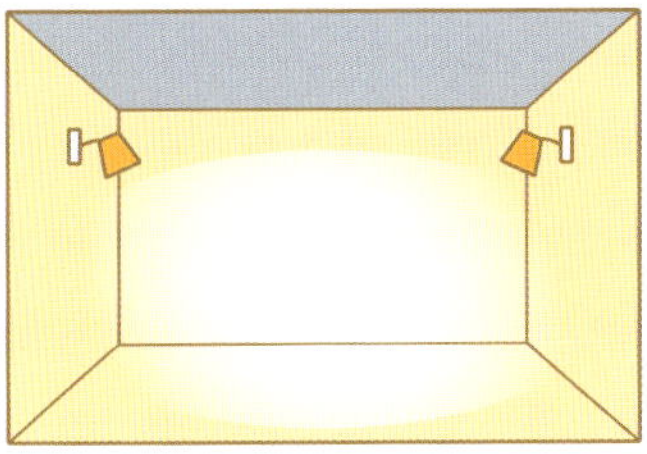

天井だけが暗くなるため、どっしりと落ち着いた印象になる。重厚感や高級感を演出するのに向いている。

3 天井面と壁面を照らす

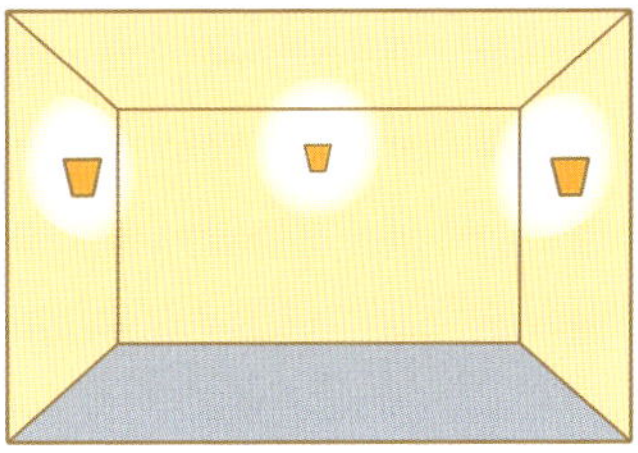

全体に上方向と横方向を照らすため、空間を広く、天井を高く感じさせる。開放的でくつろいだ雰囲気に。

4 天井面を照らす

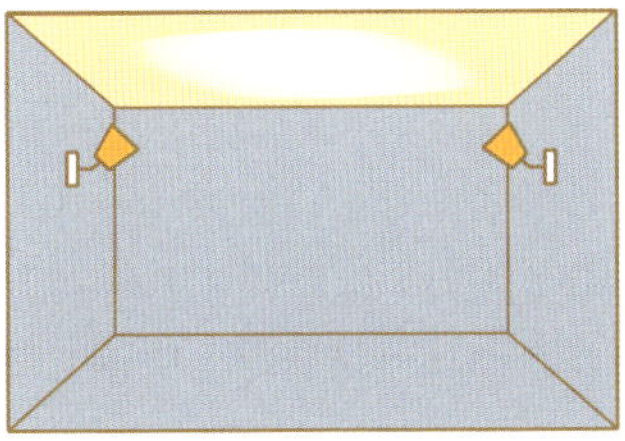

上方向に広がり感が出て、天井を高く感じさせる。非日常的なシーンの演出に。

5 壁面を照らす

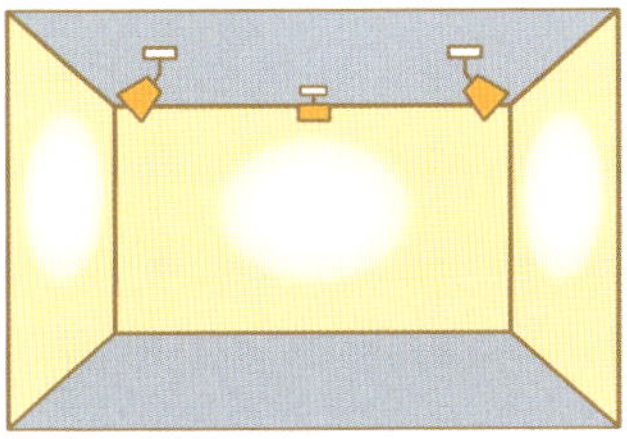

水平方向への広がり感が出て、ギャラリーのような洗練された雰囲気に。天井が低い場合、圧迫感に注意。

6 床面を照らす

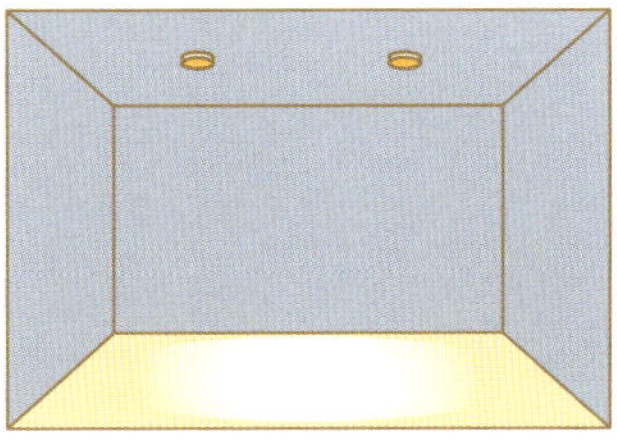

陰影ができ、床の上のひとやモノが強調されるため、舞台のようなドラマチックな雰囲気に。

空間ごとに必要な明るさ

照度 lx	居間	書斎・子ども部屋	DK	寝室	浴室・洗面所	トイレ	廊下	玄関
1000	・手芸・裁縫							
750		・勉強 ・読書						・鏡
500	・読書 ・化粧			・読書 ・化粧				
300		・遊び	・調理台 ・流し台 ・食卓		・洗面 ・ひげそり ・化粧			・靴脱ぎ ・飾り棚
200	・団らん・娯楽							
150								
100		全般			全般			全般
75			全般			全般		
50	全般						全般	
30								
20				全般				
10								
5								
2				深夜		深夜	深夜	
1								

照明を表す数値のなかでとくに覚えておきたいのが、その場所の明るさを示す「照度:lx(ルクス)」。日中の室内の窓際の明るさは、およそ2000lx。それぞれの空間に必要な明るさは上の表のとおり。

照明器具とランプの種類

照明はシェードやカバーなど笠の役目になる「器具」と光を放つ「ランプ」から成り立っています。器具は種類ごとにデザインが異なり、それ自体が優れたインテリアにもなります。ランプは光の色・強さ・方向で空間の雰囲気を大きく左右します。

器具やランプにより光の色や出方が変わる

照明には部屋全体を照らす「主照明」と、ポイントごとに必要な場所を照らす「補助照明」があります。両者を組み合わせて照明計画を立てると、多彩な光の演出が可能になります。

光の演出のポイントは光の広がる方向や広がり方を示す「配光」です。配光次第で空間に奥行感が生まれ、雰囲気が高まります。また、それぞれの器具で使用するランプにより光色や光の広がり方も変わります。照明計画はこうした配光の組み合わせであり、器具や光のデザインによりインテリア全体に影響を与えます。

主照明と補助照明

■主照明

	ペンダントライト	ダウンライト	シーリングライト
器具の種類	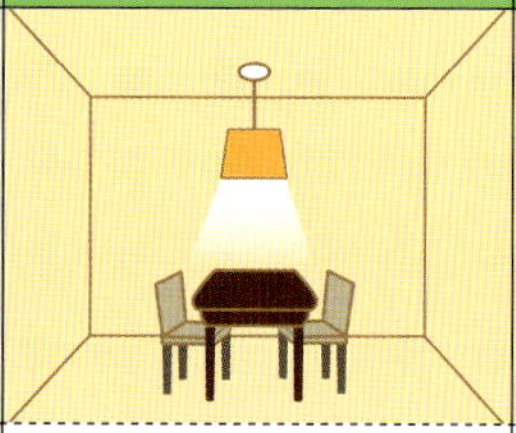		
特徴	コードやチェーンで天井から吊るす器具。器具自体が存在感を放つものが多く、さまざまなデザインがある。	天井に埋め込み、高い位置から照らす器具。器具自体が見えないため、すっきりとした印象になる。	天井に直付けし、高い位置から部屋全体を照らす器具。もっとも一般的だが、厚みのある器具を選ぶと空間に圧迫感を与える。
配光	陰影ができ、床の上のひとやものが強調されるため、舞台のようなドラマチックな雰囲気に。	下への直接照明となる。器具によっては部分的に照らすこともできる。	ほとんどの光は下方向への直接照明となる。空間全体に光が広がり、明るさを確保しやすい。

■補助照明

	スタンド	スポットライト	ブラケット
器具の種類			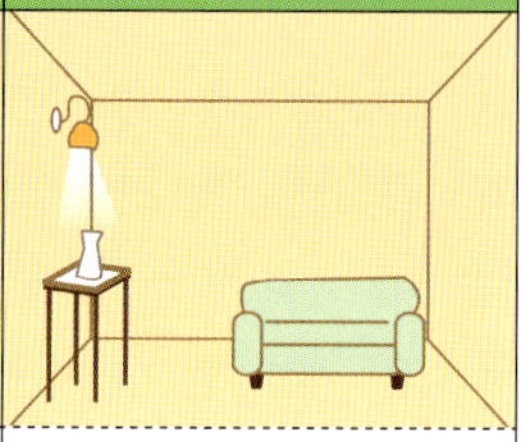
特徴	床や家具の上に置いて使う、可動性のある器具。デザイン性の高い器具が多く、マンションインテリアに役立つ。	天井や壁に取り付けるが、可動性があるため、光の方向を変えられる器具。	壁に取り付ける器具。マンションには少ないが、デザイン性の高い器具も多い。
配光	シェードの形により光の出る方向が異なる。読書灯のように下方向を照らすものもあれば、上方向を照らして雰囲気を高めるものもある。	狭い範囲を絞り込んで照らすことができるため、特定の場所を照らしたいときに使う。	器具デザインによりさまざまで、光が全般に拡散するものもあれば、上下方向を照らして奥行感を高めるものもある。

ランプの種類

	白熱灯	蛍光灯	LED
光の特徴	あたたかく、やわらかみのある光。陰影ができ、ものを立体的に見せる。	陰影ができにくく、フラットな光。太陽光のような青白い光の「昼白色」と、黄色みを帯びてあたたかみのある「電球色」がある。	色みを自由につくれるため、1台で「昼白色」「電球色」を切り替えられる器具もある。とくに直下を明るく照らす。
演出効果	色の再現性に優れるため、肌や料理などを美しく見せる効果がある。	フラットな光のため、陰ができにくく、読書や料理などの作業に向いている。	光源が小さく、多種多様な器具デザインが可能。光の出方は器具により異なる。
電気代	高い	やや安い	安い
発熱	多い	少ない	少ない
ランプ寿命	短い（1000～2000時間）	長い（6000～12000時間）	非常に長い（一般電球タイプ40000時間）
価格	安い	丸形や直管タイプは安い。電球形はやや高い	高い
適する場所	ダイニング、廊下、サニタリー、リビングなど点灯時間が短い場所	リビング、キッチン、寝室、和室、子ども部屋など点灯時間が長い場所	リビング、寝室、子ども部屋など点灯時間が長く、ランプ交換がしづらい場所

	白熱電球	電球型蛍光ランプ	LED電球（E26口金）	LED電球（E17口金）
区分	W形	W形	全光束（lm：ルーメン）	
明	100 W形	25 W形	1520 lm	1430 lm
↑	60 W形	15 W形	810 lm	760 lm
明るさ	50 W形	—	640 lm	600 lm
↓	40 W形	10 W形	485 lm	440 lm
暗	25 W形	—	—	230 lm

（一般社団法人日本照明工業会　ホームページより）

■一般電球とLED電球の対応表

白熱灯と蛍光灯を同等の明るさのLEDに取り替える際の対応表。白熱灯と蛍光灯はワット数（W）で明るさを表示するが、LEDではルーメン（lm）で表示される。LEDは口金の大きさの違いでルーメンも変わるので注意する。

照明器具の配光パターン

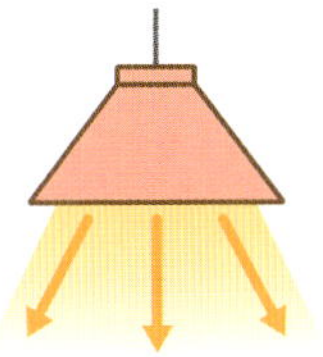

直接配光

すべての光が直接下方向へ向かうもの。

間接配光

すべての光をいったん天井や壁に反射させるもの。

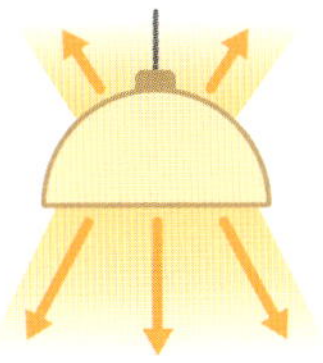

半直接配光

ほとんどの光が直接下方向へ向かうが、一部シェードやグローブを通して四方へ光が広がるもの。

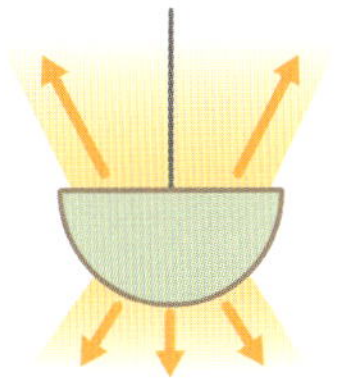

半間接配光

ほとんどの光が直接上方向へ向かうが、一部シェードやグローブを通して下方向へも広がるもの。

全般拡散配光

光が全方向へ均一に広がるもの。

美《び》防《ぼう》災《さい》インテリアの照明計画

災害時の停電で、真っ先に影響を受けるのが照明です。あかりのない真っ暗な部屋は誰しも不安なもの。いざというときに備えて、普段から災害に強い照明計画を考える必要があります。また、災害に強い照明計画は平常時から節電にもなります。

自然光をめいっぱい活用し、ローライトを組み合わせる

照明計画を考える際、念頭に置かなくてはならないのは「自然光」の存在です。いうまでもなく、太陽の光はもっとも強い光源です。夏の直射日光の下の照度は約10万lx（ルクス）。晴れた日中であれば室内の窓際でも自然光だけで約2000lxあり、人工照明とは比較にならない明るさです。

防災面を考えるとき、自然光を最大限に活用しない手はありません。まずは開口からできる限り光を採り入れるようにしましょう。マンションはその構造上、窓の数が限られる建物が多いですが、リフォームにより室内壁を取り払うことで、リフォーム前よりはるかに明るくなります。日中は自然光だけで過ごし、夕暮れどきから一つひとつ室内のあかりを灯していけば、インテリアの表情の変化が楽しめ、節電にもなります。

また、天井直付けのシーリングライト以外に、床置きのスタンドなどのローライトを適材適所に配置します。ペンダントやシャンデリアなど吊り下げ式の照明器具は大きな地震があると揺れたり、落下する可能性があるため、特別に固定する必要があります。

停電になると活躍するのは、電池式・充電式のあかりやキャンドルです。消費電力の少ないフットライト（足元灯）などは電池式を採用しておくといいでしょう。

部屋を明るくする工夫

賃貸マンションなどでリフォームができない場合は、インテリアの工夫で部屋を明るくしましょう。

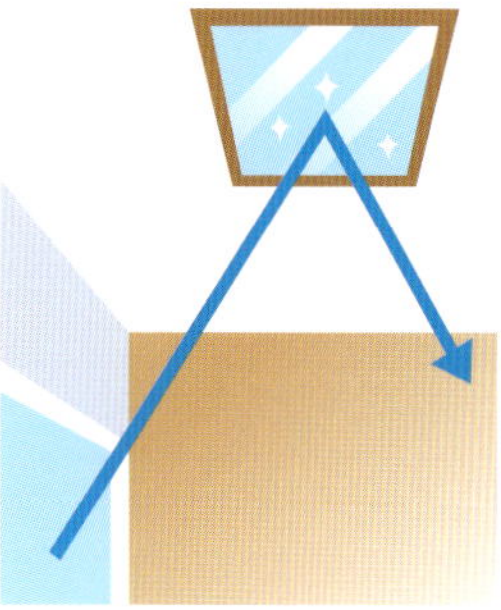

鏡を置く

外光が入る位置に鏡を取り付け、光を反射させる。

床面を白くする

床の色がダークな場合は、白や明るいグレーのカーペットを敷くと室内が明るくなる。

ベランダに白石を置く

白い石や砂利なども光を反射してくれる。白のウッドパネルやタイル敷くのもおすすめ。

美防災の照明プラン

器具が転倒しづらいローライトプラン

主照明のシーリングライトはそのままに、目線より低い位置にスタンドやスポットライトなどを設置し、必要な箇所を照らすローライトプランが基本です。伝統的な日本の照明プランに近いものといえます。

ソーラー充電式ライトの活用

停電が長引くと、日中に太陽光で充電し、夜はスタンドとして使えるライトが活躍します。最近ではデザイン性の高い器具も市販されているので、普段からインテリアに活用してもよいでしょう。

ソーラーパネルで充電するタイプなら電池の交換なども不要。ソーラーパフは直射日光8時間充電で、最大12時間点灯。調光もできる。普段使いする防災備品として、ベランダでの食事などにもちょうどいい。（ランドポート）

ここをCheck!

停電・断水時に役立つアロマキャンドル

東日本大震災の被災地では、アロマキャンドルが役立ったという事例が報告されています。震災では一定期間ライフラインが断たれ、停電・断水に。そこで、あるインテリアコーディネーターは自宅に複数のアロマキャンドルを配置し、その背後にミラーを置いて光を拡散させ停電時のあかりとしました。キャンドルの炎は照明の原点。明るさだけでなく、温かな色合いでゆらめく炎が、ひとをリラックスさせる効果があると科学的にも立証されています。

さらにアロマキャンドルをトイレに置くことで、滞留しがちな悪臭をかなり抑えることができたそうです。もちろん、香りでも災害で疲れた心を癒したことはいうまでもありません。

普段からいくつか適所に配置しておき、楽しむのもよいでしょう。就寝時には必ず消すのを忘れずに。

冷暖房費を抑えるシーリングファン

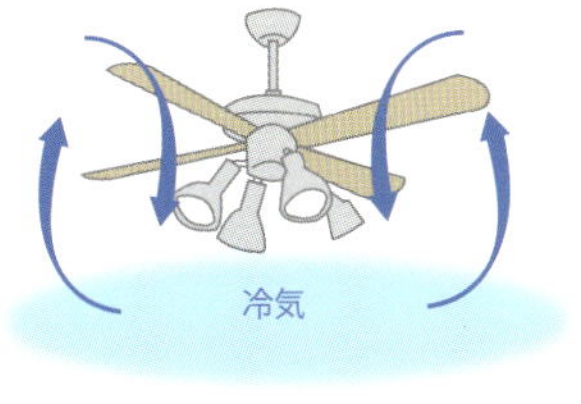

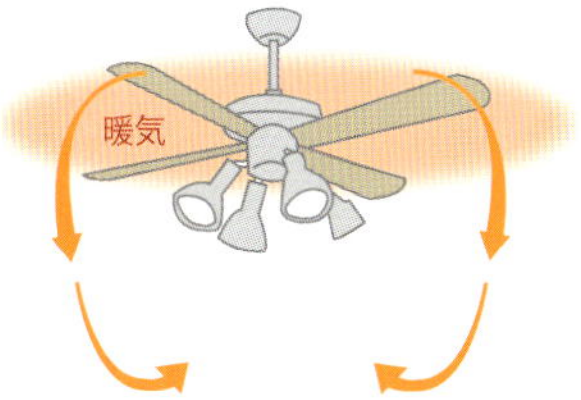

照明器具とファンを組み合わせたシーリングファンは、明るさだけでなく空調機能も果たす省エネのあかりとして知られています。夏は室内に風を送り、冬は天井近くに溜まった暖かい空気を拡散させるため、冷暖房の節電になります。

空間ごとに考えたい インテリアの照明プラン

リビング、寝室、玄関など住まいの空間により、「夜をリラックスして過ごしたい」「明るく手元を照らしたい」など照明のニーズもさまざまです。どんな照明器具があり、どのように器具を駆使して照明プランを考えるべきか、空間ごとにご紹介します。

主照明＋補助照明を基本に明るさとデザイン性で選ぶ

マンションの照明プランを考える際は、まず窓からどの程度自然光が入るのか確認します。日中は照明がいらないぐらい明るいのか、それとも日中から照明をつけなければならないのかにより、照明器具の選択や配置が変わるからです。日中から長時間照明をつける必要があれば、まぶしさが少なく、消費電力が少ない器具を選ぶべきでしょう。

プランニングでは家具を置いた状態で主照明をつけたと想定し、補助照明の配置を考えます。その際、「ホームパーティで華やかな雰囲気にしたい」「ホテルライクな寝室にしたい」など、具体的なシーンをイメージします。照明器具にはデザイン性が高く、器具そのものが存在を主張するものもあれば、器具は目立たず光だけを発するものもあります。どちらを選ぶにせよ、インテリア全体に及ぼす影響は想像以上に大きいもの。家具との調和を図りながら慎重に選びましょう。もちろん器具デザインは空間のインテリアスタイルに一致していなければなりません。

また、マンションの場合、主照明の取り付け位置があらかじめ決まっていますが、ダクトレールを設置してスポットライトやペンダントを複数使うことで、光の出方や広がりに変化を与えることもできます（➡P169）。

大規模リフォームと部分リフォームの違い

マンションをリフォームする際、電気配線まで変更できる大規模リフォームなら、ダウンライトなどの天井埋め込みタイプの照明器具を設置したり、照明の位置を変えることができます。壁材や床材を貼り替える部分リフォームなら器具交換で対応しましょう。ダクトレールを設置して器具数を増やし、スタンドなどを加えるだけでも部屋の雰囲気を変えることができます。

玄関・廊下の照明プラン

玄関・廊下は来客に第一印象を与える「住まいの顔」。どちらも窓がなく、暗くなりがちなため、天井の主照明以外にスタンドや足元灯などを設置し、明るさをプラスします。

廊下は複数のダウンライトが設置されているケースが多いですが、突き当たりの壁がある間取りなら壁を照らすと安心感が生まれます。絵画や花などを飾ってアートコーナーをつくり、光で照らすと、殺風景になりがちな空間が一気に華やぎます。

玄関を入ったときに廊下の奥まで明るく照らされていると、ひとは安心感を持つ。来客を迎えるときのお出迎えのあかりにもなる。（オーデリック）

主照明の小型シーリングライトで全体の明るさを、収納下の間接照明で足元の明るさを確保。シーリングライトは下方向だけでなく横方向にも光が拡がる器具デザインで、左右の壁を照らす。（オーデリック）

ここを Check!

ひとが長く留まらない玄関・廊下は人感センサ器具を

人感センサー付きの照明器具とは、ひとの動きを検知して自動点灯し、一定時間動きがなければ自動消灯する照明です。玄関や廊下はひとが長く留まる場所ではないので、人感センサー付きが便利。消し忘れを防止し、電気代のムダを抑えることはもちろん、両手が荷物でふさがっているときも自動点灯し、スイッチ操作の手間が省けます。

小型のブラケットを壁に設置し、植物やアートを照らす。LEDの器具なら、光に含まれる発熱量が少なく、ものを傷めにくい。（パナソニック）

リビングの照明プラン

リビングはマンションのなかでもっとも広い面積を占め、家族が長い時間を過ごす空間。来客があったとき、お通しするのもリビングが多いのではないでしょうか。そのため、家族でだんらんする、ホームパーティをする、テレビや映画を観るなど、生活のさまざまなシーンに対応できる多灯プランがおすすめです。

基本的な明るさは天井面の主照明で確保。四隅など暗がりができる場合は、必要な箇所にスタンドなどを配置します。

クラシック・スタイルには高級感のある素材の照明器具を合わせる。アートコーナーを照らすあかりがあれば、ステータス感が一気に高まる。(パナソニック)

色数を抑えたシックな北欧テイストのインテリアには、北欧デザインの照明で統一感を出す。(mayuko邸)

シャンデリアが似合うのは、クラシック・スタイルに限らず、シャビーシック・スタイルなど歴史を感じさせる空間。ろうそくを連想させるデザインに合わせて空間イメージをかたちづくるとよい。(サラグレース)

明るすぎずに落ち着いた印象を与える間接照明は、抑制の効いた和空間にぴったり。(パナソニック)

個性的なエスニック・スタイルは、ラインライトで壁を照らし、インテリアから醸し出される神秘的な雰囲気を盛り上げて。自然素材を使ったフロアスタンドなどもなじむ。（パナソニック）

モダン空間には装飾を極力排したシンプルな照明器具でインテリアアイテムを引き立てる。部屋のベースカラーと光色を合わせるのもポイント。（青山スタイル）

落ちついた空間に合うシンプルなフロアスタンド。スタンドのあかりが凹凸のある木質の壁面に美しい陰影をつける。（朝日ウッドテック）

スタンドの使い方バリエーション

局所ごとの明るさはスタンドでカバー。空間のインテリアスタイルに合う器具を選びましょう。

白で統一されたシャビーシックなキャビネットの上には、脚部が特徴的な白いテーブルスタンドを。対照的に置くとクラシックな印象が強まる。（サラグレース）

厚みがあるどっしりとしたミラーの前には、馬の彫刻をあしらった存在感のあるテーブルスタンドでインテリアの重厚さをアップ。（青山スタイル）

リゾート・インテリアの雰囲気が感じらフロアスタンドに合わせて、ロールスクリーンは植物柄をチョイスしてナチュラルな仕上がりに。（青山スタイル）

ダイニングの照明プラン

ダイニングではテーブル上の料理を明るく照らす照明を選びます。一般的によく使われるのはペンダントライトで、LDK空間でもっとも存在感のあるあかりといっても過言ではありません。ペンダントのデザインがインテリアの全体イメージを左右するので、慎重に選びましょう。また、部屋が狭い場合や天井が低い場合は、ペンダントでは圧迫感が出るため、スポットライトがおすすめです。

一般的な大きさのテーブルを広く照らしたいときは、大ぶりなシェードの器具を選ぶ。インダストリアル風のペンダントライトなら、いろいろな空間に合わせやすい。(vanilla)

6人がけのダイニングテーブルにペンダントを2灯。複数の器具を使うときは、位置を調整できるダクトレールが便利。(mayuko邸)

細長いテーブルに小型のペンダント5台を合わせたプラン。モダンな空間とガラスシェードの器具の相性が抜群。(パナソニック)

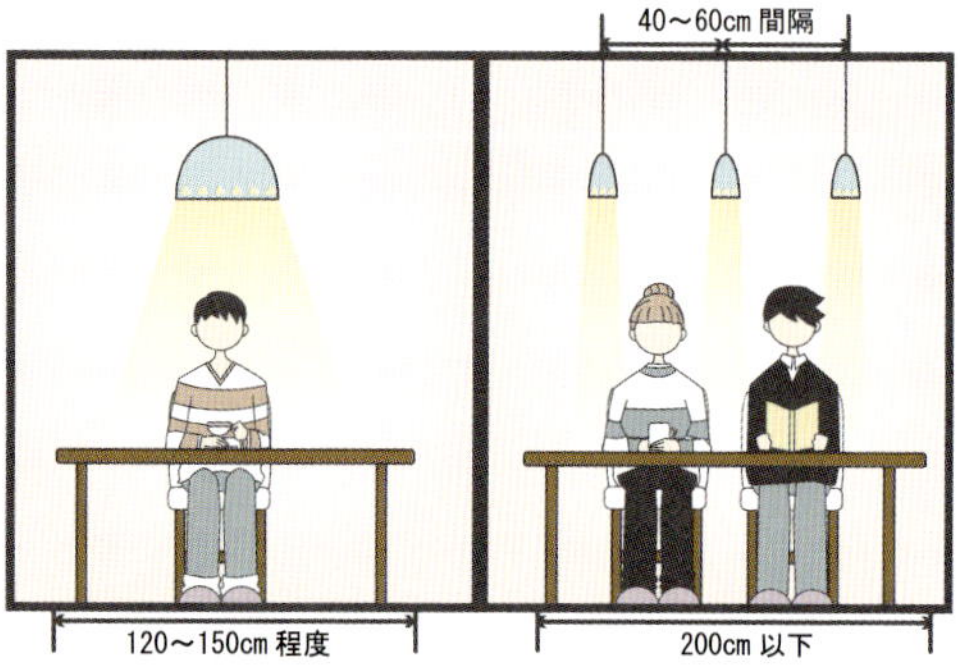

照明とダイニングテーブルの関係

ペンダントの高さはテーブル面から60～80cm程度に設定する。テーブルの大きさとのバランスも重要。120～150cm程度の一般的な大きさのテーブルなら、ペンダントのシェードの直径はテーブル幅の3分の1程度に抑える。それよりも大きなテーブルの場合は多灯づかいがおすすめ。

キッチンの照明プラン

キッチンは調理で細かな作業をする空間のため、全体を照らす主照明と、手元を照らす作業用の照明を確保します。光源は手元を明るく照らし、陰影が出づらい蛍光灯やLEDがおすすめ。マンションの場合、リビングやダイニングと一体となった空間が多いので、ランプや光色を全体に揃えることがポイント。

埋込みのベースライトをキッチン空間の主照明にし、作業する手元をダウンライトで照らす。（パナソニック）

ダイニングテーブルの奥にあるカウンターキッチンの照明は、ペンダントとスポットライトの多灯づかい。料理する手元や、物の出し入れなど、必要な場所に必要なあかりを届ける。（M邸）

壁に向いたキッチンなら、ブラケット（壁付け）という方法もある。リフォームの場合は工事が必要なので、施工会社と相談を。（オーデリック）

対面キッチンの照明プラン

リビングと空間を共有する対面キッチンでは、光色や器具デザインのテイストを揃えること。ダイニングテーブルについたとき、キッチンの照明がまぶしくないか確認する。上に収納棚のないオープンスタイルのキッチンの場合、ますます照明器具の存在感が増す。

寝室の照明プラン

寝室でもっとも大切なポイントは、質のよい睡眠をとれる空間であること。そのため、照明もまぶしさを感じさせない工夫が必要です。ダウンライトがすでに設置されている部屋であれば、直接光が目に入らない位置に枕元を配置します。主照明がシーリングライトであれば、まぶし過ぎないよう調光機能がついたものが便利。おやすみ前にテレビを見るだけなら、光量を絞って部屋を暗くし、睡眠へ入りやすい状態にします。

横になったとき、光源が目に入らないように照明器具を配置。電球色の温かな光がリラックス感を高める。（パナソニック）

リラックスできる照明プランの理想は間接照明。ベッドヘッド付近に間接照明を設置すると、くつろぎ感が高まる。（オーデリック）

ベッドサイドの照明は眠る前の読書やTV鑑賞時に必要。スタンド照明を置くことが多い枕元にペンダント照明を設置した例。（オーデリック）

ここを *Check!*

眠りについた後の照明も用意しておく

深夜に目が覚めたときなどは、寝室全体を点灯してしまうと、明るさで完全に覚醒してしまいます。そのために便利なのがフットライトです(→P167)。寝室のベッドの近くや廊下に設置するとトイレなどに行くときに安心。足元だけを照らすあかりなら、再び眠りにつきやすくなります。

サニタリーの照明プラン

洗面室ではミラーの左右や上に照明器具を配置し、顔を明るく映し出すことが必要。（パナソニック）

洗面室

洗面室は機能面重視の空間だけに、照明を工夫すると雰囲気が大きく変わります。大規模リフォームであれば、ハリウッドライトのようなドラマチックな照明や、間接照明という選択肢も。また、蛍光灯よりも白熱灯のほうがひとの肌の色を美しく見せる効果があります。

2つの洗面ボールを配した洗面室。2つのミラーそれぞれの左右にブラケット照明を、通路側にダウンライトを設置。（W邸）

ルイスポールセンの屋外用ウォールランプを洗面室に使用。ユニークな印影が壁全面に貼ったミラーにも映り込む。（前田邸）

トイレ

使用頻度が高いトイレには、点灯が早い白熱灯やLEDが向いています。玄関・廊下と同様に人感センサー付きの器具を選ぶと、消し忘れがありません。狭い空間のため、主照明1台だけですませることが多いですが、補助照明を加えると雰囲気がアップします。

天井からの主照明以外に間接照明を設置した例。明るさが増して、白い空間のクリーンさがより際立つ。（オーデリック）

トイレのような狭いスペースは、天井を照らす間接照明だけでも十分に明るさを確保できる。（オーデリック）

シニアとキッズのための照明計画

シニア世代には快適に過ごせる明るさと安全に配慮した照明が必要です。予測がつかない場所で勉強や遊びをはじめる子どもたちには、まず部屋全体を明るく照らす主照明を用意します。長く住むに伴い、家族の視力や身体の状況が変化することも忘れずに。

長く安全・快適に暮らすための照明選び

一般的にひとは40代後半から視力の低下が進み、「若者と同じ明るさでは文字が読みづらい」「不快なまぶしさが増える」「明るい場所から暗い場所へ移動したとき、目が慣れるのに時間がかかる」といった状況が生じはじめます。そこでシニアが暮らす住まいでは、ＪＩＳ照度基準（➡Ｐ１５３）よりも明るい照度が必要といわれています（下表参照）。

また、事故を防ぐ配慮も大切です。玄関など段差がある場所では足元を照らすとつまずきにくくなります。椅子や脚立の上に立っての電球交換は危険なため、ランプ寿命が長いＬＥＤや蛍光灯を選ぶことが前提。夜間のトイレ回数も増えるので、ベッドからトイレまでの経路を照らす足元灯もぜひ設置したいところ。トイレの照明が明るすぎると目が冴えて眠れなくなるため、夜間に自動調光できる器具を選ぶのもひとつの方法です。

一方、子どもは部屋のなかのいろいろな場所で活動するため、まず部屋全体を明るく照らす主照明を選びます。その上で勉強や読書の際に手元を照らすデスクスタンドを机の上に設置します。どちらも適しているのは昼白色の光です。ただし、くつろいだ雰囲気の電球色も欲しいということであれば、光色を切り替えられるＬＥＤ照明器具を選ぶと一挙両得です。

シニアに必要な明るさ

シーン	JIS照明基準	シニアに推奨する照度
手芸・裁縫	1000 lx	1500～3000 lx
読書	500 lx	600～1500 lx
調理・食卓・洗面・化粧	300 lx	500～1000 lx
洗濯	200 lx	300～600 lx
主照明のみの居室	50～100 lx	50～250 lx
廊下	50 lx	50～150 lx
トイレ	75 lx	75～150 lx
深夜の歩行	2 lx	2～10 lx

手元が明るければ老眼でも見やすくなるケースが多いので、全般的な明るさアップが必要。ただし、まぶしさを感じることも増えるので、光源が直接目に入らないよう配慮する。

和室と子ども部屋の照明プラン

和室

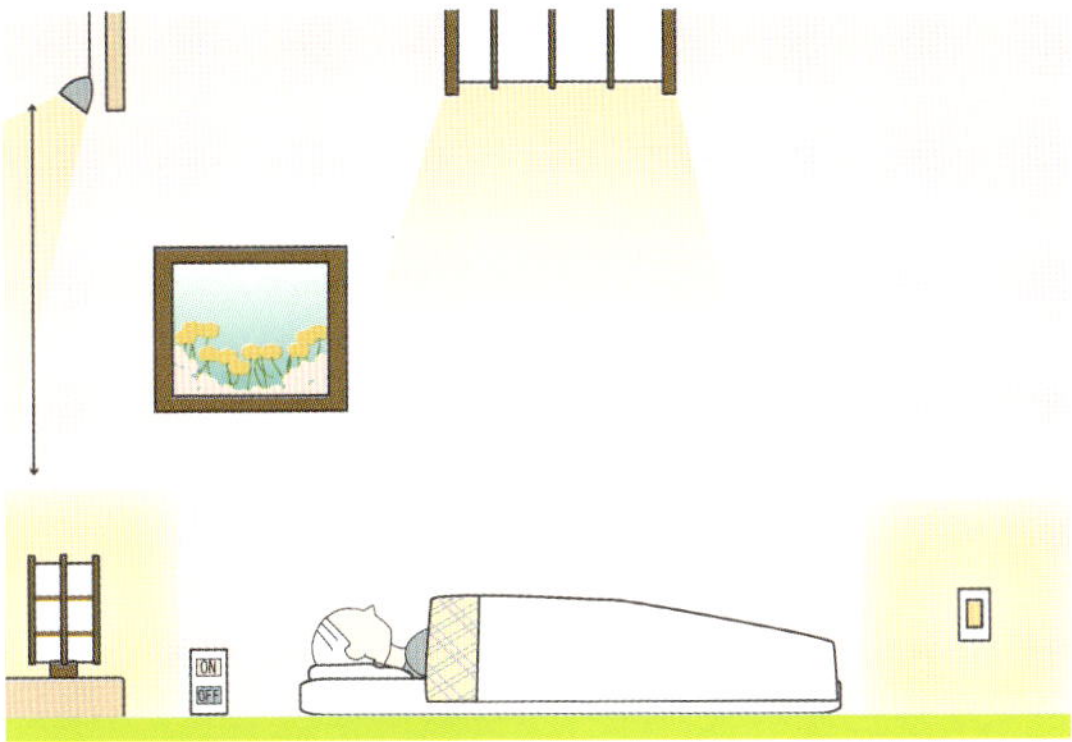

和室は壁や天井が茶系の場合が多いので、白い壁の部屋と同じ照明器具では暗く感じてしまいます。器具に表示されている「適用畳数」よりも広めの畳数を選ぶようにしましょう。寝室の場合は多灯照明にして、手元のリモコンで操作できるようにしておきます。

足元を照らすフットライト

人感センサー付きのタイプは、ひとが通ると点灯するため、深夜のトイレにも安心感がある。コンセントに差すだけのタイプは工事不要で便利。（エルパ／PM-LW200）

低い位置にあかりを

あかりを低い位置に置くと、くつろいだ印象の空間がつくれる。シェードから柔らかなあかりを灯すスタンドなら、よりくつろぎ感がアップする。（パナソニック）

子ども部屋

机の上のスタンドだけでなく、ダウンライトやシーリングライトで部屋全体を明るく照らすのがポイントです。ベッドの近くは間接照明にして、枕元で操作できるようにするとよいでしょう。

ここをCheck!

電球交換が少なくすむLED照明がおすすめ

シニアの照明計画でぜひ考えておきたいのが、メンテナンスのしやすさです。シニア世代は在宅時間が長いため、ランプの消耗が若い世代より早い傾向があります。しかし、高い場所でのランプ交換は危険を伴い、ぜひとも避けたいところです。その点、電球型LEDの寿命は約4万時間。24時間つけっぱなしでも約4年半、半日点灯なら約9年交換が必要ありません。

すぐにできるおしゃれな照明

マンションによくある「天井に1台だけ」の照明では陰影が生まれず、空間全体が平坦な印象になりがちです。リフォーム工事でダウンライトを適所に配置するのが理想ですが、工事なしでも補助照明を組み合わせることで雰囲気のある照明を実現できます。

多灯分散照明にすることで華やかな雰囲気に

一般的にマンションに多いのは、1室につき照明器具を1台設置する「一室一灯照明」です。高い位置から照らすため、部屋全体に一定の明るさを確保できるものの、光の陰影が生まれず、フラットな印象の部屋になります。その点、複数の照明器具を設置し、必要に応じて点灯する「多灯分散照明」なら、ホテルライクな雰囲気に。とはいえ、「間接照明を想定した構造ではない」「電気配線を変更できない」などの理由で、ホテルのようにできないマンションが多数派でしょう。

そこで、典型的なマンションの部屋を工事なしで多灯分散照明に変える方法を紹介します。

まず、部屋の天井中央にある照明器具の設置位置にダクトレールを設置。複数台の照明器具を取り付けられる環境にします。ここにペンダントライトまたはスポットライトを3～4台取り付けると、部屋の雰囲気が華やかに。あとは必要な場所や暗がりにスタンドやスポットライトなどの補助照明を配置します。最近ではテレビや家具の背後に置いて簡単に間接照明をつくれるホリゾンタルライトという照明器具も市販されています。ダクトレール設置が難しい場合、主照明はそのままに補助照明を追加。雰囲気を楽しみたいときに主照明を消灯するといいでしょう。

おしゃれなライティングのコツ

布にスポットライトを当てる

大きな布を壁に垂らし、そこへスポットライトを当てるとやさしい光が広がる。カーテンを代用してもいい。

オブジェで光だまりをつくる

お気に入りの小物やグリーンと小さめのスタンドやキャンドルを組み合わせ、光のオブジェとして飾るとおしゃれ。LEDなら消費電力も少なく、そばに置いた小物や花を傷めない。

間接光をつくりだす

テレビの背後に、フロアスタンドを置いて間接光をつくる。主照明を消してフロアスタンドだけの光にすると、落ち着いた雰囲気に。

工事なしでできる多灯照明プラン

After　多灯分散照明のリビングダイニング

デザイン性の高いペンダントで、空間をおしゃれに。

部屋の天井中央にある照明取り付け部分にダクトレールを設置。ペンダントまたはスポットライトを2～3台取り付ける。

テレビやソファの背後にホリゾンタルライトを設置すると、手軽に間接光の雰囲気を味わえる。

光を照射する方向を変えられるスポットライトは、壁や天井へ向け、間接照明として利用する。

暗がりができる場所には、スタンドを設置。ロースタンドで足元を照らしてもいいし、フロアスタンドで視線より高い位置を照らしてもいい。

ソファなど手元のあかりが必要な場所にスタンドを置く。アームスタンドにすると、手元を明るく照らしたいときに便利。

↑

Before　一室一灯照明のリビングダイニング

リビングにはシーリングライト、ダイニングにはペンダント1灯という、よくある照明プラン。

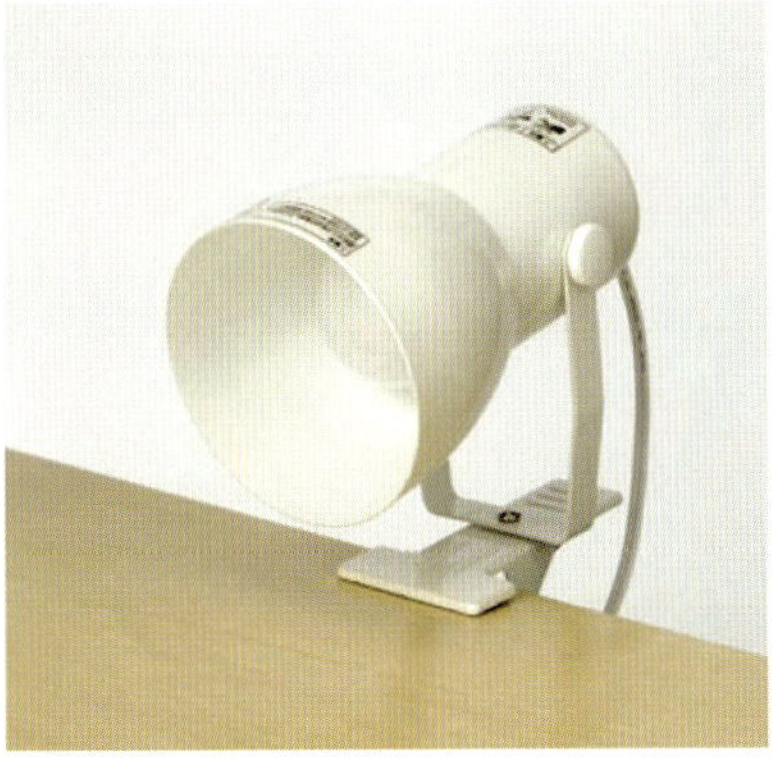

マンションの壁にブラケットを施工するのは難しいため、クリップ式スポットライトを活用。シェルフなどに取り付けて、フォーカルポイントを照らす。
（エルパ／SPOT-BNE26C）

スタイルを生み出す照明器具

ペンダント

Pendant

デザイン性の高い照明器具は、それだけでインテリアのグレードをアップさせてくれます。どこにどんなあかりが必要かを確認し、目的にあわせて照明器具を選びましょう。

木製パネルを古材風に仕上げ、ヴィンテージ感を出したペンダント。横長なのでダイニングテーブルの照明におすすめ。（オーデリック／OP252531）

レトロな雰囲気の「オリエント」は、1963年にヨー・ハーマボーによってデザインされたもの。アルミシェードにローズウッドのシェードトップが格調の高さを感じさせる。
（ライトイヤーズ／フリッツ・ハンセン）

ルイスポールセン社がデンマーク海軍施設局のためにデザインした「ドゥー・ワップ」。小ぶりでシンプルなフォルムは、さまざまな空間に合わせられる。5種類のカラーバリーエーションがある。
（ルイスポールセン／撮影：Jacob Termansen ）

地下足袋や和小物のデザインで定評のあるデザインユニットSOU・SOUとのコラボレーションデザイン。華やかなファブリックシェードは、ナチュラル、北欧、カジュアルな和モダン・スタイルなどにちょうどいい。（パナソニック）

茶道の茶せんをモチーフにつくられたパトリシア・ウルキオラの「CHASEN」。光源を包む細いアルミのシェードは、上部のレバーを回すことで大きさを調整できる。（日本フロス）

くすんだ色合いのクリアガラスがヴィンテージ感あふれるペンダント。ナチュラルな空間やミッドセンチュリー、北欧スタイルなどに。（パナソニック）

ユニークなフォルムとポップな色合いが楽しい「スィルク」は、スウェーデンのデザイナー兼アーティスト、クララ・フォン・ツヴァイベルクのデザイン。北欧スタイルはもちろん、ナチュラルやエスニック・スタイルにもおすすめ。（ルイスポールセン）

黒のアイアンフレームにガラスを合わせたアンティーク風のシャンデリア。クラシカルなデザインは、シャビーシックやシックな北欧スタイルなどにも合う。（オーデリック／OC006962LC）

1枚のアルミ板を加工したシェードからやさしい光が拡散する「LC シャッターズ」は、ルイーズ・キャンベルのデザイン。（ルイスポールセン）

山中漆器と鋼を組み合わせた工芸品のような照明。和の要素をもちながら、ミッドセンチュリーや北欧、エスニック、クラシックなど幅広いスタイルに合わせやすい。（オーデリック／OP252574LD）

カラフルなガラスを組み合わせた小ぶりのペンダントは、温もりのあるデザインで光の表情も豊かになる。（オーデリック／OP034344LD）

筒状のガラスにキャンドル型の電球を入れたシャンデリア。金具部分はエイジング加工した真鍮を用い、インダストリアルな雰囲気をプラスしている。（オーデリック／OC257060LC）

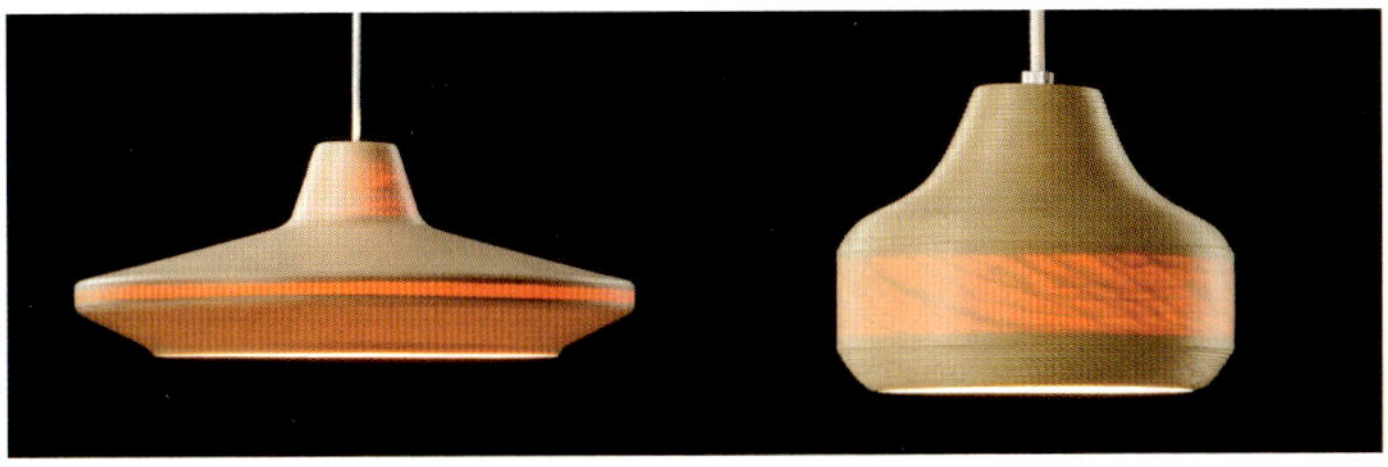

青森県のブナの木を有効活用するために生まれたプロダクツ「ブナコ」の照明。ブナ材のシェードから透けるあかりが、心を穏やかにさせてくれる。レトロ調のウッド照明は、和モダン、ナチュラル・スタイルのほか、ミッドセンチュリーなどにも。（ブレス）

バリ島の透かし彫りをモチーフにデザインされたペンダント。エスニック、和モダン、ダークな色調のミッドセンチュリーなどに合わせやすい。（パナソニック）

スタンド

Stand

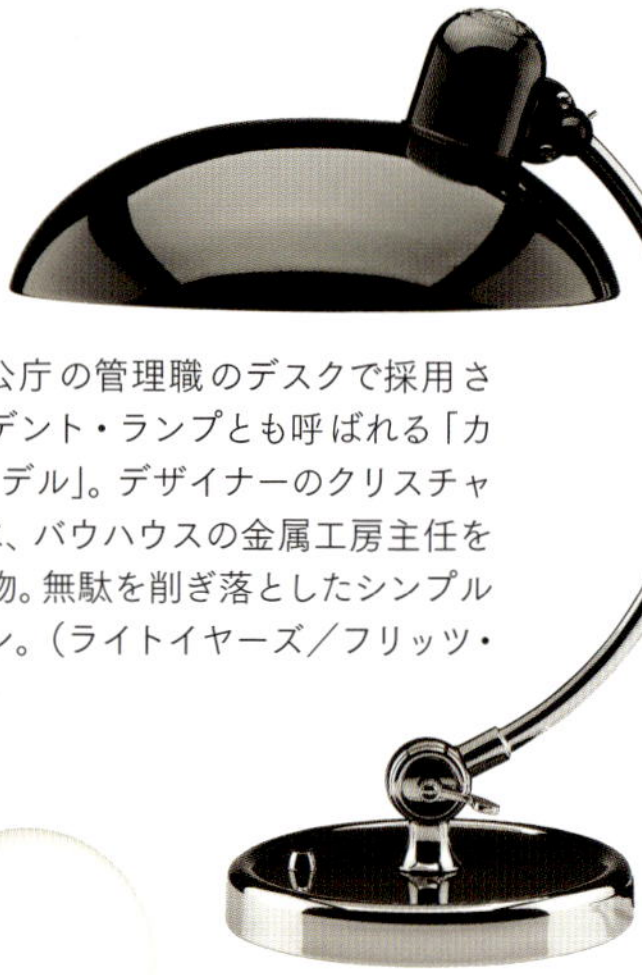

ドイツ官公庁の管理職のデスクで採用されプレジデント・ランプとも呼ばれる「カイザー・イデル」。デザイナーのクリスチャン・デルは、バウハウスの金属工房主任を務めた人物。無駄を削ぎ落としたシンプルなデザイン。（ライトイヤーズ／フリッツ・ハンセン）

フランスのインテリアブランド、ミゾンドゥムールのフロアランプ。シンプルで繊細な印象ながら、クラシカルなテイストをもった佇まいが上品。（サラグレース）

真鍮のバーと球形のガラスを組み合わせたマイケル・アナスタシアデスの「IC Lights」は、球形が宙に浮いたように見える繊細なデザイン。クラシカルにもモダンにも合う。（日本フロス）

布シェードにクリスタルガラスを組み合わせた華やかなスタンド。クラシックらしさがありながら、モダンな空間にも合うデザイン。（パナソニック）

フィリップ・スタルクがデザインした「BIBLIOTHEQUE NATIONALE」は、「国立図書館」という名前の通り、可動式の棚を設けたフロアランプ。ベース部分にはUSBの充電機能も備えており、クラシカルな雰囲気ながら、利便性の高い製品。（日本フロス）

脚部はライムストーンといわれる石灰岩に彫りを施したもの。エスニック・リゾートの気分が盛り上がるテーブルスタンドだが、和モダンやクラシックなスタイルとも合わせやすい。（KAJA）

薄い金属板に穴を開ける加工はエジプトの伝統的な技法。穴から広がる光が幻想的な演出をしてくれるテーブルランプ。エスニックな空間に置きたい。（KAJA）

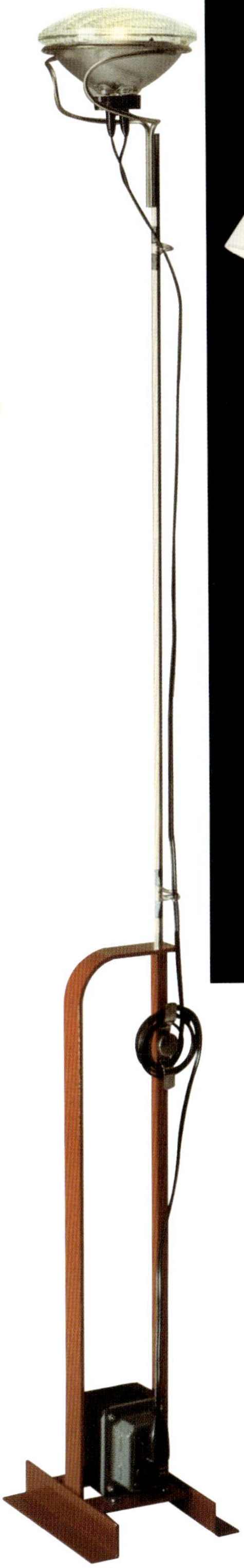

デンマークのプロダクト・ブランドMUUTOの「プル」は、コードのたるみ具合でシェードの高さを調整することができる。（センプレホーム）

ミニマルなデザインの「AJ フロア」は、1957年にアーネ・ヤコブセンよってコペンハーゲンのロイヤルホテルのためにつくられたもの。シェードは上下90度まで可動し、必要な場所にあかりを向けることができる。（ルイスポールセン）

アール・デコを思わせるスタイルのランプは、日本のぼんぼりや提灯から着想を得たもの。モダンにもクラシックにも合う上品な佇まい。（AREA）

クラシカルな脚部と直線のシェードが美しいテーブルランプ。クラシックな空間はもちろん、シンプルモダンなインテリアにもおすすめ。（AREA）

自動車のヘッドランプを転用したカスティリオーニ兄弟の「TOIO」。インダストリアルなインテリアにぴったりのフロアスタンド。（日本フロス）

三脚に設置された鏡のようなフラット面から光を放つ「SUPERLOON」はジャスパー・モリソンのデザイン。LED技術の進歩で実現したもので、満月のような円盤は360℃回転し、色温度も変えられる調光機つき。（日本フロス）

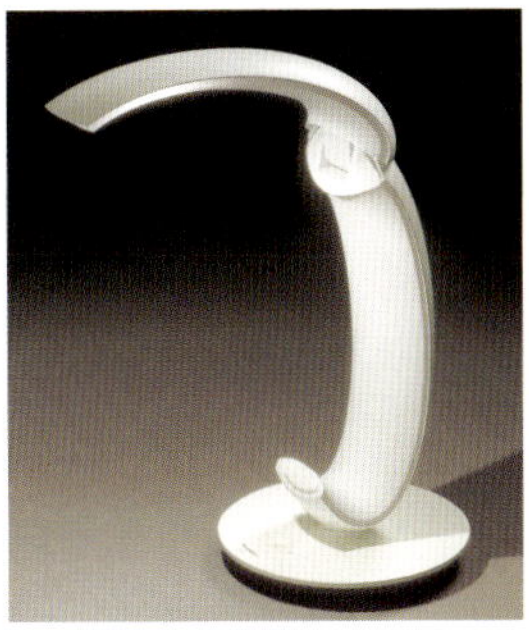

楕円形が閉じているときは温かみのある電球色に。開くと昼光色でタスクライトに。目的に合わせて２種類のあかりを選べる。（パナソニック）

パトリシア・ウルキオラの「TATOU」は、日本の鎧をモチーフにしたもの。網目状のシェードからやさしい光が拡散する。（日本フロス）

ウォール&シーリング

Wall & Ceiling

クリスタルガラスを布シェードで包み込んだゴージャスで上品なシーリングライト。シャンデリアの豪華さとシーリングライトの機能性を兼ね備えている。(パナソニック)

1920年代のデザインを復刻したポール・ヘニングセンの「PH 2/1ウォール」。フロスト加工されたガラスシェードは眩しさを抑え、やわらかい光を放つ。
(ルイスポールセン/撮影:Thoumas Henius)

アッキレ・カスティリオーニの「Moni」。あかりをつけると天井に太陽のような陰影をつくるシーリングライト。(日本フロス)

シンプルでミニマムな「LIGHTSPRING double」は、ロン・ジラッドがデザインするウォールランプ。LEDが仕込まれたバーの部分は45℃可動。バーが上部だけの「single」もある。(日本フロス)

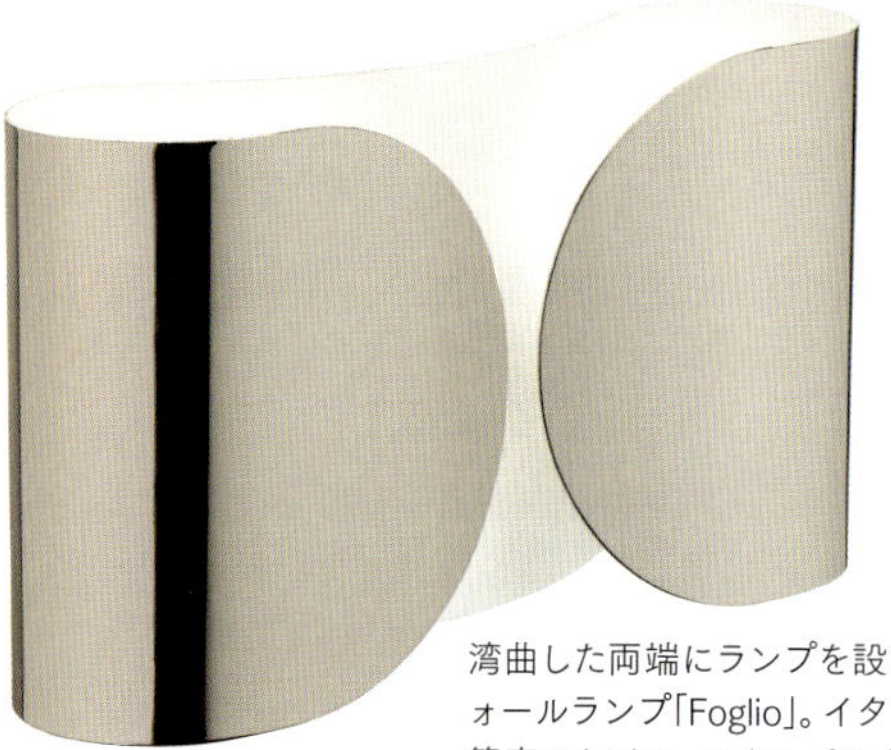

湾曲した両端にランプを設置するウォールランプ「Foglio」。イタリア人建築家のトビア・スカルパにより1966年に発表されたもの。(日本フロス)

シンプルな半円形の「PH ハット」は、ポール・ヘニングセンが自宅の寝室のためにデザインしたもの。光に温かみを出すため内側はローズ色に塗装。シェードは約60℃可動する。(ルイスポールセン/住宅設計:ミサワホーム㈱)

「カイザー・イデル」シリーズのウォールランプ。じゃばらのアームは470㎜~890㎜の範囲で伸縮する。(ライトイヤーズ/フリッツ・ハンセン)

Part.7

心地よい空間のためのディスプレイ

Display

棚の上、部屋のコーナー、壁面など、ちょっとした空間を活用した
ディスプレイができればインテリア・デザインがもっと楽しくなります。
ディスプレイのコツを知り、
おしゃれなインテリアからヒントを見つけましょう。

センスを感じさせる

ディスプレイのコツ

高級な家具を買い揃えなくても、ちょっとした小物がセンスよくまとまっているとインテリアは素敵に見えてきます。チェストの上、本棚の一角、部屋の空きコーナーなど、その部屋に入ったひとが自然と視線を向けるフォーカルポイントをつくれば成功です。美しく見えるインテリア・ディスプレイのコツを知って、自分らしいフォーカルポイントをつくりましょう。

コツ

1 テーマを考えてみましょう

たとえば、旅先の写真を入れたフォトフレームをメインにするなら、その国を連想させるもの、そこで購入した工芸品などを一緒に並べます。カラフルなフラワーベースを置くなら、花の香りのキャンドルや昆虫のオブジェを添えると花のイメージが膨らみます。モチーフを揃えたり、季節のイベントに合わせるのもおすすめです。

飾り棚にセッティングされた小物は、クリスマスがテーマ。季節のアイテムを飾るのもインテリアの楽しみ方のひとつ。(井口邸)

コツ

2 素材を揃え、色みは3色までを基本に

木、ガラス、陶磁器、金属などアイテムの素材を揃えると、形がばらばらでも統一感が出ます。素材が違う場合は色を合わせましょう。用いる色は3色程度に収めるとまとまりやすくなります。

金属製のスタンドをメインにして、同じ金属素材のオブジェを一緒に。重ねて置いたボックスやガラス器など、全体をモノトーンでまとめている。(青山スタイル)

コツ

3 お気に入りの小物は複数で並べましょう

同じものを複数並べるのはディスプレイの基本のテクニックです。まったく同じものでなくても、色違いやかたち違いなどでもかまいません。連続性をもたせることでテーマも生まれます。

同じシリーズのキャンドル立てと家のオブジェを並べてみる。共通性があるため一体感が出る。(mayuko邸)

コツ

4 シンメトリーか三角形を意識しましょう

ものを配置する際は、シンメトリーか三角形を意識するとバランスが整えやすくなります。シンメトリーとは左右対称のことで、高級感が出てモダンな印象になります。三角形はシンメトリーを崩したもので、ナチュラルな雰囲気を出してくれます。

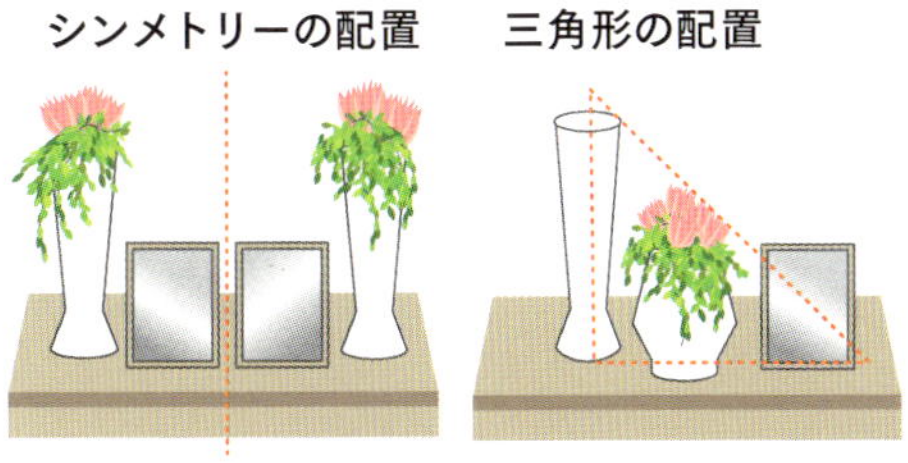

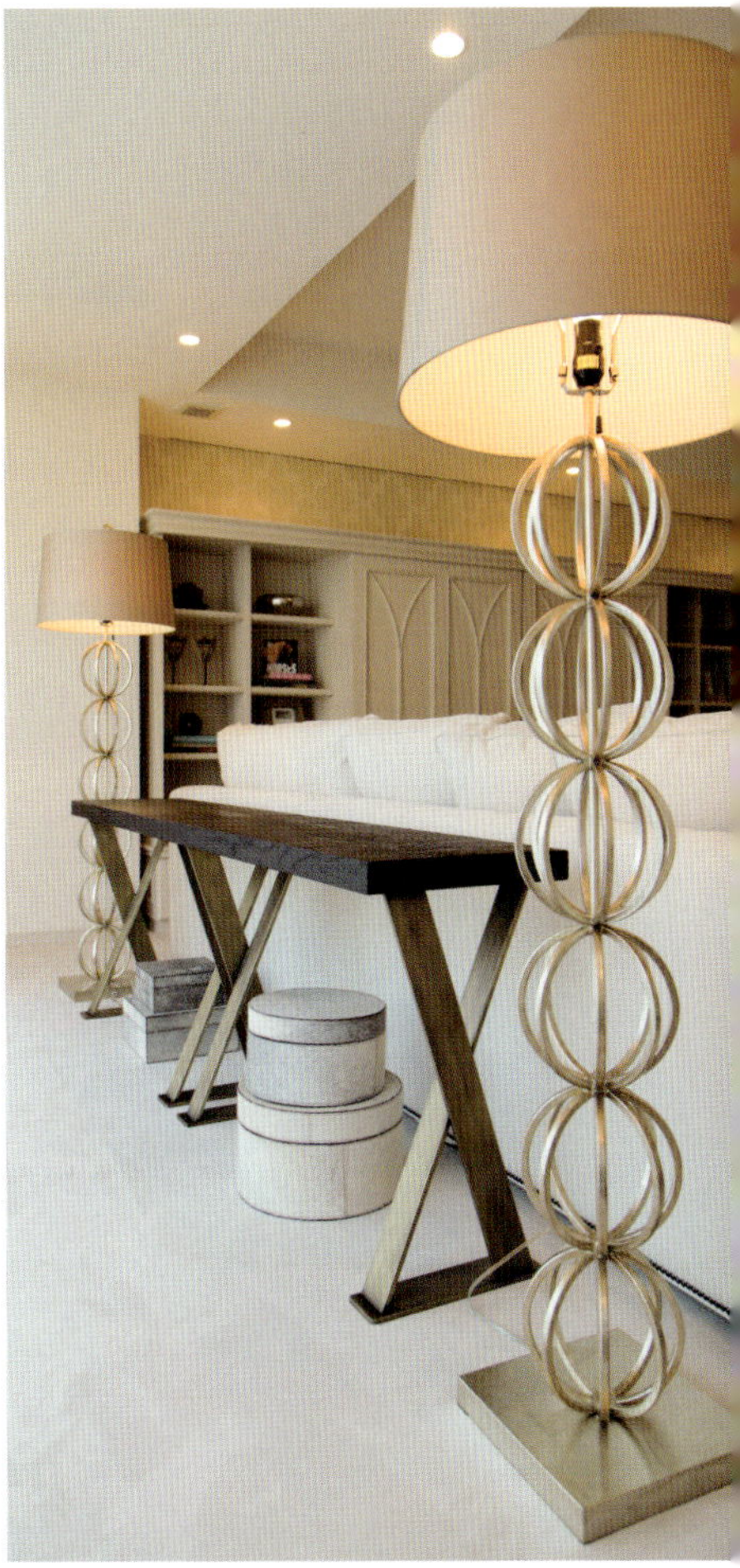

コンソールテーブルを中心に、フロアスタンドと２段重ねのボックスがシンメトリーに配置されている。安定感がありバランスがよい。（青山スタイル）

コツ

5 フレームを飾るルールを知りましょう

家族の写真や好きなアートなど、壁にフレームを並べるときは、いくつかのルールがあります。

1 ラインを揃える

上下ライン、左右ライン、中心ラインのいずれかを揃えます。大きさや形が違うフレームもラインを揃えることで美しく見えます。

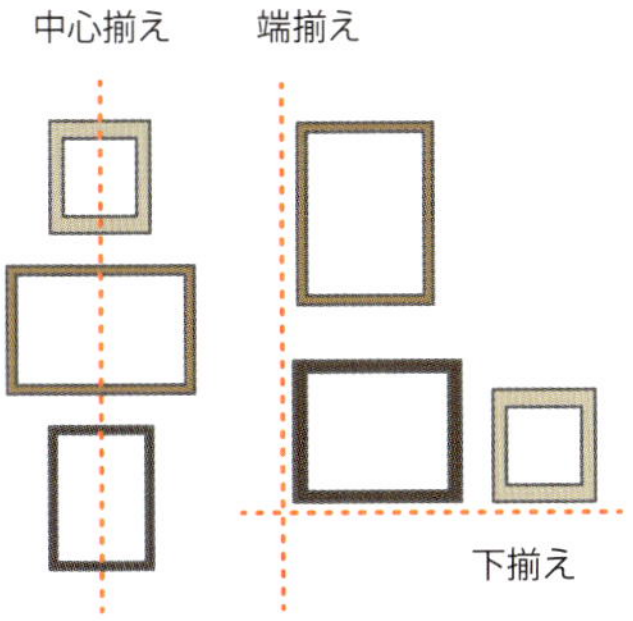

縦と横のセンターを合わせて並べられたフレーム。フレーム自体がアート作品のように楽しめる。（青山スタイル）

大枠の左右の縦ラインに揃えて配置。色や形が違うフレームも大枠のなかに収めると一体感が出る。（井口邸）

2 大きな枠のなかに収める

フレームの数が多いときは、だいたいの大枠を決めて、そのなかに収まるように配置しましょう。

すぐにマネしたい！

ディスプレイのお手本帖

頭ではわかっていても、ディスプレイを成功させるのはむずかしいもの。初心者ならなおさらです。まずは、センスのよい素敵な見本をたくさん見て、それをマネするところからスタートしてみませんか。マネをすることで、小物の選び方やものの置き方の感覚が身についてきます。エリア別のディスプレイや小物のおしゃれな使い方、美しい収納などのお手本を見てみましょう。

透明なフレームは重ねても重くならない。置物の高さを不規則にしてラフな雰囲気を出している。

キッズデスクの飾り棚。小さな小物を三角形の配置でセンスよく。

写真が魅力的な洋書はディスプレイ小物のひとつに活用。脚付きのガラス器でディスプレイに立体感を出す。

シンプルなガラス花器にあうように植物もラフに束ねてナユラルに。奥行きのない場所だが、洋書に乗せることで空間に立体感が出る。

白、茶、黒のなかに赤が効いたディスプレイ。モノトーンのポスターやハンドトルソーなどの小物が、白雪姫やいばら姫などのグリム童話を連想させる。

ダイニングテーブルに布をかけ、キャンドルとオブジェを配置。

ハーブや調味料は容器を揃えてラベリング。同じアイテムを複数並べるディスプレイの基本技。

北欧のガラスメーカー、ホルムガードのガラスランタンを大小並べて。

エリア別

ディスプレイのポイント

リビング・ダイニング

Living & Dining

家族みんなが集まるリビングやダイニングは、住むひとのこだわりを表現できる場所。ゲストを招く場所でもあるので、フォーカルポイントを意識しましょう。

デスクに並んだアンティーク風の小物。高さをランダムに配して、格調あるクラシックよりもレトロな温かみを演出。(井口邸)

ワイヤーバスケットに入っているのは、地球儀と鳥の羽で覆われたボール。大人ぽい遊びのあるインテリア。(W邸)

お気に入りのロッキングチェアには、自分で編んだパッチワークのひざ掛けをセッティング。レトロな味わいが感じられる。(井口邸)

白いレンガ壁に黒のワイヤーバスケットがフレンチシャビー風。果物とキャンドルのビビッドな色が映える。(mayuko邸)

天井から吊るしたあじさいのドライフラワーがシンプルな部屋のアクセントになる。（前田邸）

大きなフラワーベースに生けた草花は床に直接置いて室内のフォーカルポイントに。反対のコーナーは、ツールを飾り台にして空間に高低差をつけている。（前田邸）

柱に沿って置かれた木目の美しいアンティークチェスト。掛け時計の黒に合わせて黒のグラスを花器に使用。（W邸）

余裕をもたせて小物を配置。カウンターの下につくったニッチ棚に、ギャラリーのような空間が生まれた。（前田邸）

クッションはデザインの違うものを選んでもおしゃれ。使わないときは、バランスよく並べておくだけでインテリアデコレーションになる。（青山スタイル）

リビング・ダイニング

Living & Dining

壁面に専用のフックを取り付け、自慢のギターを見せて収納。インテリア・アイテムとしてもクール。（M邸）

まきストーブ風の暖房器具の背面に照明を当て、ドラマチックな雰囲気を演出。手前のクッションは、山羊の皮でできたモロッコの「プフ」。不要になった布などを詰め込んで椅子やオットマンとして使用する。（井口邸）

中東風のオリエンタルな雰囲気が漂うコーナー。アイテムが多いときは、色みを揃えるとなじみやすい。（井口邸）

木枠を重ねた階段状の収納ボックス。アメリカンポップなクッションが男っぽいインテリアにマッチ。（M邸）

収納扉の取っ手にもアクセサリーを。モールディング家具にタッセルをつけてエレガントさをアップ。（青山スタイル）

子ども部屋のドアノブにかけた星型のインテリア・アクセサリー。自分の部屋が特別な場所に思えるちょっとしたアイデア。（W邸）

ワークスペースの一角にグリーンのスペースを確保。種類の異なる観葉植物の鉢をまとめて置いて、ワイルドなネイチャー感を楽しむ。（M邸）

リビングのコーナーに椅子をおくだけで立派なフォーカルポイントに。クッションのファブリックをカーテンと揃えて統一感を出している。（青山スタイル）

ミントグリーンの壁にカラフルなモビールがかわいいディスプレイ。スツールをグリーン台にしてコーナーを飾る。（前田邸）

リビングのフォーカルポイントになる大きなグリーン。鉢を入れる鉢カバーもインテリアのテイストに合わせてチョイス。（W邸）

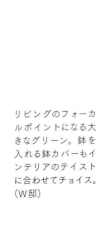

リビング・ダイニング
Living & Dining

柱のでっぱりを生かして造作された飾り棚の下にちょうど収まったダストボックス。生活感が出ないようにシンプルなデザインを選び、英字のステンシルでラベリングしている。（井口邸）

美しく整理された収納棚。無印良品の収納ボックスをメインにし、白か薄いグレーでまとめている。美しさと機能性を備えるにはラベリングも必須。（mayuko邸）

壁一面の上下に収納棚を造作。真ん中を開けることで圧迫感がやわらぐ。扉付きの収納で空間がすっきりする。（W邸）

キッチンカウンターの下の収納。ダイニングテーブルに近い場所で、普段使いのグラスや取り皿などがすぐに取り出せる。（mayuko邸）

リフォーム時にあえて梁をつくり、エアコンを埋め込んだ。エアコンが壁から飛び出てついているよりも断然スマート。ホテルの空調のようにすっきりとさせるアイデア。（W邸）

ダイニングテーブルの隣にワゴンを配置。テーブルクロス、コースター、カトラリーなど毎日使うものを収納している。（井口邸）

照明や空調などの操作盤を隠すように造作したニッチ棚。目につきやすい上段にはお気に入りのものを並べ、下段にはアルバムや本を収納。（前田邸）

来客が多いリビングに置かれたワインセラー。ハードなアイテムだが、インテリアのカラーリングに溶け込み、大柄の壁紙と合わせるとクールモダンに。（mayuko邸）

キッチン Kitchen

食品や調理器具などものの種類が多くなりがちなキッチン。毎日なんらかの作業する場所なので、合理性と美しさを兼ね備えたい場所です。動線を意識して収納を考えましょう。

キッチンの奥にある扉付きのパントリー。省スペースでも、天井まで棚を設置すれば収納量は確保できる。中身がわかる透明容器なら調理の時間短縮にもつながる。（mayuko邸）

ブリキがあしらわれたバスケットやガラスのキャニスターは、インダストリアルなインテリアとの相性もよい。（M邸）

カウンターキッチン内の収納棚は、汎用性の高い白い食器が中心。使うことの多いお皿は下のほうに置き、使用頻度の少ないものは上方へ。（mayuko邸）

スタイリッシュな道具類が整然と並ぶ作業台。飾りながら収納するアイテムは、デザインにも配慮を。（mayuko邸）

オープン棚はかごやボックスを利用してものを分類すると、雑然とした印象が避けられる。（前田邸）

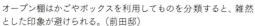

花瓶代わりのミルクピッチャーを、お揃いの砂糖壺、スタッキング・カップ、大理石のカッティングボードと一緒に。（W邸）

キッチンのニッチに市販のオープン棚を設置。普段使いの調味料もお店のウィンドウのようにディスプレイすれば、料理のモチベーションもアップ。（井口邸）

食器棚のオープンスペースに無駄なく収まった道具類。高い位置に置くボックスやバスケットは取っ手付きが取りやすい。（井口邸）

広いキッチンカウンターはディスプレイ空間にもできる。コーナーには旅先で求めた置物やフォトフレーム、グリーンをセンスよく配置。ワインボトルはグラスと一緒にトレイに乗せてインテリア小物として見せている。（W邸）

ヘラ、さいばし、お玉などはピッチャーに立ててガス台の近くに。ストウブの鍋は見せる調理道具の定番。（井口邸）

毎日使うものは、しまい込むよりオープンにしておくほうが便利。吊り下げ式なら手に取るのも簡単でスピーディー。（前田邸）

玄関 Entrance

玄関は小さな空間ですが、外から入ってきたひとが必ず目にするところです。ものを置きすぎずに、清潔感を保ちましょう。

アンティークのチェストに、個性的なオブジェをディスプレイ。三角形のフォームでバランスよく配置されている。（W邸）

グレイッシュカラーでまとめた玄関正面のコンソールテーブル。下の段に置かれた乾燥スワッグがアクセントになっている。（前田邸）

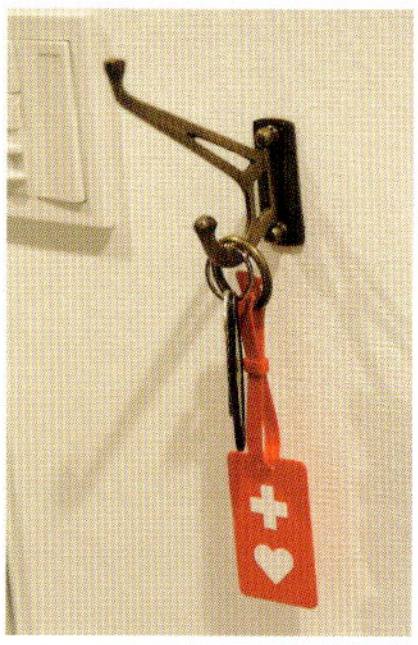

玄関の壁に設置したコートフックを鍵の指定場所に。取りやすい高さに取り付けるのがポイント。（井口邸）

壁にかかった絵と飾り台の花がシンクロするディスプレイ。丸枠の台座がエレガント。（青山スタイル）

ガラス花器に生けた花を玄関のたたきに。シンプルな玄関に赤のラグが効いている。（前田邸）

屋根が連なる絵と家形のオブジェは、マイホームにゲストを迎えるのにぴったりのディスプレイ・テーマ。（前田邸）

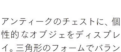

サニタリー *Sanitary*

ミニマムにすっきりとさせるか、こだわりの小物を飾ってミニギャラリー風にするか。どちらにも対応できるのがサニタリーです。

グレイッシュトーンの壁紙をあしらったトイレ。ポストカードと小さな花を置いてさわやかに。（前田邸）

シンプルな洗面台は白いタイルで清潔さを強調。スタイリッシュな水栓はドイツのメーカー、ハンスグローエのもの。（前田邸）

洗濯機の上部の扉にはハンガーバーを設置。アイロンがけしたものはそのままここに下げておく。（前田邸）

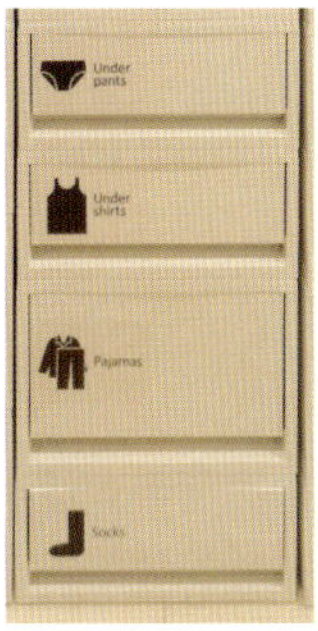

洗面脱衣室の棚には、家族のアンダーウエアとパジャマを収納。アイコン付きのラベリングは、まだ小さいお子さんのためのもの。（前田邸）

海外のパウダールームのような洗面室には、思い出のものやお気に入りの小物をあちこちに。コーナーごとにテーマをつくってまとめるのがポイント。（W邸）

寝室 *Bedroom*

体を休める寝室はリラックスできる空間にするのがポイントです。整理整頓を心掛け、ものも少なめにすっきりとさせましょう。

モールディングの腰壁とシンプルなスタンドがヨーロッパの瀟洒なホテルを思わせる。（mayuko邸）

大胆な壁紙とグリーンがフォーカルポイントの寝室。チェストには、リードディフューザーを置いてリラックス。（W邸）

寝室のふかし壁に本の収納スペースを設けた。視線が届きにくい場所なのでにぎやかな背表紙も気にならない。（前田邸）

パリのアパルトマンをイメージした寝室。やさしいカラースキームでまとめられ、スモーキーブルーの壁に大きな花モチーフがロマンティック。（青山スタイル）

アンティークの回転式のスツールは、ベッドサイドテーブルとして利用。リードディフューザー、アイアン・ラダー、太陽モチーフのミラーがアート作品のように並ぶ。（井口邸）

アンティークのチェストにミッドセンチュリー風のテーブルランプ。壁にかかったチェーン・フックが個性的。（井口邸）

寝室の棚には、寝る前に読む文庫本をメインに。小さい棚に小さなグリーンが上手に使われている。（前田邸）

突っ張り式のパーティションをベッドのヘッドボードに利用。ボードにフックを設置できるので収納にも便利。（M邸）

整然とした寝室のクローゼット。上部には、箱に写真を貼り付けたシューズボックスが積まれている。ドイツ製のマワハンガーとIKEAの収納ボックスですっきりと整理されている。（mayuko邸）

キッズエリアの収納スペースは、奥が使用頻度の低い季節もの、手前が子どもたちのクローゼット。子どもが自分で出し入れできるような配置を工夫している。（mayuko邸）

まだある

こだわりディスプレイ

ハンドメイド作品であふれる DIYナチュラル・インテリア

兵庫県

S邸

白を基調にしたナチュラル・スタイルのインテリア。空間を引き締めるために黒のアイテムと大好きなグレーもプラスされています。心がけていることは、雑多に見えないように空間に余白をもたせること。ハンドメイドが好きで、木製のアイテムはほとんど手づくりしているそうです。（Room No.143536／ユーザー名 ak3）

トルソーにかけたヴィンテージ・カメラがおしゃれ。壁面には手づくりをラックを。

明るく開放的なリビング。既存のフローリングの上に、足場板（建築現場で使われる作業板）を貼った床。ドアは、もともとのドアに角材を貼り白くペイントしたもの。テレビまわりのあしらい、六角形の壁面飾りもすべて手づくり。

もとは和室だった部屋をフローリングに改造。リビングとつながった空間で、リラックスできるようにゆったりと椅子を配置。ドーナツ状の個性的な壁飾りが目を引く。

帽子が大好きだというSさん。帽子を飾りながらうまく収納している。ひし形のボックスにはショップのディスプレイのように小物を配置。

好きなものをベースにして
アクセントにはグリーンを活用

大阪府

I邸

リビングのアクセントは、立体感のあるグリーンと、北欧アートのポスター。L字型のソファには、いろいろな素材のクッションを置き、温かくやわらかい雰囲気を演出。大きなミラーは空間を広くみせる効果を生んでいる。

シンプルでクールなもの、やわらかく温かみのあるもの、どちらも好きだというIさん。カラースキームは壁や天井の白、床の木に合わせて、ベージュ、グレー、黒などシックな色でまとめ、観葉植物やドライフラワーなどの植物で明るい色みをプラスしています。また、室内がシンプルになりすぎないよう、クッションなどのファブリックは素材感のあるものを選び立体感が出るように意識しているそうです。(Room No. 1666614／ユーザー名 iwammm)

木目がユニークなオーク材の天板テーブルの上は、愛らしい植物がやさしい陰影をつける。購入した花は生けて楽しんだあと、天井に設置したダクトレールに吊り下げ、ドライフラワーとしても楽しむ。

キッチンカウンターには高さや形状、素材や色の異なるフラワーベースを並べる。フラワーベースは少しくすんだ色を選ぶことで、ドライフラワーに合い、和食器にも洋食器にも違和感がなく、リラックスして食事を楽しめるという。

趣味を楽しむ空間にはロッキングチェアを置いてくつろぐ。木枠の照明のシルエットが、部屋いっぱいに広がり、やわらかい空気感を漂わせてくれる。

ミニマルな白い壁と収納が印象的な モノクローム・インテリア

東京都

O邸

家族がくつろぐのは、ソファとラウンジチェアのあるこのエリア。正面収納の左下にはテレビが隠されており、見ないときは扉を閉めているので普段はすっきりとしている。ユニークなライン状の照明の黒もアクセントになっている。

O邸のご主人は建築家。自らの設計でリノベーションしたマンションは、ミニマムでスムーズな白い壁に覆われた箱のようです。壁収納が多く、生活感のあるものはできるだけ目につかないように配慮。カウンターと家具の木の部分だけがナチュラルな差し色として温かみを添え、ノイズのない穏やかな雰囲気に満ちています。（Room No. 1438537／ユーザー名 ayy）

キッチンの横にパントリーがあり、冷蔵庫、炊飯器、オーブンレンジ、ケトルに至るまですべてここにしまう「キッチン予備室」のような役割になっている。

中央の壁の下にある換気システムとエアコンをルーバーで隠し、その上を飾り棚とすることで、全体がマントルピースのような親しめる存在として収まっている。

ダイニング・キッチン。レンジのフードを壁付けにしてシステム全体をフラットに見せ、調理器具などの配線も出来る限り隠して、より広くスペースを感じるよう設計している。

家族４人が寝る寝室は、白い壁だけに囲まれる緊張感を和らげるように一面だけをグレーに塗っている。また、圧迫感のないように右手の壁の上方にはスリット窓も設けられている。

配管も換気扇も見えない位置におき、出来るだけシンプルにまとめたトイレ。左にはちょっとした飾り棚があり、その上を家族のギャラリーとして、家族の写真や子供たちの描いた絵などを丁寧に飾っている。

北欧ヴィンテージの かわいらしさが魅力の空間

東京都

I邸

北欧ミッドセンチュリーのシンプルで少し男性ぽい家具を中心にしながら、愛らしい小物がセンスよくディスプレイされているI邸。茶、黒、白をベースに、落ち着いた色合いでまとめられたインテリアです。コーナーなどに置かれたグリーンも印象的で、温かくナチュラルな雰囲気が感じられる空間になっています。(Room No. 253471／ユーザー名 valek)

北欧家具を中心としたリビング。メインカラーの白と茶に、黒と白の小物がうまくミックスしている。

ヴィンテージ・チェストと愛らしい小物。木製の飾り棚。壁にかかったフラワープレート。白い椅子とノルディック柄のクッション。温かみがあり懐かしさを感じるアイテムがおしゃれにディスプレイされている。

大きなグリーンの隣は、ポスターやファブリックパネルを飾るコーナー。写真はスウェーデンのグスタフスベリで求めたポスターで、気分にあわせて飾るものを変えている。

ゆったりと寛ぐためのカフェのような空間を実現

千葉県

K邸

床とキッチンテーブルの扉は無垢材を使用。むき出しの換気ダクトや、黒のペンダントライトがインダストリアルな雰囲気も感じさせる。できるだけものを置かないよう心がけ、広々とした空間を保つようにしている。

広い空間を生かして家具をゆったり配置し、リラックスできるインテリアを目指したK邸。リビングとひと続きになったオープンキッチンは、ホームパーティーなどでも楽しめそうです。お気に入りは、素足でもベタつかず気持ちよく過ごせる無垢のフローリング。キッチンテーブルの扉も無垢で仕上げたことで、統一感が生まれました。(Room No. 1250061／ユーザー名 blue_town)

キッチンに設けた収納棚。上段はグリーンやお気に入りの小物を、中段と下段は普段使いの食器を置く。見せる収納にしたことで、美しい状態を保てるようになったそう。

洗面室のポイントは色を吟味したタイル。収納ボックスは無印良品。拡大鏡は海外のホテルをお手本に取り付けた。

白ですっきりと仕上げたトイレには、月の満ち欠けを描いた壁紙を貼った。フランス・バーチ社製でハンドペイントで描かれたもの。照明でインダストリアルなテイストをプラス。

無骨さの中に温かさを感じるインダストリアル

北海道

H邸

ブルーの壁が印象的なオープンキッチンのLDK。左手のスライドドアはヴィンテージ感がでるように仕上げてもらった。白いタイルのキッチンカウンターに、照明や椅子の黒が効いている。

グリーンを下げた流木は、天井にむき出しになっている配管を利用して設置。黒のパーティションの奥はワークスペースになっており、リビング側からの視線を軽く遮ぎってくれる。

配管や換気ダクト、天井板をむき出しにしたインダストリアル・スタイルのインテリア。無骨になりすぎないよう、グリーンやファブリックで温かみを出し、居心地のよい空間になっています。(Room No. 736467／ユーザー名 amigumi)

見せることに徹底した白ベースのクールインテリア

大阪府

T邸

木目調のクロスに合わせたカウンターテーブルで、ミニマムにまとめたパソコンまわり。重ね置きしたブリキ製のトランクにはインテリア小物を収納。ディスプレイ専用の書籍やキャンドルなど、見せるインテリアを徹底している。

白のレンガ柄のクロスを貼った部屋はお気に入りの空間。白を基調にしているため、清潔感のある明るい空間になっている。ディスプレイ小物も、白、黒、グレーですっきりと。

白にこだわり、生活感を感じさせないインテリアを実践しているT邸。「インテリアにならないものは出さないようにしている」というほど徹底しています。(Room No. 296483／ユーザー名 before)

Part.8

インテリアに必要な素材集

Material Collection

インテリアをつくる素材にはいろいろなものがありますが、
どんなスタイルにも使われるのが、
「木」「クロス」「ファブリック」です。
素材の見本帳として参考にしてください。

木の素材

インテリアで木質系の素材を使うのは、床、壁、天井、家具、建具などがあります。木材には、無垢材と複合材がありますので、それぞれの特徴を理解して選択しましょう。

無垢材と複合材の比較

無垢材

自然木だけで加工したものを「無垢材」といい、とくに天然の木材を切り出した一枚板を呼ぶのが一般的です。同じ天然材でも、木を細かく切り分けて同じ種類の木を板状に接着したものは「無垢集成材」と呼ばれます。どちらも断熱性、保温性があり、調湿機能も高い素材です。

無垢材　天然木を1枚板で使用している

無垢集成材　天然木を細かく切り分け接着。天然木はすべて同じ種類

メリット

- 断熱性、保温性があるため、冬でもひやっとした感覚が少なく温かみが感じられる。
- 調湿機能により、夏も汗などでべたつかず肌さわりがよい。
- 木に含まれる「フィトンチッド」という精油成分が自然のリラックス効果を生み出す。
- 経年による色の変化も楽しめ、インテリアに味わいが出る。

デメリット

- 木の種類や乾燥の状態などで、反り、割れ、傷つきなどが起きやすい。
- 複合材に比べて高価である。
- 長持ちさせるためにメンテナンスが不可欠。
- 床材の場合、床暖房に対応していないものも多い。

複合材

合板の表面に薄板を貼ったもの。薄板には、木材を0.2㎜～0.6㎜程度にスライスした「突き板」と、ノコギリで2㎜程度に切り出した薄板の「挽き板」があります。挽き板は突き板よりも無垢材の質感に近い素材です。

挽き板　2㎜～3㎜程度に削った天然木

ベニヤ板を張り合わせた合板

突き板　0.2㎜～0.6㎜程度にスライスした天然木

ベニヤ板を張り合わせた合板

メリット

- 傷がつきにくく、メンテナンスがしやすい。
- 無垢材に比べ、安価で品質が安定している。
- 色、木目のデザインが豊富で、床暖房対応の床材も多い。

デメリット

- 冬は冷たく、夏はベタつきがちで快適さが低い。
- 無垢材に比べ、接着剤などの化学物質が多く使われている。
- 古くなっても、無垢材のような味わいが出にくい。

写真／朝日ウッドテック

床材に使われる木

クリ

耐水性、耐久性が高いため、昔から家の土台や線路の枕木などに使われてきた。収縮や膨張の狂いが少ないためフローリング向きといえる。硬い性質ではっきりした木目が特徴。（マルホン）

パイン

マツの仲間。節が多いがやわらかい性質のため、加工しやすく家具などにも多く使われる。白っぽい木肌は、経年変化で飴色に変わる。（マルホン）

オーク

日本ではナラと呼ばれる種類。硬い性質で、耐水性、耐久性が高い。木目がはっきり出るのが特徴で、木材の切り出し方によって、多様な模様が出る。（朝日ウッドテック）

アッシュ

明るい色めに木目がはっきりと出る。ナチュラル系のインテリアと相性がよい。（朝日ウッドテック）

ヒノキ

高級材として人気のある日本特産の樹種。やわらかく弾力性があり、耐湿性、耐水性、耐久性が非常に高い。美しい光沢をもち、リラックス効果のある香りも人気のひとつ。香りには抗菌作用もある。（マルホン）

ブラックチェリー

木目が細かくすべすべとしたやわらかい質感。褐色の木肌は経年変化で赤に深みが出て黒っぽくなるのが特徴。高級感がある。（朝日ウッドテック）

ヤマザクラ

本桜と呼ばれることもある樹種。木肌は木目が細かく優しい肌触りが特徴。強度があり、磨くと艶のある光沢が出る。（マルホン）

ブラックウォールナット

世界三大銘木のひとつで、重厚感のある色合いは経年変化で深みを増す。強度が高く衝撃にも強い。（朝日ウッドテック）

オリーブ

緻密な木目をもち硬く丈夫。木材の部位により色の違いが顕著なため、不規則で美しい模様を見せてくれる。（マルホン）

ローズウッド

日本では紫檀とも呼ばれ、濃い赤茶色のほかやや紫がかったものもある。重厚で耐久性が高い稀少種。（マルホン）

木を使ったインテリア

杉材を寝室の壁に設置した例。調湿機能があるため室内の結露を予防し、杉の香りによってリラクゼーション効果が期待できる。（朝日ウッドテック）

ダークな無垢の床が周囲の白いインテリアを引き立ててくれる。（mayuko邸）

ヒノキ材の表面に切り込みを入れたパネルを壁の一部に設置した例。壁面にやや厚みが出るが、アートのように楽しめる。（朝日ウッドテック）

壁に造作した収納の扉は、床の色に合わせてダークな木製に。高級感が感じられる。（W邸）

白を基調としたナチュラルなインテリアには薄めの色の天井板で重さをやわらげる。（前田邸）

天然木の挽き板を使用した壁材。色味の違いや木の節などを生かすことで、個性的な壁ができる。（朝日ウッドテック）

リノベーションの際に、コンクリート天井の型枠で使われた木をそのまま残した事例。（M邸）

クロス素材

本来クロスは布のことですが、インテリアの世界では壁や天井に貼る内装の仕上材のことを指します。紙、布、ビニールなどの素材があり、デザインも豊富です

写真／マナトレーディング

素材別クロスの特徴

紙

日本の伝統的な和紙や木材パルプを原料にした洋紙などで加工され、欧米ではよく使われるクロス素材。欧米からの輸入ものは、ゴージャスな柄やエンボス加工などのものが豊富にあり、豪華なインテリアをつくることができます。和紙は耐湿性に優れ、やさしい風合いがあります。

注意点

- 耐水性が低く、濡れるとシミになりやすい。
- 薄い素材のため下地処理が不十分な場所ではきれいに貼ることができない。
- 熟練した職人でないと施工に手間がかかる。
- 継ぎ目が目立ちやすい。

布

織物に裏紙を貼り合わせたもので、高級感があり丈夫な素材。古くなっても自然な経年変化を味わうことができ、長く使うことができます。比較的安価なレーヨンやポリエステルのほか、麻、綿、シルクなど素材はさまざま。最近は不織布のものが扱いやすく人気です。

注意点

- 汚れがつくと落としにくい。
- 布は伸び縮みするため、施工には熟練の職人が必要となる。
- 広く普及しているビニールクロスに比べると価格が高め。
- 継ぎ目が目立ちやすい。

ビニール

シート状にしたポリ塩化ビニールに裏紙を貼り合わせたもので、日本でもっとも普及しているクロス素材。色や柄が豊富で、汚れ防止、抗菌、消臭、傷がつきにくいものなど、さまざまな機能を備えた商品があります。安価で施工しやすいのが特徴です。

注意点

- 基本的に通気性や調湿性がないため、防カビ加工がないものはカビが発生しやすい。
- 化学物質のためアレルギー体質の人は注意が必要。
- 経年劣化しやすいため、10～15年程度で貼り替えが必要となる。

クロス選びのコツ

1 大きめのサンプルを取り寄せる

クロスはメーカーのサンプル帳から選ぶものですが、サンプル帳の見本はクロスが小さくカットされています、そのため、大きな面積の壁に貼ったときのイメージとはずいぶん異なり、柄物などは柄全体を見ることができないものもあります。気になったものは、必ず大きめのサンプルを取り寄せましょう。施工業者やコーディネーターに依頼してもよいですし、メーカーから直接取り寄せることもできます。

2 使用する場所で確認する

取り寄せたサンプルは使用する場所に貼り、自然光や照明が当たった様子などを確認します。あえて引っかいてみたり、水をかけたり、汚したりすると強度もわかります。

Tips to Choose Cloth

スタイル別のクロス選び

クラシック Classic

あざやかな色のダマスク柄。レトロな雰囲気も感じられ、モダンスタイルのアクセントとして使うのも面白い。（マナトレーディング）

エンボス加工でエスニック調の柄が浮き出るデザイン。上品な雰囲気はヨーロッパ・クラシックのダークな家具にもおすすめ。（マナトレーディング）

光沢がありゴージャスなダマスク柄。ヨーロッパなどでは定番の柄だが、もともとはイスラム文化圏の模様。（マナトレーディング）

19世紀イギリスの詩人であり、テキスタイルデザイナーでもあるウィリアム・モリスがデザインしたパターン。ナチュラル、北欧スタイルにもマッチする。（マナトレーディング）

アニマル柄のような模様はモダンにもクラシックにもマッチし、ミッドセンチュリー、シャビーシック、北欧など幅広いスタイルで使えそう。（マナトレーディング）

ミッドセンチュリー Mid Century

レトロなパターンは、ミッドセンチュリーの雰囲気にぴったり。モダニズムや北欧スタイルなどにも取り入れられる。（シンコール）

典型的な50年代パターンのクロス。ミッドセンチュリーの木製家具との相性もよい。（サンゲツ）

木目柄でナチュラルな雰囲気だが、レトロ感もあるためミッドセンチュリーや北欧スタイルなどがマッチする。（シンコール）

モダニズム Modernism

個性的なゼブラ柄は、紙素材ながら革のような見た目がワイルド。ミッドセンチュリーのインテリアにも。（マナトレーディング）

花のようなパターンもモノクロだとシックでモダンな印象をつくれる。直線的なモダニズムのインテリアのアクセントに。（サンゲツ）

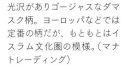

シャビーシック Shabby Chic

ペンキが剥げた板壁のようなクロスは、一気にシャビー感を出してくれる。家具によってナチュラルスタイルにもなる。(サンゲツ)

塗り壁のようなテイストで、クラフト感が楽しめるクロス。陰影がリアル。クラシックな雰囲気も感じられる。(シンコール)

北欧 Scandinavia

ドットが連なるパターンは、選ぶ小物によって、ナチュラルやミッドセンチュリーなどのスタイルにも溶け込めるデザイン。(マナトレーディング)

レトロな模様は北欧アイテムとの相性がぴったり。色が淡いためナチュラルなテイストに合わせるのがおすすめ。(シンコール)

半月のモチーフをランダムに配した柄が個性的。北欧風でもありながら、ミッドセンチュリーやナチュラルなスタイルにも合う。(シンコール)

ナチュラル Natural

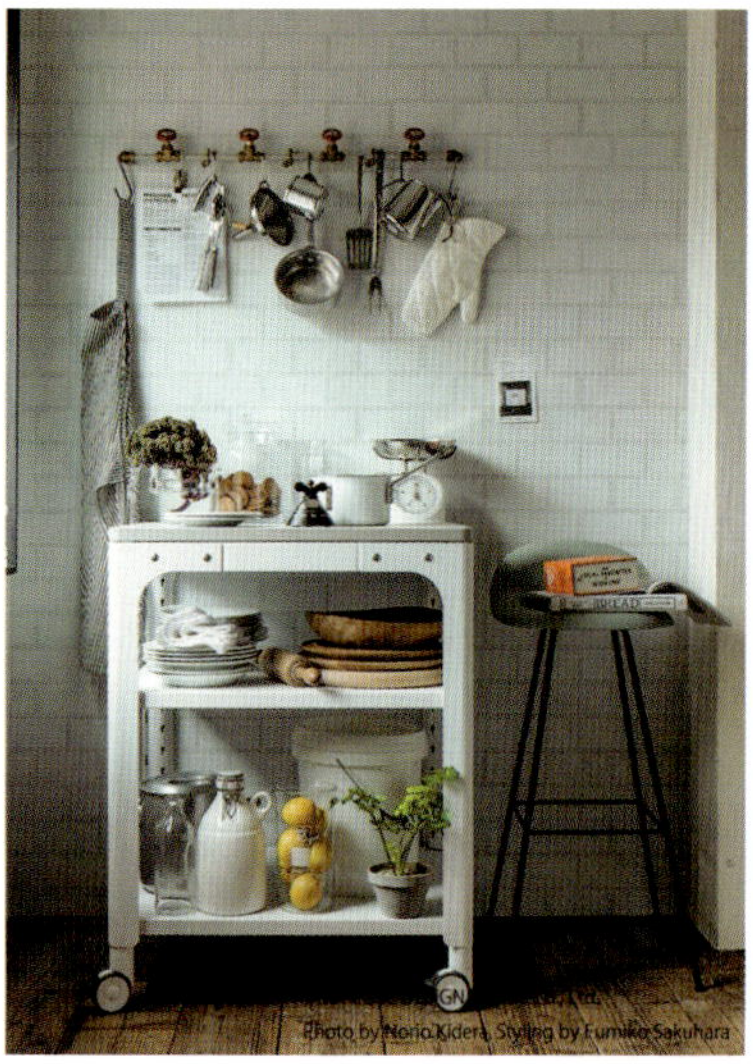

レンガ柄のクロスも白を選ぶと、さわやかでナチュラルな雰囲気。キッチンやサニタリースペースに。(サンゲツ)

キッズスペースにはイラスト柄のクロスが楽しい。シンプルな色づかいのものなら、大人の空間にも使いたい。(マナトレーディング)

暖色系のフラワー柄は、空間を明るくさわやかに見せてくる。(シンコール)

和モダン

Japanese Modern

ざらつき感のある織物風に加工したクロス。選ぶ色によって部屋の雰囲気も変わってくる。(シンコール)

鳥の目のようなパターンがユニークなクロス。エスニックな雰囲気も感じられる。(シンコール)

エスニック

Ethnic

ポップなエスニック調の柄がユニーク。色使いによっては北欧テイストにも合いそうなパターン。(マナトレーディング)

デコボコした手触りが楽しめる織物風のクロス。ナチュラル、北欧スタイルなどにもおすすめ。(シンコール)

絵巻のようなストーリー性のあるデザインは、絵柄の内容にあわせて家具のテイストを選ぶのも楽しい。(マナトレーディング)

ユニークなクロス

方眼紙クロス

壁にメモを貼ることで完成するインテリアクロス。ワークスペースなどで活躍しそう。(サンゲツ)

黒板クロス

チョークでお絵描きができる黒板仕様のクロス。子ども部屋にぴったり。(サンゲツ)

蓄光性クロス

照明や太陽の光を蓄え、暗所で光を放つ蓄光性クロスなら、ブラックライトで幻想的な雰囲気を楽しめる。(シンコール)

ファブリックの使い方

ファブリックを上手に使うとインテリアにもまとまりが出てきます。ファブリックの基本的な使い方を知っておくとよいでしょう。

1 カラースキームを決める

インテリアのカラースキームを決める際に、まず好みの色・柄のファブリックを選び、それに合わせてカラースキームを決める方法があります。ファブリックのなかの1色か２色を使うと成功しやすくなります。

2 繰り返して統一感を出す

カーテンと椅子、クッションとランプシェーなど、同じ模様のファブリックを部屋のあちこちで繰り返し使ってみましょう。少しテイストの違う家具があっても、同じファブリックでカバーすれば、統一感が出てきます。

3 見せたくないものを隠す

雑然としたオープン収納、インテリアに調和しない家電、来客時のとりあえずの目隠しなど、ぱっと布をかけるだけで隠すことができます。たくさんある場合は、ベーシックな色を選ぶと目立ちにくくなります。

4 季節ごとに変える

大きくて重い家具とは違い、ファブリックは比較的手軽に扱えるインテリア・アイテムです。ソファーカバーやベッドカバー、クッションなどは、季節ごとに素材や色を変えてインテリアを楽しむとよいでしょう。

ファブリック素材

ファブリックとは織物や生地のこと。インテリアでは、カーテン類、ラグやカーペット、クッション、ランプシェード、ベッドカバー、テーブルクロス、椅子の張地などにファブリックを使います。

写真／マナトレーディング

アイテム別のファブリック選び

カーテン

Curtain

レトロ感のある色づかいやパターンは、ミッドセンチュリーや北欧スタイルとの相性がよい。モダニズムのシンプルな家具ならファブリックが引き立つ。（川島織物セルコン）

大胆なダリア柄のカーテンに、カラー糸で刺繍が施されたレースカーテンを重ね豪華な雰囲気に。（川島織物セルコン）

寝室には光を遮る遮光性のあるものを。シックな色みで高級感が生まれる。（サンゲツ）

上部はリネン、下は刺繍のフラワー柄。リラックス空間に合わせたいやわらかな雰囲気。（サンゲツ）

カジュアルで女性っぽいイメージのあるチェック柄も、モノトーンを選べば男性的なインテリアにマッチする。（川島織物セルコン）

寒色系のカーテンでさわやかな印象に。無地のファブリックは色の選び方でさまざまな雰囲気を出せる。（川島織物セルコン）

フリンジ付きの青緑色のカーテンに、反対色の赤系のレースカーテンを合わせる。（川島織物セルコン）

ファブリックは室内の仕切りとしても使える。麻素材のものなら軽やかに使えておすすめ。（マナトレーディング）

チェア

Chair

インディアンのテキスタイルを思い起こさせる幾何学パターン。ナチュラルやエスニック調のインテリアに。（マナトレーディング）

カラフルな幾何学模様で明るいポップなインテリアに。キッズアイテムに使うのも楽しい。（サンゲツ）

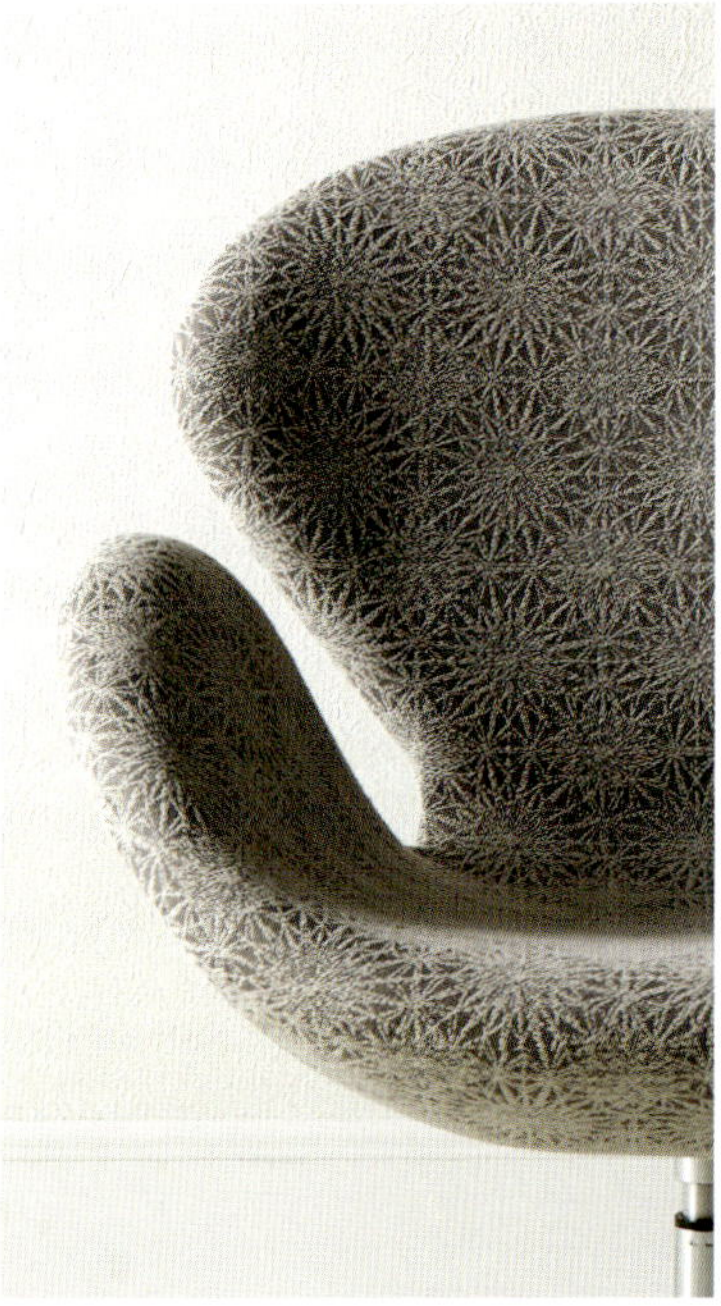

雪の結晶のようなパターンが編み込まれたテキスタイル。男っぽいチェアもやさしい表情に見える。（サンゲツ）

ラメの入ったクロコダイル柄。椅子１脚でも存在感のあるテキスタイル。（サンゲツ

椅子は光沢のあるベルベット。クッションはメタリック・シルバーの植物。ゴージャス感のあるコーディネート。（マナトレーディング）

部位によって張地を変えたチェアは、インテリア上級者らしいアイテム。上品な色合わせがエレガント。（マナトレーディング）

ウィリアム・モリスのテキスタイルをベルベットに。クラシカルな雰囲気がたっぷり感じられる。（マナトレーディング）

クッション Cushion

ポップな色のストライプクッションで室内を明るく。ナチュラルなインテリアのアクセントにもなりそう。（マナトレーディング）

スモーキーな色合いはインテリア初心者でもまとめやすい。玉の縁取りが愛らしい。（マナトレーディング）

イギリスのアーティスト、ジョン・バーガーマンのシリーズ。違う柄でも共通した色があると統一感が出る。（マナトレーディング）

金属の光を感じさせるテクスチャのファブリックで、モードなインテリアを目指したい。（マナトレーディング）

高級感がある鮮やかな色のベルベット地。少しレトロな雰囲気がおしゃれ。（マナトレーディング）

シルク風の生地に上品な刺繍をあしらったクッション。クラシック調やエスニックモダンのインテリアに。（マナトレーディング）

ペルシャ絨毯の生地でつくられたクッション。古典的な文様と色使いが目を引くアイテム。（ミーリーコレクション）

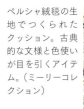

マンション・インテリアの用語集

デザイナー・作家

アイリーン・グレイ

アイルランド生まれのデザイナー、建築家。ル・コルビュジエなどに先駆けてモダニズムのデザイナーとして活躍した女性。スチール・パイプとガラスでつくられたサイドテーブルが有名。

アルヴァ・アアルト

フィンランド生まれの北欧を代表する世界的に知られる建築家。人間的なアプローチでモダニズムを推し進め、家具、食器などさまざまなものをデザインした。

アルネ・ヤコブセン

デンマークの建築家、デザイナー。北欧でモダニズムを推進した代表人物の一人。「アリンコチェア」など名作チェアを数多くデザインしている。

イサム・ノグチ

アメリカ生まれの日系人の彫刻家、デザイナー。ミッドセンチュリーを代表する照明や家具のデザインで知られ、公園や庭の設計もしている。

ウィリアム・モリス

19世紀イギリスの詩人、デザイナー、社会運動家。アーツアンドクラフツ運動の提唱者で、世界に影響を及ぼした。植物をモチーフにしたテキスタイル・デザインには現在でも根強いファンが多い。

エミール・ガレ

アール・ヌーヴォーを代表するフランスの工芸家、デザイナー、アートディレクター。陶器、ガラス器、照明のデザインはとくに有名。

剣《けん》持《もち》勇《いさむ》

建築家ブルーノ・タウトに師事し、とくに天童木工と組んだ家具や工業製品のデザインで知られるデザイナー。作品はニューヨーク近代美術館の永久所蔵品とされている。

ジョージ・ネルソン

アメリカの建築家、デザイナーで、建築雑誌の編集者でもあった。ハーマンミラー社のデザインディレクターを務め、ミッドセンチュリー期のデザインを牽引した一人。

チャールズ・イームズ

ミッドセンチュリー・スタイルを代表するアメリカの建築家でデザイナー。妻のレイとともに活動。とくに家具のデザインで知られ、イームズチェアは代表的なモダン家具の傑作。

長《ちょう》大《だい》作《さく》

日本の家具デザイナー、建築家。「低座イス」で知られる。ミッドセンチュリー期に代表作を発表、その後も独自のスタイルで活動した。

ハンス・J・ウェグナー

デンマークの家具デザイナー。北欧をはじめ世界のデザイン界に大きな影響を与え、デンマークのモダニズムを代表する家具を多数生み出した。

フランク・ロイド・ライト

アメリカの建築家で、近代建築の三巨匠の一人。現代建築のパイオニアと称されており、日本では旧帝国ホテルを設計した。家具のデザインもしている。

ポール・ヘニングセン

デンマークの建築家、デザイナー。おもに照明器具のデザインが有名で、ルイスポールセン社から出された照明はいまも高い人気を誇る。

ミース・ファン・デル・ローエ

ドイツ生まれの建築家。近代建築三巨匠の一人。「より少ないことは、より豊かなこと」という名言で知られる。合理的で無駄のない建築を設計し、家具もデザインした。

柳《やなぎ》宗《そう》理《り》

20世紀に活躍した、日本のインダストリアルデザイナー。「バタフライスツール」などの家具のほか、玩具、生活用品、吊り橋などさまざまなものをデザインした。

ル・コルビュジエ

スイス生まれで、フランスを拠点に世界的に活躍した建築家。近代建築の三巨匠の一人で、モダニズム建築を先導し、現代建築の基礎を築いた。家具もデザインし、定番となっている。

様式・エレメント

アール・デコ

1920～30年代にフランスで生まれ、ヨーロッパやアメリカで開花し、世界的にも流行した芸術様式。直線的で幾何学的。古代エジプトやアステカ、東洋美術などエキゾチックな要素も取り込んだ多様なスタイル。エンパイヤーステートビルを始め、1930年ごろに建てられたニューヨークの摩天楼群はアール・デコスタイルである。

アール・ヌーヴォー

19世紀末から20世紀初頭にかけてヨーロッパやアメリカで流行った美術運動、また、それに関わるデザイナーや職人がつくった工芸、グラフィック、家具、建築など。動植物のモチーフや曲線を好み、日本美術からの影響を受けた。

アルコーブ

壁面の一部をくぼませた空間。マンションでは、共用廊下から少し後退させた各住戸の玄関部分をアルコーブともいう。

アンティーク

フランス語で骨董品のこと。ヴィンテージよりも古く価値があるもの。アメリカでは法律で100年以上前のものをアンティークとしている。

ヴィクトリアン

英国で1837年から1901年までのヴィクトリア女王の統治した時代のデザイン様式。ヴィクトリア朝スタイル。古代のギリシャ風、中世のゴシック風やバロック風などさまざまなスタイルが混じっている。

ヴィンテージ

20年以上100年未満の古いもので、アンティークよりは新しいものを指す。

エレメント

インテリアを構成する、天井、壁、床の材から、家具、照明、装飾品、雑貨、ファブリックまでをエレメントという。

折戸《おりと》

複数の板に蝶番《ちょうつがい》をつけ、折り畳むように開ける戸。間仕切りやクローゼットの扉などに使う。

腰壁《こしかべ》

室内の壁の下方に張る木製の板で、腰板《こしいた》ともいう。通常は床面から90cmくらいの位置まで設置する。クラシックなイメージで、廊下や寝室などに張られることが多い。

シェード

1．照明器具のかさ。2．布製の幕を上下に開閉して採光を調整するカーテンの一種。

書院《しょいん》

住宅で、床の間の脇の机と障子で構成される一角を書院と呼ぶ。書斎を兼ねた居間スペース。

シンメトリー

左右相称。昔から美の構図として左右のバランスが取れていると安定して見えるので、よいとされている。左右非対称はアシンメトリーという。

ドレープ

布を垂らしたときにできるヒダやたるみのこと。ドレープが多いと優雅に、また贅沢な印象が増すとされる。

ニッチ

西洋建築で、花器や彫刻、小物などを飾るために壁をえぐったり、へこませたりしてくぼみにしたスペース。

パーティション

部屋の仕切りや間仕切り壁のこと。パネルや建具や家具をパーティションにすることもある。

洋室のエレメント

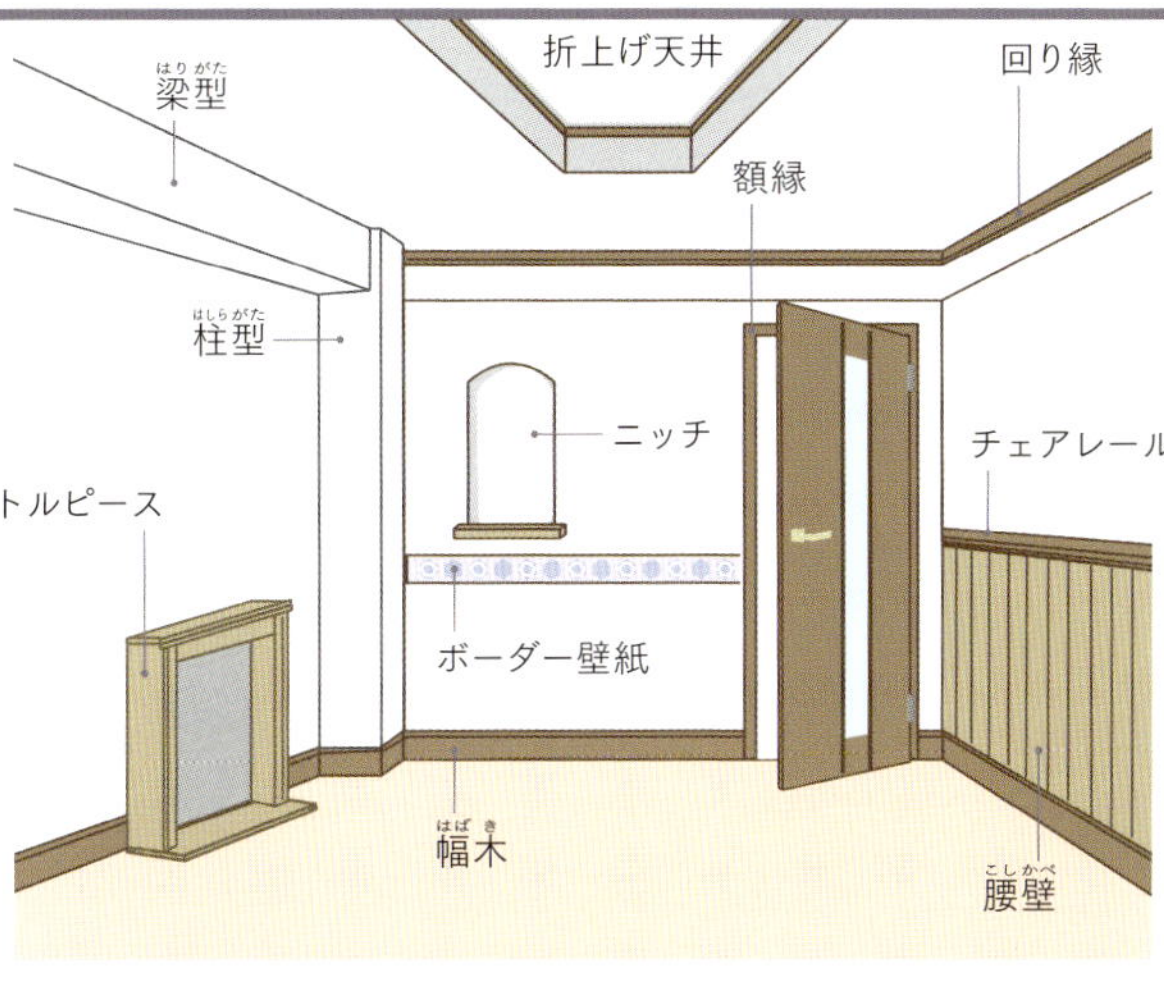

マンション・インテリアの用語集

バウハウス
1919年、ドイツに設立された総合的な芸術学校で、建築、美術、デザイン、写真、工芸などさまざまな分野で革新的な教育を行い、その活動は世界的に大きな影響を及ぼした。なかでも建築では、その後のモダニズムを牽引するような優れた人物を輩出している。

掃き出し窓
庭やバルコニーに面したリビングなどに設けられ、床面から立ち上がり、出入りができる大きさの引き戸をいう。もとは室内の掃除の際に外にゴミを掃き出すための小窓のことを刺した。

はめ殺し窓
壁などのサッシ枠に直接はめこまれて固定され、開閉できない窓。

パントリー
食品や飲料、食器、調理器具、日用品などを収納するスペースで、キッチンの一部やキッチンの隣りにつくられる。

引き違い戸
建具の枠に前後に収めた戸で、溝やレールの上を水平に移動させて開閉する。左右どちらの方向からも開けられるので便利。

フォーカルポイント
焦点という意味。インテリアでは、ある空間で最初にひとの視線を集めるものをいう。リビングに飾ってあるものや玄関のニッチ、和室の床の間などはフォーカルポイントになりやすい。見せたいものをフォーカルポイントにすることが多い。

フローリング
木質系の材で覆った床、また床材。本来は単に床材という意味だが、日本では木を張った床を指すことが多い。

ミッドセンチュリー
20世紀の中頃という意味で1950～60年代の、おもにアメリカでのモダン・デザインを指す。ヨーロッパで始まったモダニズムがアメリカに広まり、大量生産やプラスチック素材などの普及でポップになったもの。イームズやジョージ・ネルソン、イサムノ・ノグチらの家具が知られる。

民芸
1925年、柳宗悦、河井寛次郎、濱田庄司らが提唱した「民芸運動」で、日常に使われる工芸品のこと。装飾的な鑑賞の対象となるもの以上に、無名の生活道具には生活の美のような魅力と価値があることを提唱。

メゾネット
集合住宅で、ひとつの住戸が二層になっており内階段で繋がっている形式のもの。戸建て住宅のような開放的な気分になれる。

モールディング
建築や家具、調度品、また天井と壁、壁と床の接する部分や段差部分を棒状のうねで縁取る装飾。部材の保護と美観のためにつけられ、西洋の様式建築の室内装飾に多く見られる。

和室のエレメント

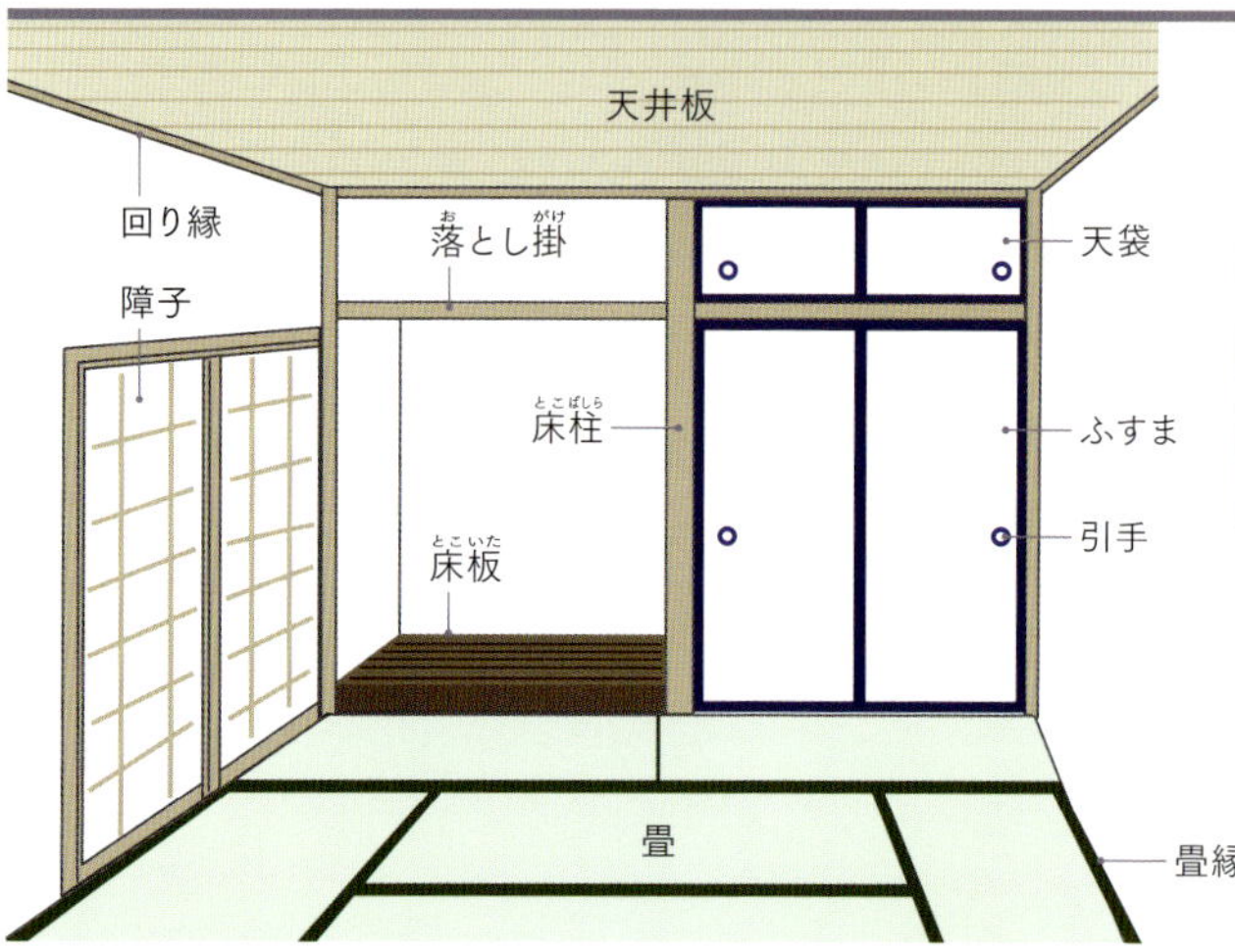

モダニズム
19世紀末から20世紀初頭のヨーロッパで、それまでの歴史・伝統主義や古典主義に対して起こった新しい芸術の動きを指す。過去の様式や枠組みにとらわれない表現を追求し、建築、文学、絵画などさまざまな分野で展開された。近代主義。

琉球畳
畳縁というへりのない畳。もともとは沖縄で栽培されていたカヤツリグサ科の「七《しち》島《とう》藺《い》」という植物を使っていた。通常の畳よりも畳表の幅が広く、四方に折り曲げて巻き込んでいる。和モダンと相性がよい。

ルーバー

細長い羽板《はいた》を水平や垂直に、間隔をあけて、枠組みのなかに連続させて配置したもの。視線、通気、日照、ノイズなどを遮ったり調整したりする機能がある。

ロココ

15世紀、フランスのルイ15世の時代に流行した美術工芸の様式。バロックとネオクラシシズム（新古典主義）の間の時代になる。唐草や貝殻をモチーフにした模様や曲線を多用し、異国趣味を取り入れ、優美で繊細な装飾を特徴とする。

ロフト

洋室に設けられた屋根裏のようなスペースで倉庫などに使われる。天井の高い部屋やはしごのある中二階をもつ物件をロフトアパートメントと呼ぶ。

家具・アイテム

アームチェア

座面の左右両側に肘かけがついている椅子。肘かけ椅子ともいう。

アップホルスタリー

椅子の張地、または椅子を張り替えること。家具のインテリア・ファブリック（布）全般を指すこともある。

イージーチェア

大きめの座面と肘かけがあり、ゆったりと座れる一人がけ用の椅子の総称。背もたれが傾斜して楽な姿勢でいられる。

ウィンザーチェア

厚い座面に細い脚がつき、背もたれに丸棒がはめられている椅子。17世紀ごろにイギリスで生まれた椅子で、アメリカにも広まり、現在も世界中で愛好されている。

ウォールキャビネット

壁面に取り付ける収納家具や棚。リビングでオーディオやテレビを収納するオープンタイプのものやシステムキッチンの前面の吊棚などがある。電動式で使いやすい位置に動くものもある。

椅子の各部位

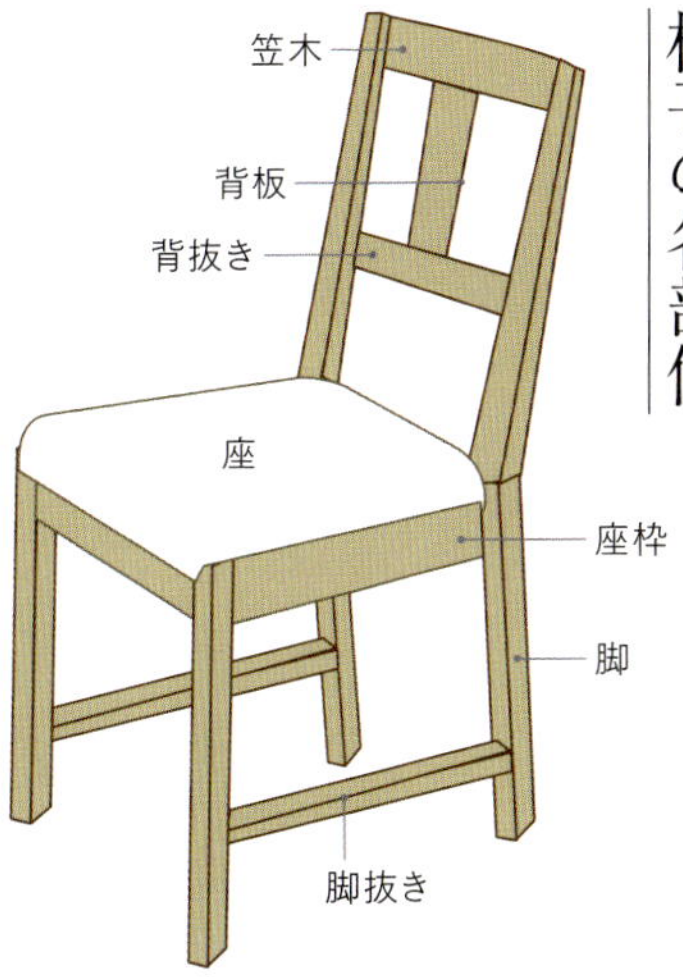

エクステンションテーブル

トップの甲板を拡張して長くすることができるテーブル。

置き畳

板敷きの床に置くための畳で、裏面は滑り止め加工がされている。ユニット畳ともいう。和紙製やポリプロピレン製がある。

オットマン

クッション張りの足乗せ台で、ソファや椅子の前に置く。通常、背もたれのないものを指す。

オープンボード

前面にオープンな場所がある収納棚で、電子レンジ、炊飯器、トースターなどの日常使う小型家電製品などをそこに置いて使えるようになっている。コンセントなどもついている。

カウチ

背もたれがやや低めで座面が長く、横たわれるほどの余裕のあるソファ。寝椅子、シェーズ・ロングなどともいう。

カップボード

食器棚のこと。本来はカップを収納するための家具。単にしまうだけでなく、ディスプレイするデザインになっているものもある。

カバーリング

椅子やソファのカバーのこと。本体から取り外しできるようにファスナーやテープなどで固定したものもある。

カブリオレ・レッグ

動物の脚を模してS字に曲がった家具の脚。猫脚ともいわれる。17〜18世紀に欧米で好まれた。

キャビネット

リビング、ダイニング、寝室などに置く小型で脚部のある収納家具。おもに書類や雑貨などを入れることが多い。

クローゼット

洋室で衣類をしまう衣装ダンスのような収納空間、また小部屋。ハンガーパイプを設置していることが多い。

コンソールテーブル

背面を壁につけて置く奥行きの浅い装飾的なテーブル。伝統的なスタイルは脚が3本だが、4本のものもある。

サイドチェア

肘かけのない小さめの椅子。リビングやダイニングなどに置く。小物を飾る飾り台としても使える。

サイドテーブル

ソファやメインのテーブルの脇に置く小型でやや高さのあるテーブル。コーナーテーブル、エンドテーブル、わき机ともいう。

シェルフ

いくつかの棚板がかけられた収納棚のこと。扉のないオープン棚を指すことが多い。

システム家具

天板、側板、棚板などパーツを規格化して生産し、空間や好みにあわせて組み立てる家具。ユニット家具ともいう。

収納家具の各部位

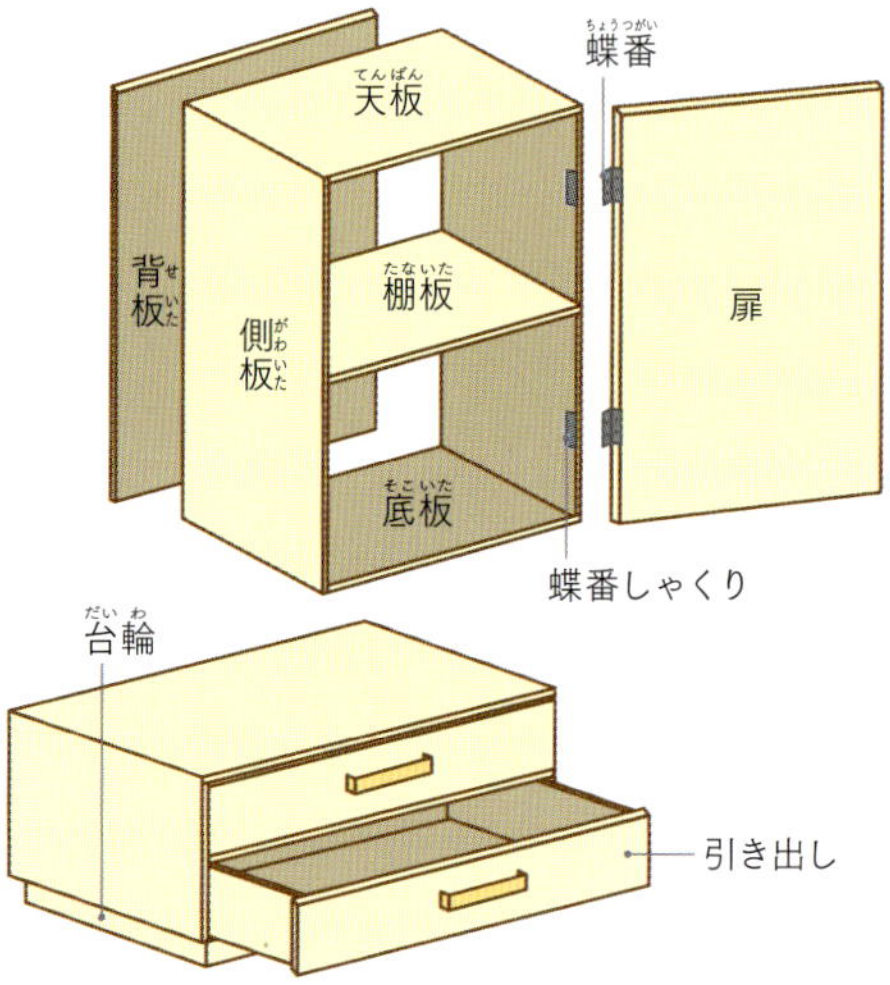

スタッキングチェア

積み重ねること（スタッキング）ができる椅子。収納しやすく運搬や移動に便利。

スツール

肘かけや背もたれのない、一人がけの腰かけ。脚が長く高さのあるハイスツールや座面の下が収納になっているものなど、いろいろなタイプがある。

スワッグ

ドイツ語で壁飾りのこと。季節を問わず花や枝をリボンなどで束ねて壁に飾るもので、そのままドライフラワーにしてもよい。

背板《せいた》

1．椅子などで背中が当たる部分に取り付ける板。2．戸棚や収納家具の背面に取り付ける板。3．材木から角材や板をとった残りの片側が丸みのある板。

造《ぞう》作《さく》家具

内装に合わせてつくられる造り付けのオーダー家具。特注で壁に取り付けられるので、希望通りのサイズにできるが、撤去したり模様替えするのは難しいというデメリットがある。

チェスト

おもに衣類を収納する家具。現在では引き出し式が多いが、本来は上部に蓋があり、蓋を持ち上げて収納する家具を指していた。上部に蓋があるアンティーク家具はコファーともいう。

ネストテーブル

同じデザインでサイズの違うものを入れ子式に重ねられるテーブル。サイドテーブルとしても使われる。

ピクチャーレール

天井や壁面に取り付けて額などの展示物を下げるのに使うレール。レールについているフックやワイヤーでものを吊るす。

ビューロー

開閉式のふたや引き出しや棚などがついた書きもの机。ライティング・ビューローともいう。

ベンチ・チェア

公園などにあるベンチのような長椅子のこと。ダイニング・テーブルに合わせることも多い。座る人数が自由で、見た目にも開放感がある。

ラグ

敷物で、一般に２００cm×２５０cmくらいまでの小さめのものをラグ、それより大きめのものをカーペットという。また手織りの敷物をラグということもある。

ラダー

はしごやはしご状のもの。インテリアではディスプレイの台としても使われる。

ラタン

家具にも使われる藤（トウ）のこと。軽量で強くしなやかで、曲線の加工もしやすいため、自由なデザインができる。

ラック

バーやワイヤー、引っ掛け用のペグでつくられ、ものを掛けたり、ディスプレイしたりするのに使う棚。

ロールスクリーン

棒に布地を巻きつけてロールにしたものを引き下げたり、巻き上げたりして開閉する日よけ、カーテン。プルコード式とチェーン式がある。

ワードローブ

洋服ダンス、とくに造り付けのものを指す。服だけでなく、靴、カバンなども収納する。もともとは王や貴族の衣装部屋の意味で、洋服そのものも意味する言葉。

照明

足元灯

廊下、階段、寝室などで安全のために足元を照らす照明器具。周囲が暗くなったり、人が近づいたりすると点灯するセンサーがついたものもある。

色《いろ》温《おん》度《ど》

電球の色温度は、太陽光や自然光、人工の光などの光源が発する光の色みを示す数値で、ケルビン（K）という単位で表す。光源の温度や明るさとは無関係で、数値が高いほど寒色系になる。電球色で２５５０K～、温白色が３２５０K～、白色が３８００K～、昼白色が４６００K～、昼光色が５７００K～という区分。

LED

発光ダイオードと呼ばれる半導体を使った照明器具。白熱電灯や蛍光灯に比べ、軽量で消費電力が少なく、寿命が長いのが特徴。

間接照明

天井や壁など室内の一部に光を当て、その間接的な光（反射光）を使う照明やその照明器具。直接照明よりも光が柔らかく、雰囲気をつくりたい場合などに適している。

蛍光灯

放電によって発生した紫外線がガラス管内の蛍光体の塗料に当たって発光する仕組みの照明器具。LEDがまだ高価であることから手頃な値段で簡単に省エネに使えるのがメリット。

コーブ照明

壁面上部の片側、または両側から天井を照らす間接照明のこと。もともとはアーチ型の天井の場合についていたが、いまでは天井の形状に関係なく使われている。

シーリングライト

天井に直に取り付ける照明器具で、天井に埋め込むタイプと天井面に取り付けるタイプがある。室内全体を明るくする全体照明に適している。

照明器具の種類

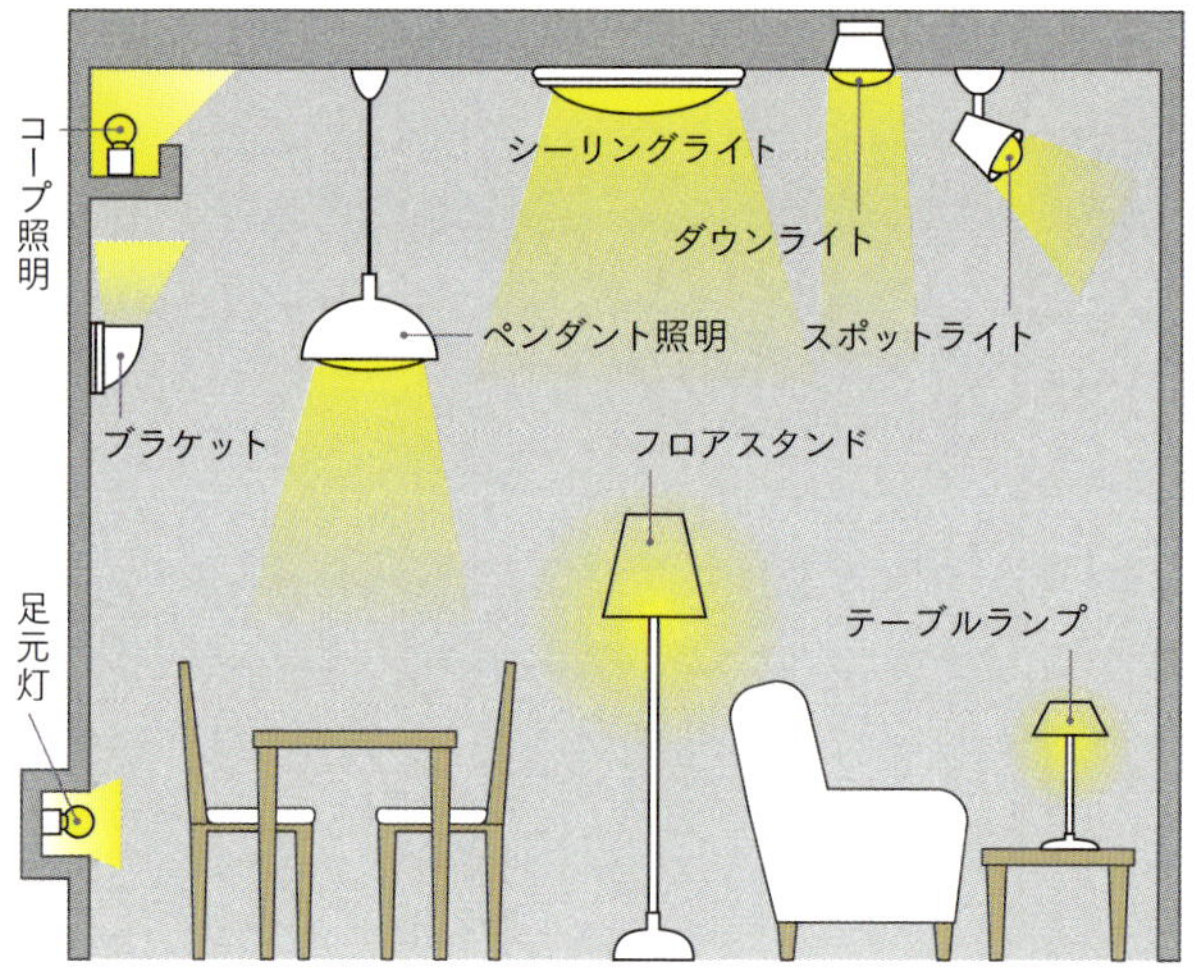

スポットライト
一点を集中して明るくするための照明やその照明器具。最近はスポットライト用にダクトレールのついている住居も多い。

全体照明
室内全体を一様な明るさで照らす照明やその照明器具。主照明ともいう。

ダウンライト
小型の照明器具で天井に埋め込み式に取り付けるもの。照明器具が凸出しないので天井面をフラットにできる。加熱を防ぐためにダウンライトの周辺には多少の空間を取るのがよい。

白熱電灯
ガラス球内のフィラメントに電流を流して発光させる照明器具。蛍光灯やＬＥＤには出せない温かみのある光を発し、料理などをおいしく見せる効果もあるが、省エネ効果が弱いため、しだいにほかの照明に置き換わりつつある。

ハロゲン電球
白熱電球の一種。電球内の不活性ガスにハロゲンガスを導入することで白熱電球よりも明るく、ほかの電球に比べると照明を小型にできる。

部分照明
特定の部分だけを明るくしたり、全体照明を補強するための照明やその照明器具。補助照明ともいう。全体照明と部分照明をうまく組み合わせることが照明計画のポイント。

ブラケット
壁面に取り付けた壁付け用の照明で、室内に奥行きを感じさせる。補助的な照明としてほかの照明と組み合わせて使われることも多い。

フロアランプ
床に置かれるタイプの自立した照明器具で、高さのあるスタンド式のものや直接床面に置かれるものなどがある。演出効果は高い。

ペンダント照明
コード（ケーブル）やチェーンなどで天井から吊るされた照明やその照明器具。高さは調整できるものが多い。シャンデリアも含まれる。

ルクス
照明の照度の単位で、光によって照らされた面の明るさを表し、数値が大きいほど明るい。ＬＥＤの表示で使われ、lxと表記される。照度の単位には、ルーメン（lm）もあるが、こちらは照明器具そのものの明るさを示す。

ワット
照明器具の消費電力を表し、明るさの指標とされる数値。Ｗと表記される。ＬＥＤは、白熱電球よりも少ない消費量で同じ明るさを出せるため、ルーメンという単位を使うようになった。

設備・施工・素材

ＩＨクッキングヒーター
磁力線によって鍋や調理器具の底に電気を発生させて発熱させる加熱調理器具。電磁誘導加熱器。火力が強く、熱効率が高い。火を使わないので安全性も高い。

アイランドキッチン
壁から離れたところに、島（アイランド）のようにキッチンの全部または一部の作業スペースを配置したもの。ダイニングやリビングにいるひとと話ができるメリットがある。

アウトドアキッチン

屋外での調理に使う設備や台。本格的な調理設備がある常設のスペースから、ステンレスの流し型のもの、キャンプ用に折りたためるものもある。

内断熱

断熱工法のひとつで、天井、壁、床下、柱の間など構造躯《く》体《たい》の隙間にグラスウール、ロックウール、ウレタンホームなどの断熱材を張る。

MDF

木材を繊維状にして接着剤を混ぜ、熱圧整形した板。建材、家具、建具などに用いる。中質繊維板の略号。

オープンキッチン

ダイニングとリビングの間に間仕切りや壁がなく、空間的に一体化したキッチン。部屋が広く見え、開放感と採光はよいが、匂いや音が広がる。

吸音材

音を吸収しやすい材で、グラスウール、ロックウール、ウレタンホームなど。カーペットなどに使われる布も吸音材が多い。

クロス

ビニール、布、紙などでできたシート状の内装仕上げ材。天井や壁に張る。

ケイカル板《いた》

水酸化カルシウムと砂、補強用の繊維などをおもな原料とした下地用の耐火断熱材。石膏ボードの代わりに、水まわり、半外部に使われる。

珪《けい》藻《そう》土《ど》

藻の一種で、珪藻の殻の化石が堆積してできた堆積物。白や灰黄色のチョーク状のものに無数の穴が空いている。耐火性、断熱性、遮音性、脱臭に優れ、調湿性が高い。昔から七輪やコンロ、耐火断熱レンガの材料とされてきた。塗り壁に使うとシックハウス対策としても有効。

蹴《け》込《こ》み板《いた》

階段で足が乗るところを踏み板というが、踏み板と踏み板の間の垂直部分を蹴込みといい、そこに垂直に立てる板を蹴込み板という。蹴込み板のない階段を、透し階段とかスケルトン階段と呼ぶ。

化粧合《ごう》板《はん》

合板の表面に塗装したり、木目の板を貼ったり、化粧シートなどを張り合わせたもの。プリント合板、ポリエステル合板、塩化ビニル合板など種類が多い。

合板

木材を薄くはいでつくった単板（ベニヤ）を積層させ、接着剤で張り合わせた板。

コーキング材

密閉性や防水性を保つために、建物や設備の構造材の継ぎ目や隙間に充填するペースト状の建築材料。シリコンやポリウレタンなどが原料。

コーリアン

アクリル樹脂やポリエステル樹脂を主成分とする、デュポン社の人工大理石でカウンターの天板などに広く使われている。

戸《こ》境《ざかい》壁《かべ》

マンションなどで、隣の住戸との間に設けられた壁。防音性があり耐火構造か準耐火構造のいずれかである。実際には、鉄筋コンクリートの壁であることが多く、その厚さは15cm以上が望ましいとされる。

コンバージョン

既存の建物の用途を変えて全面的に改装し新しい建物に再生すること。これに対して、リノベーションは、建物の用途を変えない改修。

サニタリー

キッチン以外の浴室、洗面所、トイレなど衛生に関係した水回りスペースの総称。

システムキッチン

流し、調理台、レンジ、収納など、キッチンで行う作業を合理化するために、天板一枚を乗せて集約した設備。

漆《しっ》喰《くい》

消石灰に麻の繊維や糊、また砂や粘土などを混ぜた塗壁材で壁や天井の仕上げに使う。

集成材

乾燥させた厚さ2〜3cmほどの板を接着剤で張り合わせたもので、造作用と構造用がある。現在使われている木材はほとんどが集成材。

マンション・インテリアの用語集

スケルトン・インフィル

スケルトンは、構造や骨組みを指し、インフィルは、その構造のなかに入れる内部設備や内装を指す。両者を分離した工法で建てられるのがスケルトン・インフィル住宅で、マンションの多くは、この工法を使っている。

筋交《すじか》い

建物を補強するために柱と土台、梁《はり》で囲まれた枠組みの間に入れる交差した部材。地震や風圧による揺れを軽減する働きがある。

スタッコ

石灰に大理石粉、水、粘土などを混ぜた、壁、天井などの仕上げや装飾に使う建築材料で、表面は大理石に似ている。化粧漆喰《しっくい》。

スチール

鋼鉄のこと。鉄鋼に炭素を混ぜた合金で、純鉄よりも硬い。

成型合板《せいけいごうはん》

木材を0・2㎜~1㎜くらいの薄い単板にして重ね合わせ、圧力と熱を加えてさまざまな形につくること。

石膏ボード

石膏におがくずなどを混ぜ、水で練り合わせてつくられる板材で、壁や天井などに使われる。プラスターボードともいう。略称はPB。

造作《ぞうさく》

建物内部の仕上げ材や壁、床、天井、扉、窓、階段など内部に取り付けたもの。

外断熱

外壁仕上げ材の下に断熱材を張ることで建物全体を断熱材で包む断熱工法。これに対して内断熱は、壁や天井に断熱材を充填する。

ダクト

建物内で、冷暖房、換気、排煙のために取り付けられる、空気を送る管。エアダクト、通風管などともいう。

ダクトレール

複数の照明をレール上で任意の位置に取り付ける照明用のバーのような機材で、ライティング・レールともいう。

断熱補強

断熱材の切れ目である熱橋部(ヒートブリッジ)から熱が逃げないように、その周囲に断熱材を補強し、断熱効率をあげて結露が出ないようにすること。

突《つ》き板《いた》

床材や建具、家具などに使われる板材で、木材を0・2㎜~0・6㎜にスライスしたもの。

テラゾ

大理石や花崗岩《かこうがん》を砕いた粉にセメントや樹脂を混ぜ、磨いてつくる人造大理石。

天板《てんばん》

テーブルやデスク、カウンターなどで一番上に乗せられた板を指す。

ドライエリア

建物の地下階の周囲を、外壁に沿い地面を掘り下げた中庭のようなスペース。空堀りともいう。地下室に自然光を取り込め、換気することができる。

ドレイン

雨水を出すための排水や排水口を指すが、エアコンから出る水もドレインという。ドレンともいう。

パイプスペース

建物で上下水道やガス管など配管のためのスペース。建築図面ではPSと書かれている。

柱型《はしらがた》

壁の一部が柱の形に突出しているもの。

幅木《はばき》

床と壁が接する継ぎ目で、壁の一番下に取り付ける細長い横板。巾木とも書く。

羽目板《はめいた》

壁や天井などに張る小幅の板。縦に張るものと横に張り合わせるものがある。

バルコニー

建物の外に張り出した、手すりがある屋根のないスペース。

水回り

家のなかで、キッチン、浴室、トイレなどの水を使う場所。

無垢材《むくざい》

合板や集成材でなく、丸太から切り出されて使われる一枚板の木材。

木毛《もくもう》セメント板

ひも状にした木毛とセメントを混ぜて加工成形した板。断熱性や吸音性がある。

ユーティリティー

電気、暖房、水道などの設備。また、家事などを行うための多目的な部屋を指す。

養生《ようじょう》

建築工事の現場で、作業の対象となる部分の周辺が破損したり傷ついたりしないようシートなどで覆いをかけること。

ラッカー

家具や木工製品の仕上げなどに使う揮発性塗料。透明なものをクリアラッカーという。

ルーフバルコニー

マンションで、下の階の屋根（ルーフ）を利用したバルコニー。ルーフ・テラスともいう。

マンション

オープンスペース

マンションの敷地で建物が立っていない場所、空《くう》地《ち》のこと。一般には子どもの遊び場や遊歩道、広場など。

瑕疵担保責任《かしたんぽせきにん》

住宅の場合の瑕疵（欠陥）とは、生活に支障があるような欠陥のことをいう。瑕疵担保責任とは、住宅やマンションを購入したときに明らかにされず、普通には発見できない瑕疵があった場合（故意・過失がなくても）、売り手は買い手に対して責任を負うということ。これは法律で規定されており、買い手は売り手に瑕疵を報告し、その瑕疵を修復してもらうことになる。追求期間は買い手が瑕疵を発見してから一年以内とされる。

共有部分

マンションなどで、住戸の居住者が共同で使用する部分。共用部分と同じ意味で使われることもある。

共用部分

マンションなどで、専有部分に含まれないところ。外廊下、エントランスホール、階段、屋上、エレベーターなど。

コーポラティブハウス

入居者が協同組合をつくり、それが事業主となって、土地を取得し、設計者や建築業者を決め、建物を建てる共同住宅。コーポラティブ住宅。

専有部分

マンションなどで、住居の居住者それぞれが単独で所有や使用できる部分。各住戸の内部は専有部分にあたる。

専用部分

マンションなどの共有部分のなかで、住戸の居住者が専用に使える部分。契約している駐車場や駐輪場、自室のバルコニー、トランクルーム、玄関ドア、窓、ポーチなど。

タウンハウス

低層の連棟式集合住宅で、専用の庭を持たず、建物に囲まれたスペースを全住戸の居住者が共有する建物。

団地

計画的に開発された集合住宅で、都市再生機構や民間会社によって建設される。

テラスハウス

低層の複数住戸が界壁を共有する連続式の集合住宅で、各住戸の前後に専用の庭があるもの。

内装制限

建物で火災が発生したときに、延焼を防ぐため、燃えにくい内装材を一定の範囲に使うように定めたもの。建築基準法で規定されており、マンションにも適用される。

取材協力・写真提供先一覧

2018年5月31日現在の情報

a.flat(エーフラット)
TEL 03-5731-5563(11:00-19:00 水曜定休)
https://aflat.asia

ACTUS(アクタス)
TEL 03-5269-3207(9:30-18:30 土・日曜定休)
http://www.actus-interior.com

Antiques *Midi(アンティークスミディ)
TEL 072-728-4777(12:00-19:00 木曜定休)
http://www.antiques-midi.com

APIS(アピス)
TEL 03-5575-7811(10:30-18:00 木曜定休)
http://apisworld.com/home

AREA(エリア)
TEL 0120-055-181
http://www.area-japan.co.jp

Artek(アルテック)
TEL 03-6447-4981
https://www.artek.fi

Blackboard(ブラックボード)つくば店
TEL 029-896-8819(11:00-19:00 祝日を除く水曜定休)
https://www.karf.co.jp/blackboard

BoConcept(ボーコンセプト)
info.jp@boconcept.com
https://www.boconcept.com

Comfota(コンフォタ)
info@comfota.com　http://comfota.com

CORIGGE MARKET(カリッジ・マーケット)
TEL 072-822-6668(9:00-19:00 年末年始以外は年中無休)
http://corigge-market.com

cortina(コルティーナ)
TEL 06-6948-6949(10:30-12:00/14:00-17:00 土日祝定休)
http://www.cortina.ne.jp

DEALERSHIP(ディーラーシップ)
TEL 03-3314-7460(12:00-20:00 不定休)
http://www.dealer-ship.com

E-comfort(イーコンフォート)
TEL 03-3525-8347(10:30-19:00 火曜定休)
https://www.e-comfort.info

E&Y(イー・アンド・ワイ)
TEL 03-3481-5518(11:00-19:00 水・土曜定休)
http://www.eandy.com

Fire-King Japan(ファイヤーキングジャパン)
https://fireking-japan.com

free design(フリーデザイン)
TEL 0422-21-2070(11:00-20:00)　http://www.freedesign.jp

H.L.D.(エイチ エル ディ)
TEL 092-718-0808　http://hld-os.com

hhstyle(エイチエイチスタイル)
TEL 03-5772-1112(12:00-19:30 年末年始以外は年中無休)
http://www.hhstyle.com

HIDA(ヒダ)
TEL 03-5413-7637(11:00-21:00)　https://hida-shop.jp

HOUSE OF TOBIAS JACOBSEN(ハウスオブトビアス・ヤコブセン)
TEL 072-752-5577(11:00-19:00 火曜定休)
http://www.republicstore-keizo.com/hotj

KADeL(カデル)
TEL 0120-259-118(9:00-18:00 祝日を除く水曜と第2・第4木曜定休)
https://fukoku-h.co.jp

KAJA(カジャ)吉祥寺本店
TEL 0422-23-8337(11:00-20:00)
https://www.kaja.co.jp

kinö(キノ)
TEL 03-5485-8670(11:00-19:00 水曜定休)
http://kino-interior.com

KITOTE(キトテ)
TEL 073-452-1188(8:30-18:00)　http://kitote.jp

Landport(ランドポート)
http://www.landport.co.jp

MOMO NATURAL(モモ ナチュラル)
https://www.momo-natural.co.jp

NATURE FURNISH(ネイチャーファーニッシュ)
TEL 0422-27-5051
(月・木曜11:30-17:00/金・土・日曜・祝日11:00-19:00)
http://f-nabeshima.com

NOCE(ノーチェ)
http://www.noce.co.jp

RoomClip(ルームクリップ)
https://roomclip.jp/

SEMPRE HOME(センプレ ホーム)
TEL 03-6407-9081　https://www.sempre.jp

vanilla(バニラ)
TEL 0120-826-010(9:00-17:00 土・日曜・祝日定休)
https://vanilla-kagu.com

Vitra(ヴィトラ)
TEL 03-5775-7710
https://www.vitra.com/ja-jp/home

YAMAGIWA (ヤマギワ)
yamagiwa tokyo
TEL 03-6741-5800(11:00-18:00 水・日曜・祝日定休)
https://www.yamagiwa.co.jp

YOTHAKA(ヨタカ)
日本総代理店(株)アールビーディー・ジャパン
TEL 03-64537402(11:00-18:00 水曜定休)
https://www.yothaka.jp

朝日ウッドテック　東京ショールーム
TEL 03-5323-0567
(10:30-19:00 祝日を除く水曜定休・夏季年末年始休暇あり)
https://www.woodtec.co.jp

朝日電器株式会社(エルパ)
TEL 072-871-1166(土日祝・年末年始を除く平日　9:00-17:30)
http://www.elpa.co.jp

アートハウス21 筑紫野本店
TEL 092-928-3388(10:00-20:00 火曜定休)
http://www.arthouse21.co.jp

アルフレックス
TEL 0120-33-1951(祝日を除く月~金曜　10:00-17:00)
http://www.arflcx.co.jp

アンティーク家具　ラフジュ工房
TEL 0294-70-3154(10:00-17:00 土・日曜・祝日定休)
https://www.rafuju.jp

インターオフィス
TEL 03-5771-7631
https://www.interoffice.co.jp

日本フロス
TEL 03-3582-1468（11:00-17:00 土・日曜・祝日定休）
http://japan.flos.com

パナソニック
パナソニック株式会社　エコソリューションズ社
TEL 0120-878-709
http://sumai.panasonic.jp/lighting/

ハーマンミラー ストア
TEL 03-3201-1820（11:30-20:00）
http://storetokyo.hermanmiller.co.jp/

パームスプリングス
TEL 052-222-7111（12:00-19:00 木曜定休）
http://www.palm-springs.jp

ブナコショールームBLESS（ブレス）
TEL 0172-39-2040（10:30-19:00 不定休）　http://bunaco.jp

フランスベッド
http://www.francebed.co.jp/

フリッツ・ハンセン 青山本店
TEL 03-3400-3107（11:00-19:00）　http://www.fritzhansen.com

ポタフルール
TEL 0742-81-7651　https://www.potafleurs.jp

ボンコテ
TEL 054-335-0707（9:00-17:00 不定休）
info@bon-cote.jp　http://www.bon-cote.jp

マナトレーディング 東京ショールーム
TEL 03-5721-2831
（平日10:00-18:30／土・日曜 10:00-18:00 水曜定休）
https://www.manas.co.jp

マルホン東京ショールーム　MOKUZAI.com
TEL 03-5326-7411
（10:30-19:00　祝日を除く水曜定休・夏季年末年始休暇あり）
https://www.mokuzai.com

ミッド・センチュリーモダン
TEL 03-6451-4531（11:00-20:00）
http://www.mid-centurymodern.com

三菱地所レジデンス
https://www.mec-r.com

ミーリーコレクション
TEL 03-3440-9391（10:30-19:00 火曜定休）
http://www.miricollection.com

メトロクス
TEL 03-5777-5866
（平日12:00-18:00／土曜12:00-19:00 水・日曜・祝日定休）
https://metrocs.jp

ユーロ・カーサ　東京日本橋ショールーム
TEL 03-6661-7311（11:00-19:00 水曜定休）
http://www.euro-casa.co.jp

ラプアン カンクリ
日本国内輸入総代理店　（株）ビオトープ
info@lapuankankurit.jp　http://lapuankankurit.jp

ルイスポールセン ジャパン
TEL 03-3586-5341（11:00-19:00 土日祝定休）
https://www.louispoulsen.com

和家具 匠の郷
TEL 046-228-7716（10:00-18:00 水曜定休）
http://www.wakagu.co.jp

ワイ・エム・ケー長岡
TEL 0258-89-7466（9:00-17:00 土日祝定休）
http://ymk-pro.co.jp

インテリアショップ　マルト
TEL 03-3318-7711（12:00-20:00 年末年始のみ休業）
http://www.salhouse.com

大塚家具
TEL 03-5530-5550　http://www.idc-otsuka.jp

オゼキ
TEL 058-263-0111　http://www.ozeki-lantern.co.jp

オーデリック
TEL 03-3332-1123（土日祝日を除く平日　9:00-17:30）
http://www.odelic.co.jp

カッシーナ・イクスシー 青山本店
TEL 03-5474-9001（11:00-19:00 水曜定休）
http://www.cassina-ixc.jp/index.html

カリモク
TEL 0562-83-1111（代）（月～金曜　9:00-17:00）
http://www.karimoku.co.jp

カール・ハンセン＆サン フラッグシップ・ストア
TEL 03-5413-5421（月～金曜11:00-20:00／土日祝11:00-19:00）
https://www.carlhansen.jp

川島織物セルコン
http://www.kawashimaselkon.co.jp

吉蔵
TEL 054-252-5243（10:00-18:00）　https://www.kichizo.co.jp

暮らしのかたち
TEL 03-5322-6565（10:30-19:00 祝日を除く水曜定休）
https://www.ozone.co.jp/kurashinokatachi

サァラ麻布
TEL 03-3405-9701（10:00-18:00 水曜定休）
http://www.sala-azabu.co.jp

サラグレース
TEL 045-479-8899（10:00-18:00 土日祝定休）
http://www.zakka-sara.com

サンゲツ
TEL 052-564-3314
（8:30-17:30 土日祝定休・夏季年末年始休暇あり）
https://www.sangetsu.co.jp

シェリートライフル
TEL 03-6804-1155（11:00-20:00 不定休）
http://www.sherrytrifle.com

シンコール
TEL 03-3705-1251（月～土曜9:00-17:30）
http://www.sincol.co.jp

スタイル ロココ
TEL 0568-83-0388（10:00-18:00 土日祝定休）
http://style-rococo.jp

タチカワブラインド
TEL 0120-937-958
（9:00-12:00／13:00-17:00 土日祝定休・夏季年末年始休暇あり）
http://www.blind.co.jp

ダニエル
TEL 045-311-4001（平日9:30-17:00）
http://www.daniel.co.jp

天童木工
お客様相談室　本社ショールーム
TEL 0120-01-3121（9:00-17:00 夏季年末年始休暇あり）
http://www.tendo-mokko.co.jp

西村貿易　京都本社ショールーム
TEL 075-621-1981（9:00-18:00 日曜定休）
http://www.maitland-smith.jp

監修者　町《まち》田《だ》ひろ子《こ》

武蔵野美術大学デザイン科を卒業後、スイスで家具デザイン、米国で環境デザインを学ぶ。1978年日本で初めて「インテリアコーディネーター」のキャリアを提唱。全国5校の「町田ひろ子インテリアコーディネーターアカデミー」校長として、教育活動に勤しんでいる。2004年には英国の名門インテリアスクール「KLC school of design」と提携し、国際的に活躍できる人材の育成にも力を注ぐ。また、一級建築士事務所・(株)町田ひろ子アカデミー代表取締役として、インテリア・プロダクト・環境デザインと幅広いジャンルのプロジェクトを手掛ける。現在、青山スタイルのブランドでインテリア・リフォームデザインを展開。美防災の普及啓蒙を積極的に展開している。

執筆協力　高橋正明（ブライズヘッド）　宇都宮雅子　椎名前太

デザイン　角 知洋（sakana studio）

イラスト　SUNNY.FORMMART／向井勝明　川島千夜

撮　影　牛尾幹太（KantaOFFICE）

編集協力　倉本由美（ブライズヘッド）

編集担当　柳沢裕子（ナツメ出版企画株式会社）

スタイルで選《えら》ぶ
マンション・インテリアの教《きょう》科《か》書《しょ》

2018年 9月1日　初版発行
2021年 7月1日　第8刷発行

監修者　町《まち》田《だ》ひろ子《こ》　Machida Hiroko,2018

発行者　田村正隆

発行所　株式会社ナツメ社
東京都千代田区神田神保町1-52　ナツメ社ビル1F（〒101-0051）
電話　03(3291)1257（代表）　FAX　03(3291)5761
振替　00130-1-58661

制　作　ナツメ出版企画株式会社
東京都千代田区神田神保町1-52　ナツメ社ビル3F（〒101-0051）
電話　03(3295)3921（代表）

印刷所　図書印刷株式会社

ISBN978-4-8163-6512-6
Printed in Japan

〈定価はカバーに表示してあります〉
〈落丁・乱丁本はお取り替えいたします〉

本書に関するお問い合わせは、書名・発行日・該当ページを明記の上、下記のいずれかの方法にてお送りください。電話でのお問い合わせはお受けしておりません。

- ナツメ社 web サイトの問い合わせフォーム
  https://www.natsume.co.jp/contact
- FAX（03-3291-1305）
- 郵送（左記、ナツメ出版企画株式会社宛て）

なお、回答までに日にちをいただく場合があります。正誤のお問い合わせ以外の書籍内容に関する解説・個別の相談は行っておりません。あらかじめご了承ください。